TODAVÍA ESTOY VIVO

RESERVOIR BOOKS

ROBERTO **SAVIANO**
ASAF **HANUKA**

TODAVÍA ESTOY VIVO

TRADUCCIÓN DE
CARLOS MAYOR

RESERVOIR BOOKS

Las citas de las páginas 124, 125 y 126 están extraídas de Chiara Mercuri, *Dante. Una vita in esilio*, Roma, Laterza, 2018.

La cita de la página 106 procede de Wisława Szymborska, *Paisaje con grano de arena*, trad. Jerzy Slawomirski y Ana María Moix, Barcelona, Lumen, 1997.

A R., mi hermano.
A la habitación en la que nos criamos y que nunca
dejaremos de compartir.

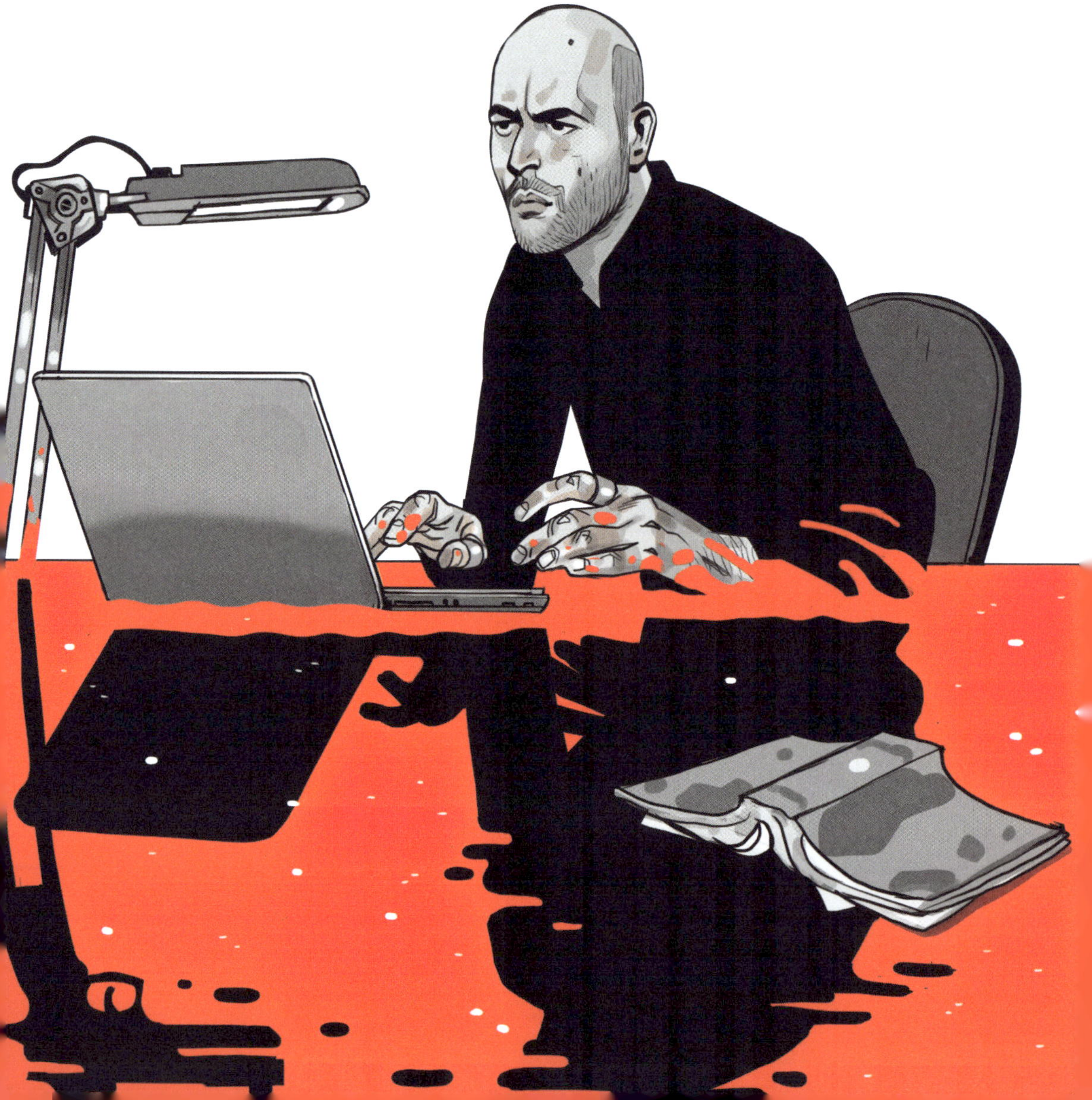

Con el tiempo he aprendido que hay dos clases de historias: las que acaban con la muerte del protagonista y las que terminan con su victoria.

La historia que vais a leer a continuación no acaba ni con la muerte ni con la vida, sino que todo transcurre en un territorio a medio camino entre una y otra dimensión. Aquí se cuenta una resistencia llevada a cabo con la palabra como única artillería y dentro del perímetro del propio cuerpo, partiendo de la base de que con cualquier lucha se aprende una única regla. Es esta: no es cierto que de la batalla o vuelves vivo o no vuelves; en caso de que vuelvas, volverás herido.

Cómo lleves la herida, cuánto se infecte, hasta qué punto consigas curarla, hasta dónde te haga daño: esa será la historia de tu vida.

Y la que estáis a punto de leer es mi herida.

R. S.

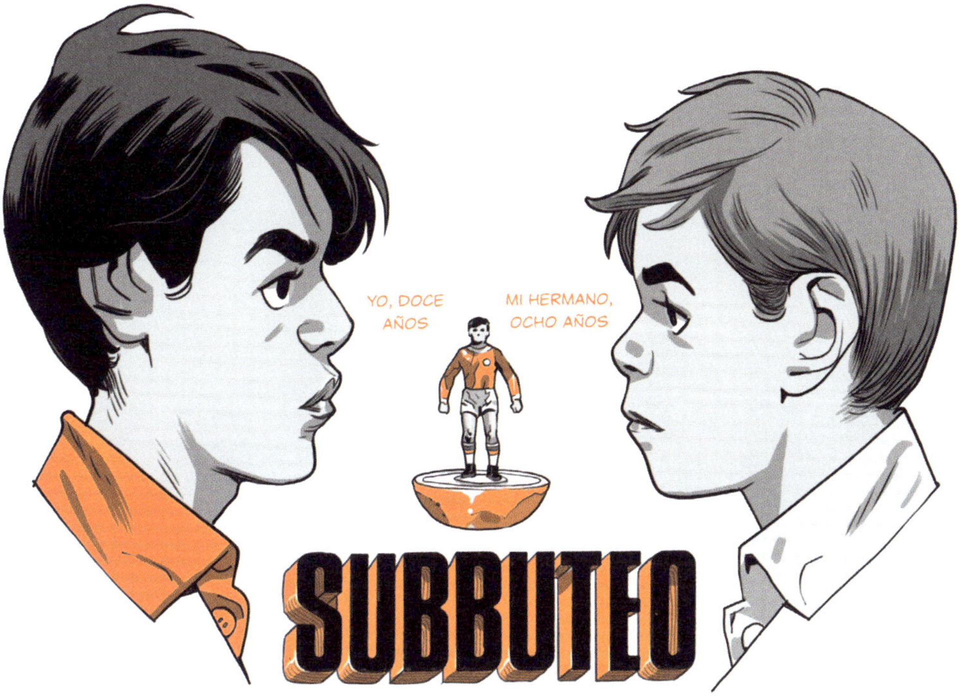
YO, DOCE AÑOS
MI HERMANO, OCHO AÑOS
SUBBUTEO

NUNCA HE HABLADO DE MI HERMANO, AUNQUE SIEMPRE HA SIDO MUY IMPORTANTE PARA MÍ. DE PEQUEÑOS, JUGÁBAMOS AL SUBBUTEO, UN JUEGO DE FÚTBOL DE MESA.

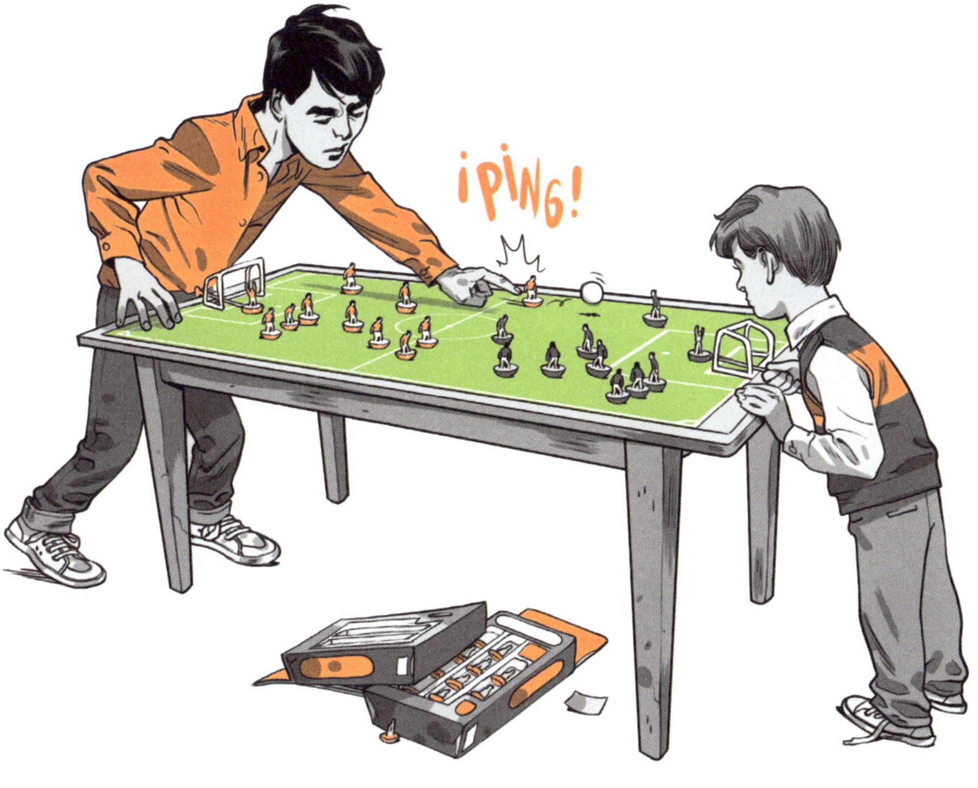
¡PING!

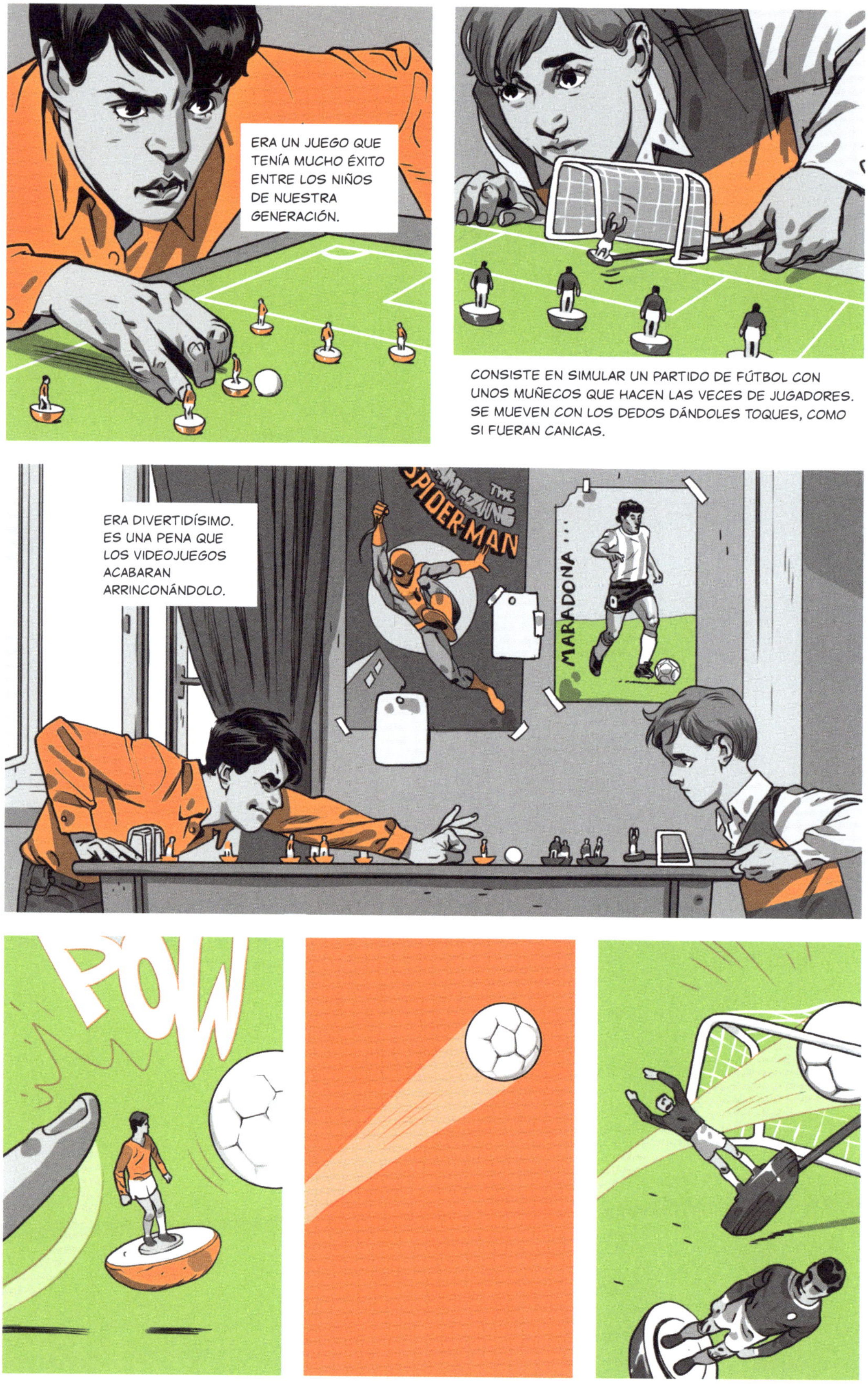
ERA UN JUEGO QUE TENÍA MUCHO ÉXITO ENTRE LOS NIÑOS DE NUESTRA GENERACIÓN.
CONSISTE EN SIMULAR UN PARTIDO DE FÚTBOL CON UNOS MUÑECOS QUE HACEN LAS VECES DE JUGADORES. SE MUEVEN CON LOS DEDOS DÁNDOLES TOQUES, COMO SI FUERAN CANICAS.
ERA DIVERTIDÍSIMO. ES UNA PENA QUE LOS VIDEOJUEGOS ACABARAN ARRINCONÁNDOLO.
THE
SPIDER-MAN
MARADONA
POW

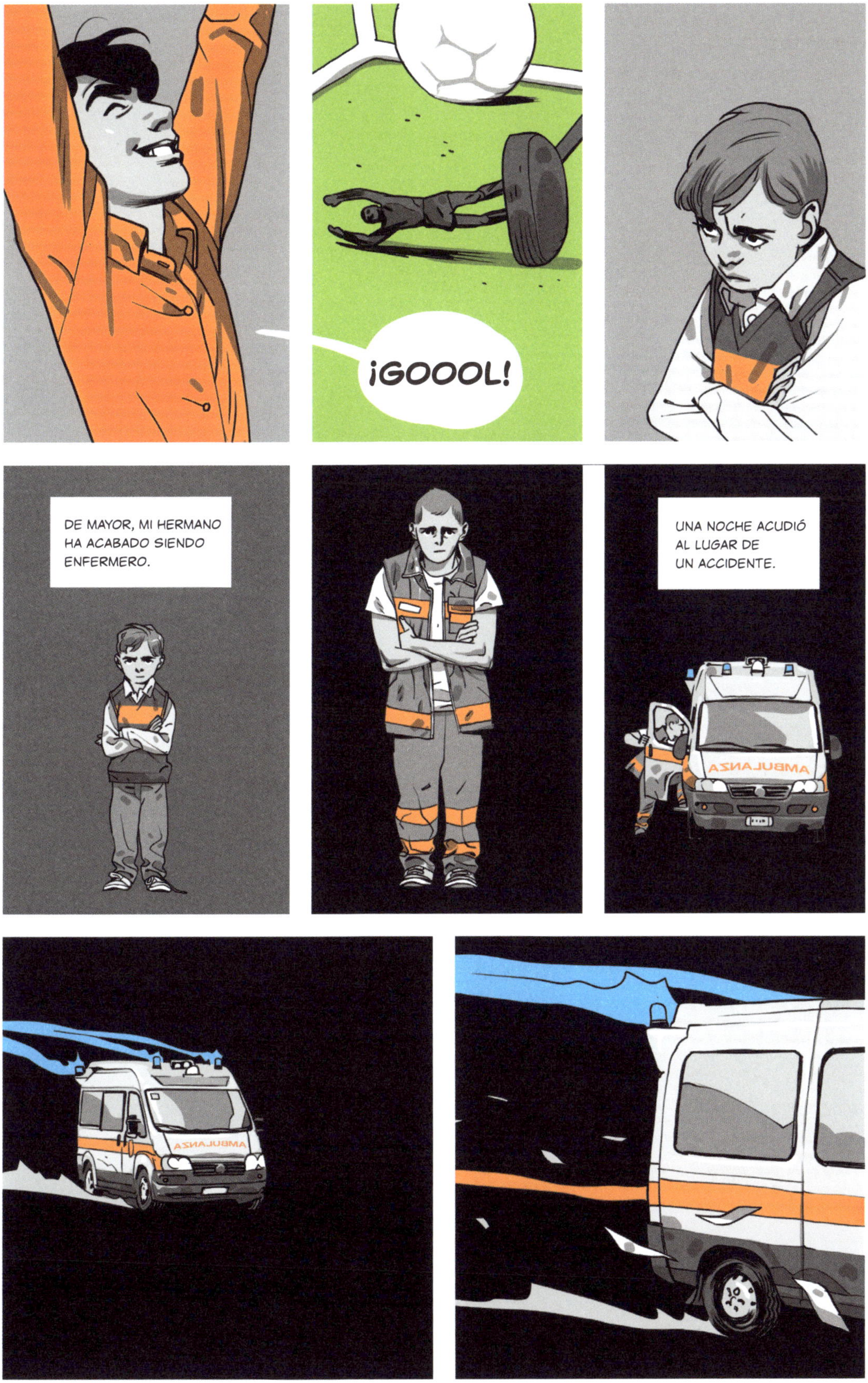
¡GOOOL!
DE MAYOR, MI HERMANO HA ACABADO SIENDO ENFERMERO.
UNA NOCHE ACUDIÓ AL LUGAR DE UN ACCIDENTE.
AMBULANZA

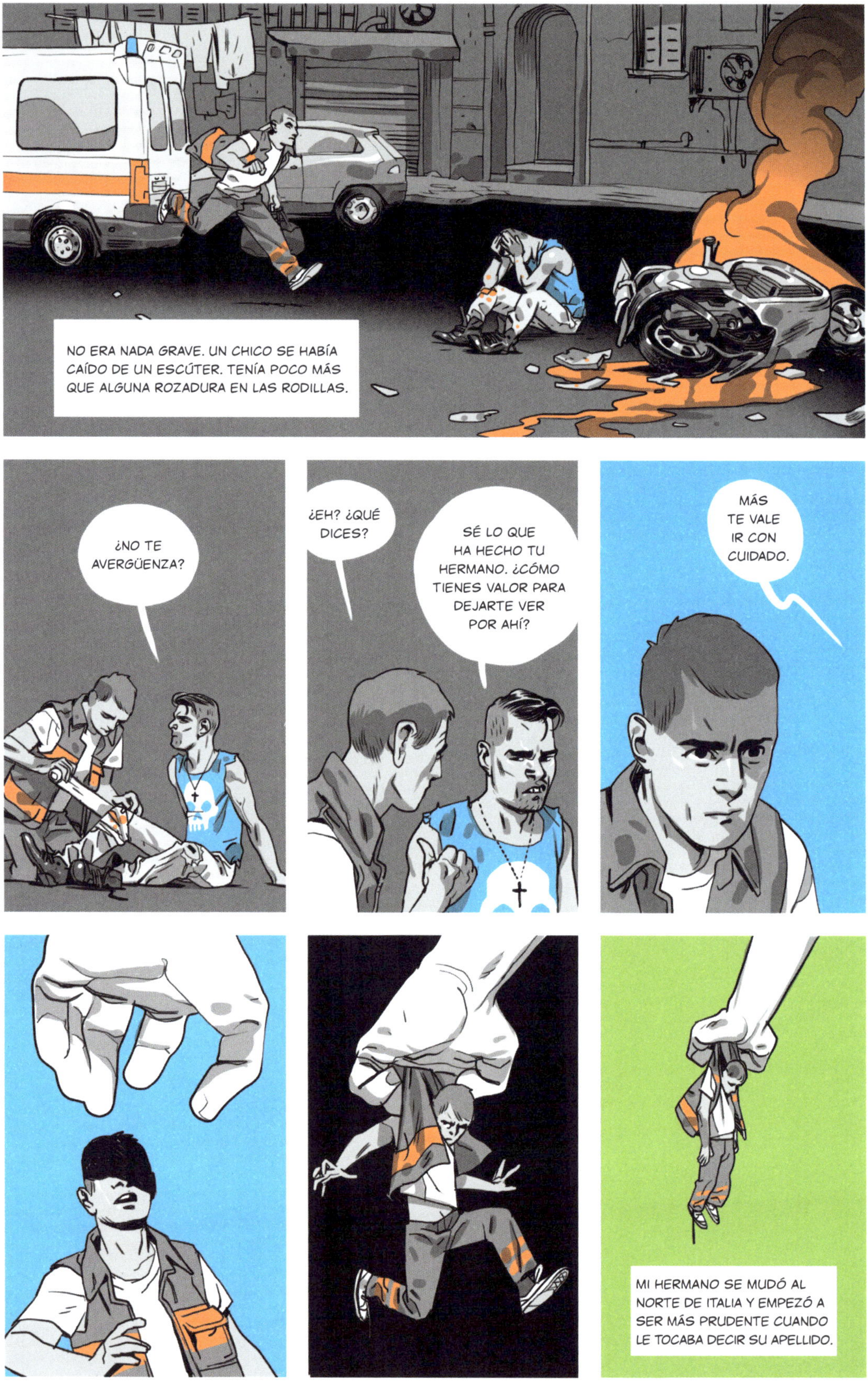
NO ERA NADA GRAVE. UN CHICO SE HABÍA CAÍDO DE UN ESCÚTER. TENÍA POCO MÁS QUE ALGUNA ROZADURA EN LAS RODILLAS.
¿NO TE AVERGÜENZA?
¿EH? ¿QUÉ DICES?
SÉ LO QUE HA HECHO TU HERMANO. ¿CÓMO TIENES VALOR PARA DEJARTE VER POR AHÍ?
MÁS TE VALE IR CON CUIDADO.
MI HERMANO SE MUDÓ AL NORTE DE ITALIA Y EMPEZÓ A SER MÁS PRUDENTE CUANDO LE TOCABA DECIR SU APELLIDO.

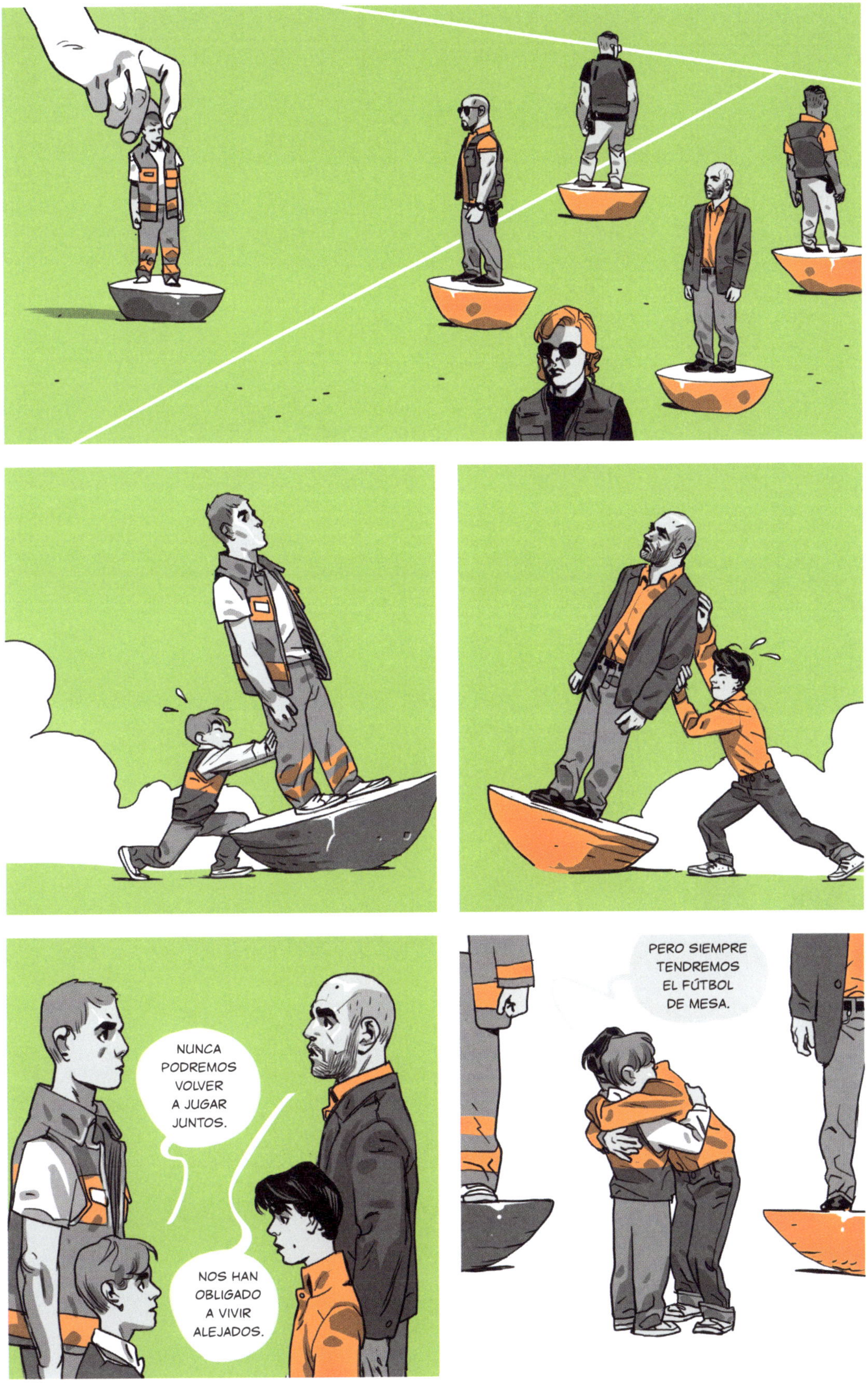
NUNCA PODREMOS VOLVER A JUGAR JUNTOS.
NOS HAN OBLIGADO A VIVIR ALEJADOS.
PERO SIEMPRE TENDREMOS EL FÚTBOL DE MESA.

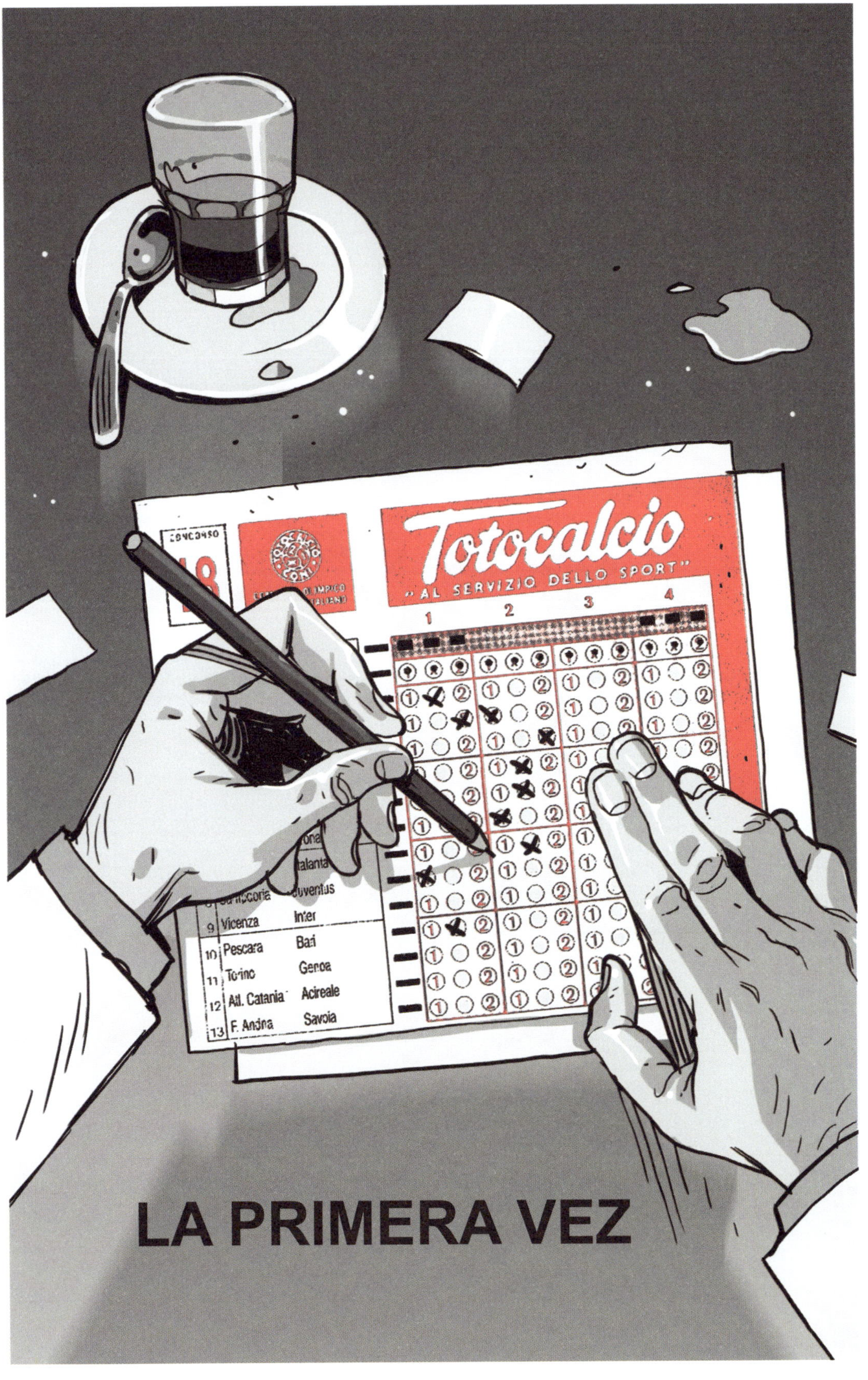
Totocalcio
"AL SERVIZIO DELLO SPORT"
9 Vicenza Inter
10 Pescara Bari
11 Torino Genoa
12 Atl. Catania Acireale
13 F. Andria Savoia

LA PRIMERA VEZ

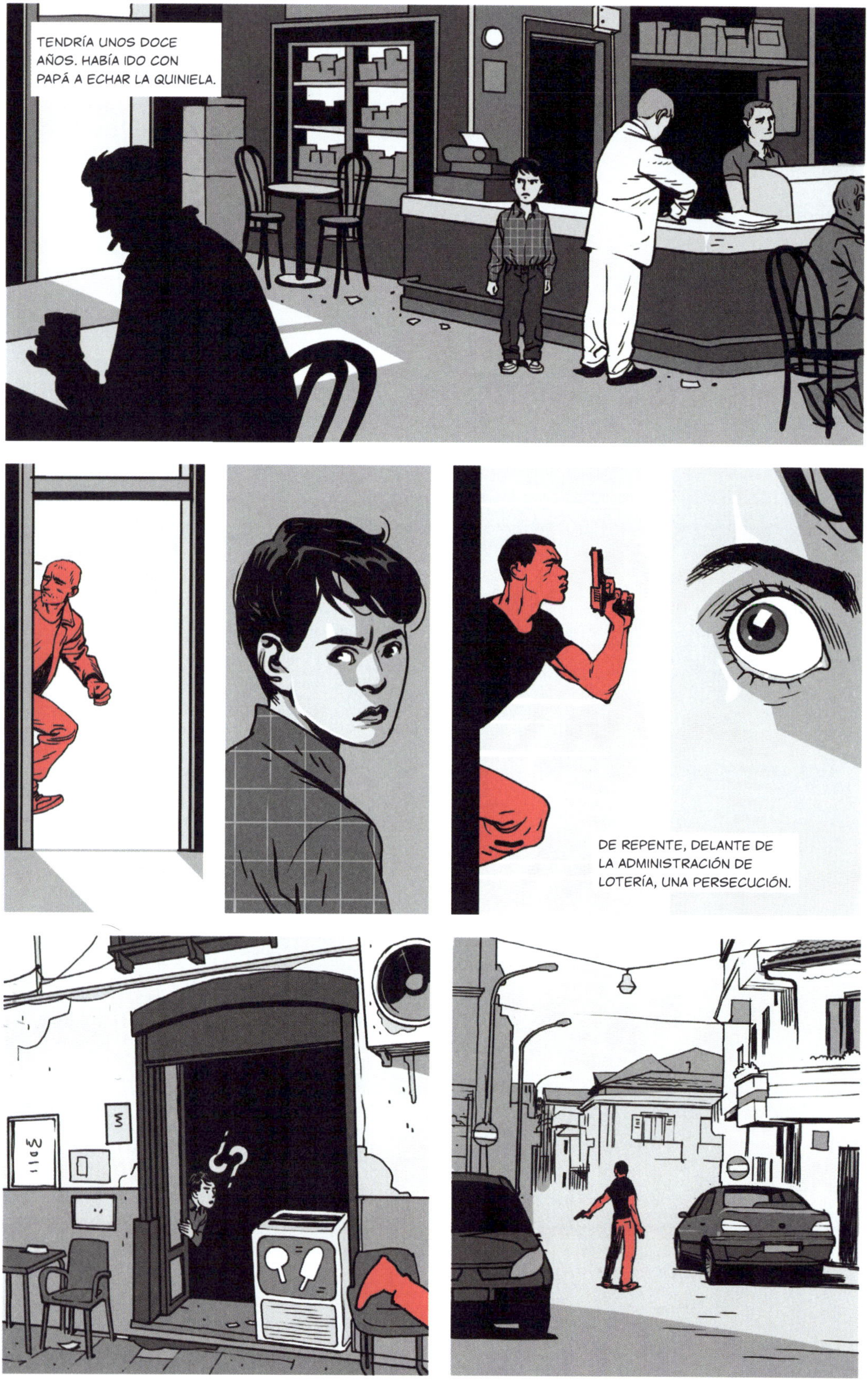
TENDRÍA UNOS DOCE AÑOS. HABÍA IDO CON PAPÁ A ECHAR LA QUINIELA.
DE REPENTE, DELANTE DE LA ADMINISTRACIÓN DE LOTERÍA, UNA PERSECUCIÓN.
¿?

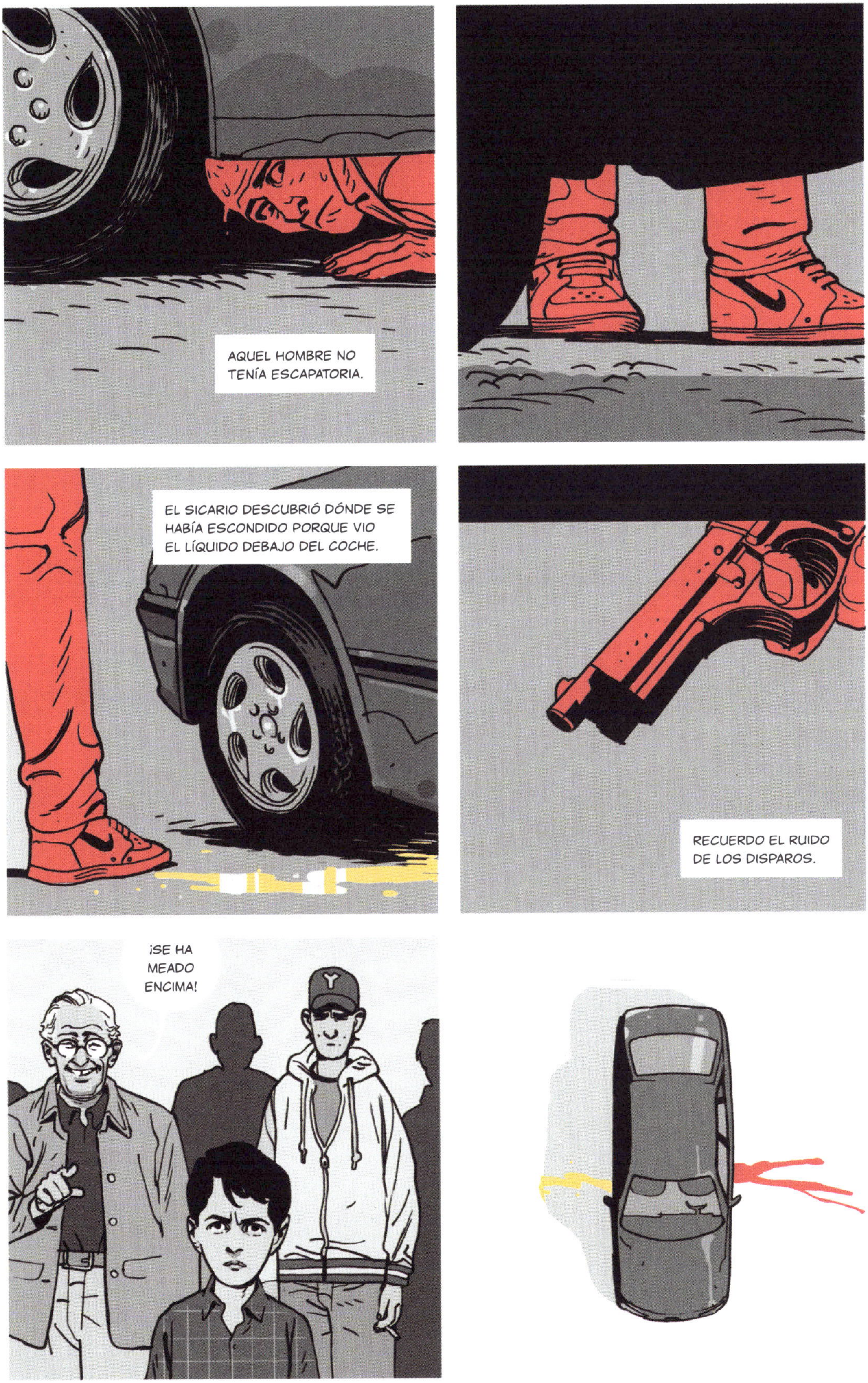
AQUEL HOMBRE NO TENÍA ESCAPATORIA.
EL SICARIO DESCUBRIÓ DÓNDE SE HABÍA ESCONDIDO PORQUE VIO EL LÍQUIDO DEBAJO DEL COCHE.
RECUERDO EL RUIDO DE LOS DISPAROS.
¡SE HA MEADO ENCIMA!

Es como si el tiempo se hubiera parado en aquel instante.
Nunca he salido de debajo de aquel coche.
Me ponía a pensar continuamente en aquel hombre.
El miedo lo había vuelto vulnerable y por eso lo habían descubierto.
Me juré que haría todo lo posible para no tener nunca miedo, para que no me alcanzaran.

«¿PARA SER CREÍBLE TIENEN QUE MATARTE?» (GIOVANNI FALCONE, 1939-1992)

HACIA LAS TINIEBLAS

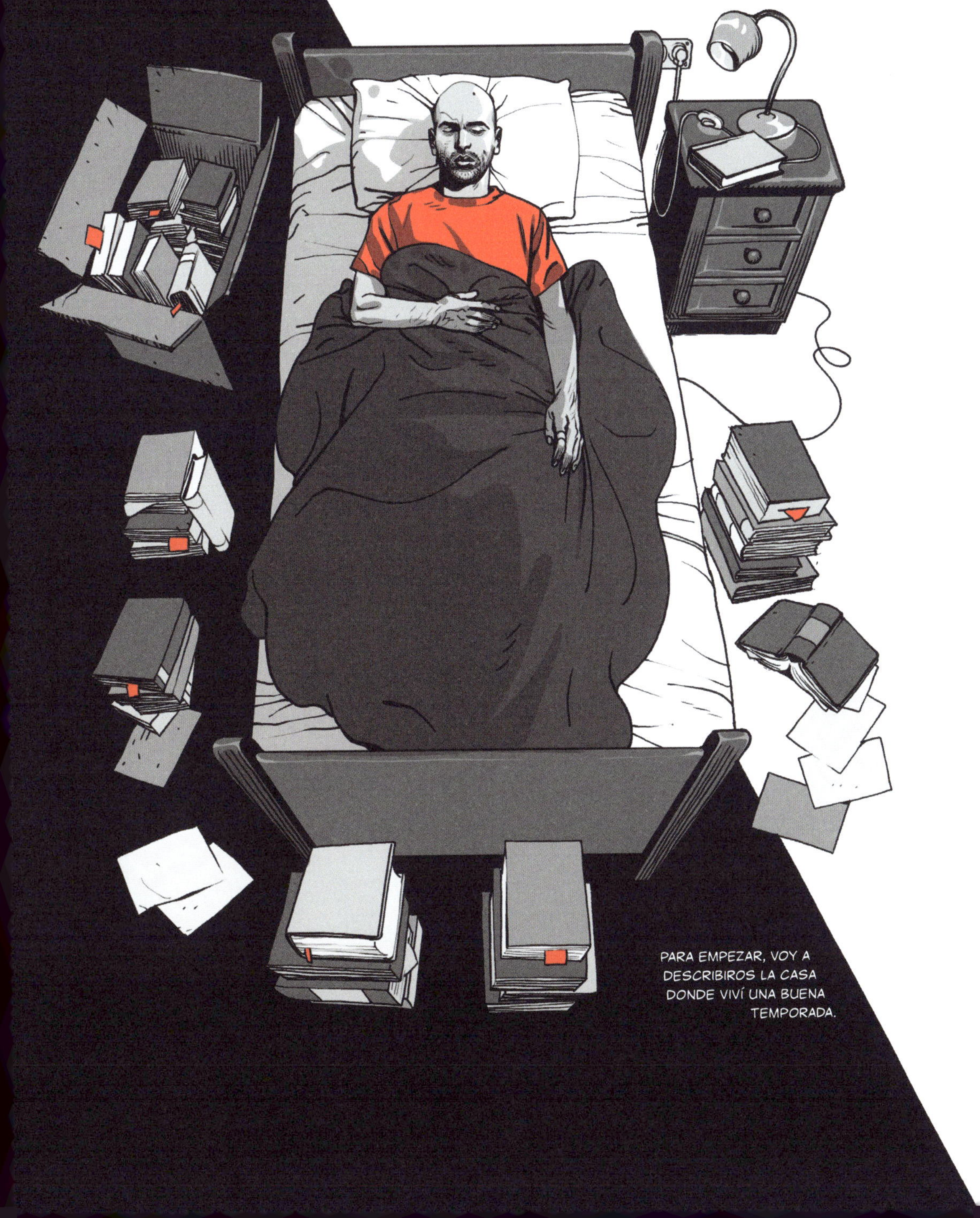
PARA EMPEZAR, VOY A
DESCRIBIROS LA CASA
DONDE VIVÍ UNA BUENA
TEMPORADA.

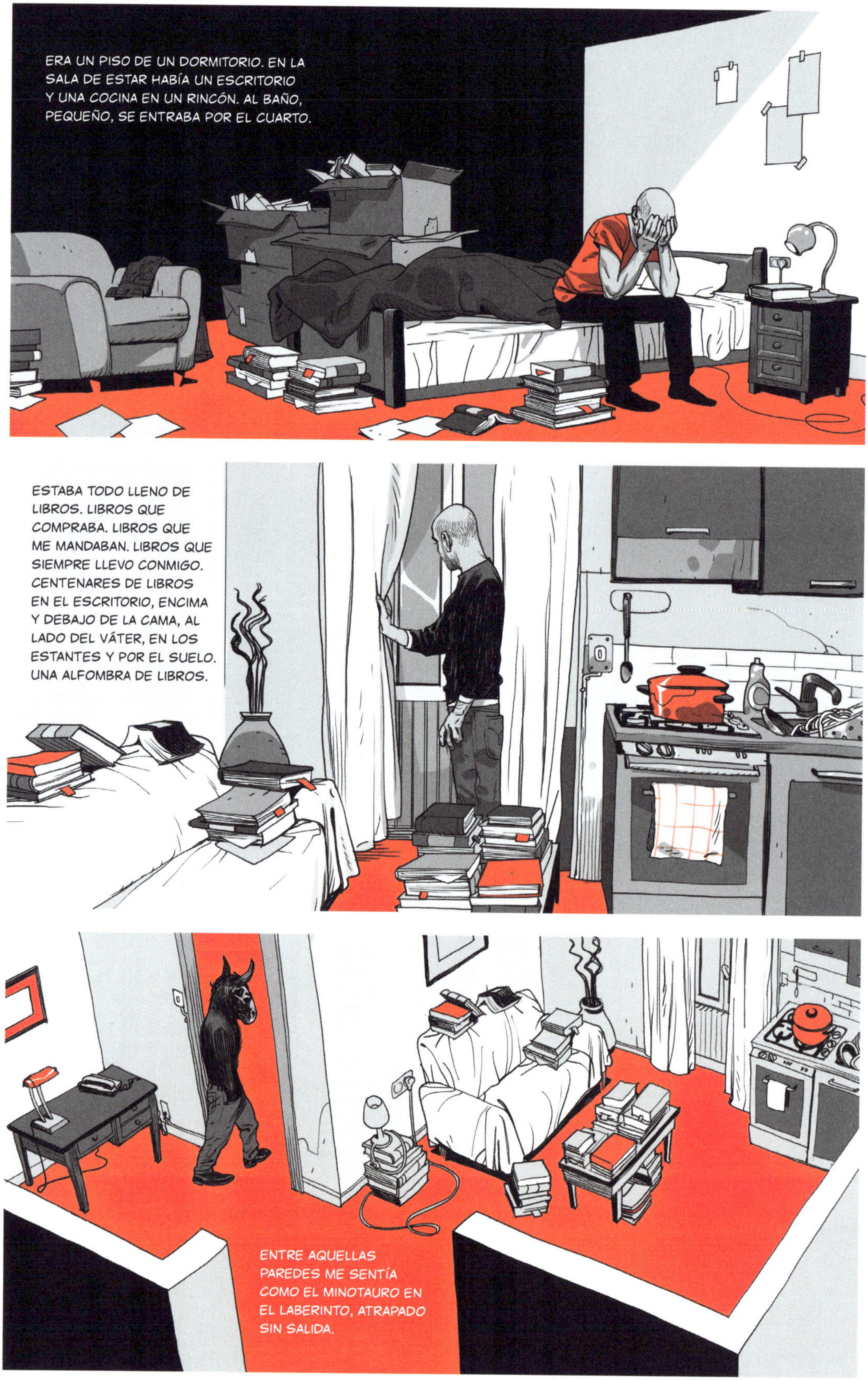
ERA UN PISO DE UN DORMITORIO. EN LA SALA DE ESTAR HABÍA UN ESCRITORIO Y UNA COCINA EN UN RINCÓN. AL BAÑO, PEQUEÑO, SE ENTRABA POR EL CUARTO.
ESTABA TODO LLENO DE LIBROS. LIBROS QUE COMPRABA. LIBROS QUE ME MANDABAN. LIBROS QUE SIEMPRE LLEVO CONMIGO. CENTENARES DE LIBROS EN EL ESCRITORIO, ENCIMA Y DEBAJO DE LA CAMA, AL LADO DEL VÁTER, EN LOS ESTANTES Y POR EL SUELO. UNA ALFOMBRA DE LIBROS.
ENTRE AQUELLAS PAREDES ME SENTÍA COMO EL MINOTAURO EN EL LABERINTO, ATRAPADO SIN SALIDA.

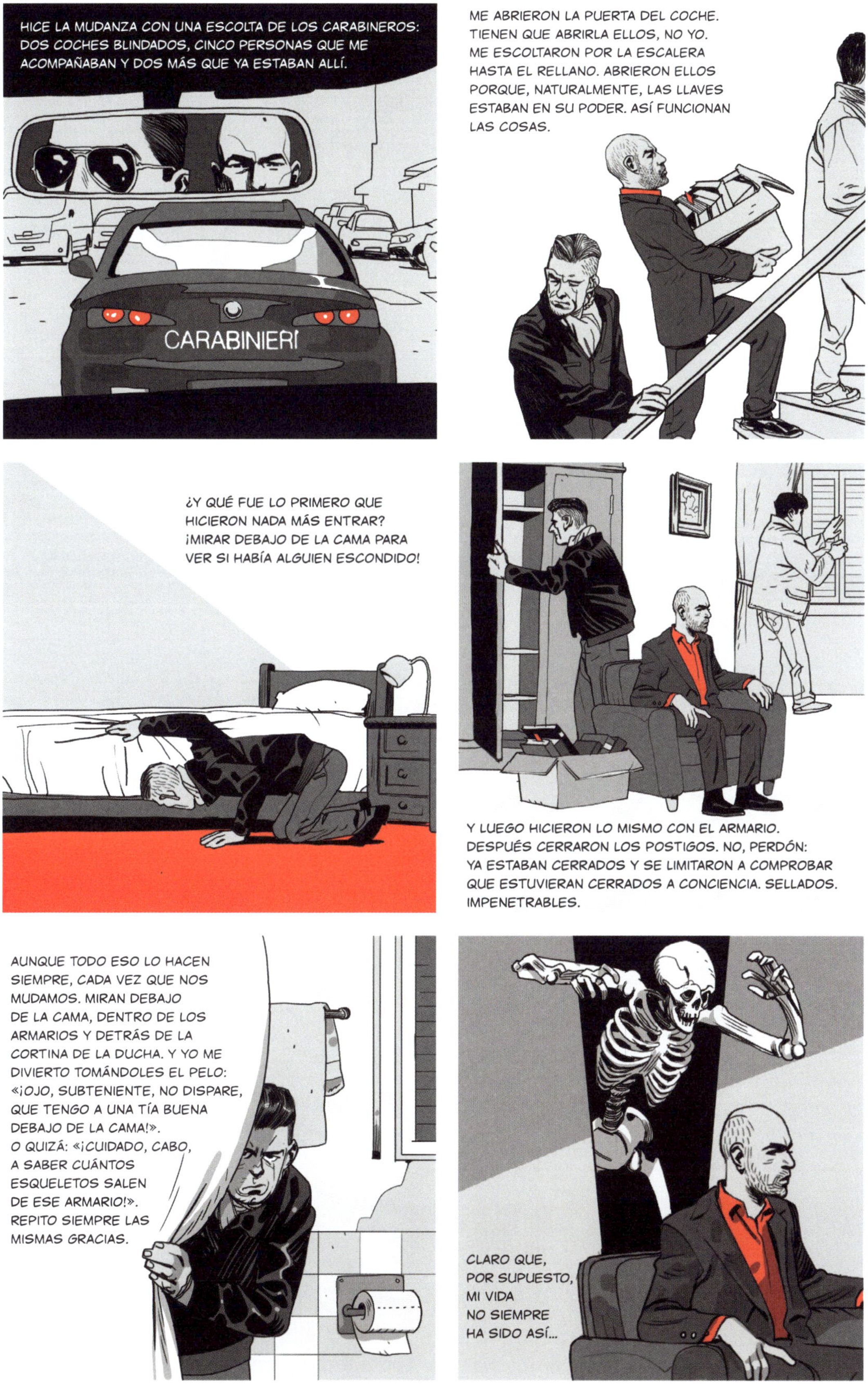
HICE LA MUDANZA CON UNA ESCOLTA DE LOS CARABINEROS: DOS COCHES BLINDADOS, CINCO PERSONAS QUE ME ACOMPAÑABAN Y DOS MÁS QUE YA ESTABAN ALLÍ.
CARABINIERI
ME ABRIERON LA PUERTA DEL COCHE. TIENEN QUE ABRIRLA ELLOS, NO YO. ME ESCOLTARON POR LA ESCALERA HASTA EL RELLANO. ABRIERON ELLOS PORQUE, NATURALMENTE, LAS LLAVES ESTABAN EN SU PODER. ASÍ FUNCIONAN LAS COSAS.
¿Y QUÉ FUE LO PRIMERO QUE HICIERON NADA MÁS ENTRAR? ¡MIRAR DEBAJO DE LA CAMA PARA VER SI HABÍA ALGUIEN ESCONDIDO!
Y LUEGO HICIERON LO MISMO CON EL ARMARIO. DESPUÉS CERRARON LOS POSTIGOS. NO, PERDÓN: YA ESTABAN CERRADOS Y SE LIMITARON A COMPROBAR QUE ESTUVIERAN CERRADOS A CONCIENCIA. SELLADOS. IMPENETRABLES.
AUNQUE TODO ESO LO HACEN SIEMPRE, CADA VEZ QUE NOS MUDAMOS. MIRAN DEBAJO DE LA CAMA, DENTRO DE LOS ARMARIOS Y DETRÁS DE LA CORTINA DE LA DUCHA. Y YO ME DIVIERTO TOMÁNDOLES EL PELO: «¡OJO, SUBTENIENTE, NO DISPARE, QUE TENGO A UNA TÍA BUENA DEBAJO DE LA CAMA!». O QUIZÁ: «¡CUIDADO, CABO, A SABER CUÁNTOS ESQUELETOS SALEN DE ESE ARMARIO!». REPITO SIEMPRE LAS MISMAS GRACIAS.
CLARO QUE, POR SUPUESTO, MI VIDA NO SIEMPRE HA SIDO ASÍ...

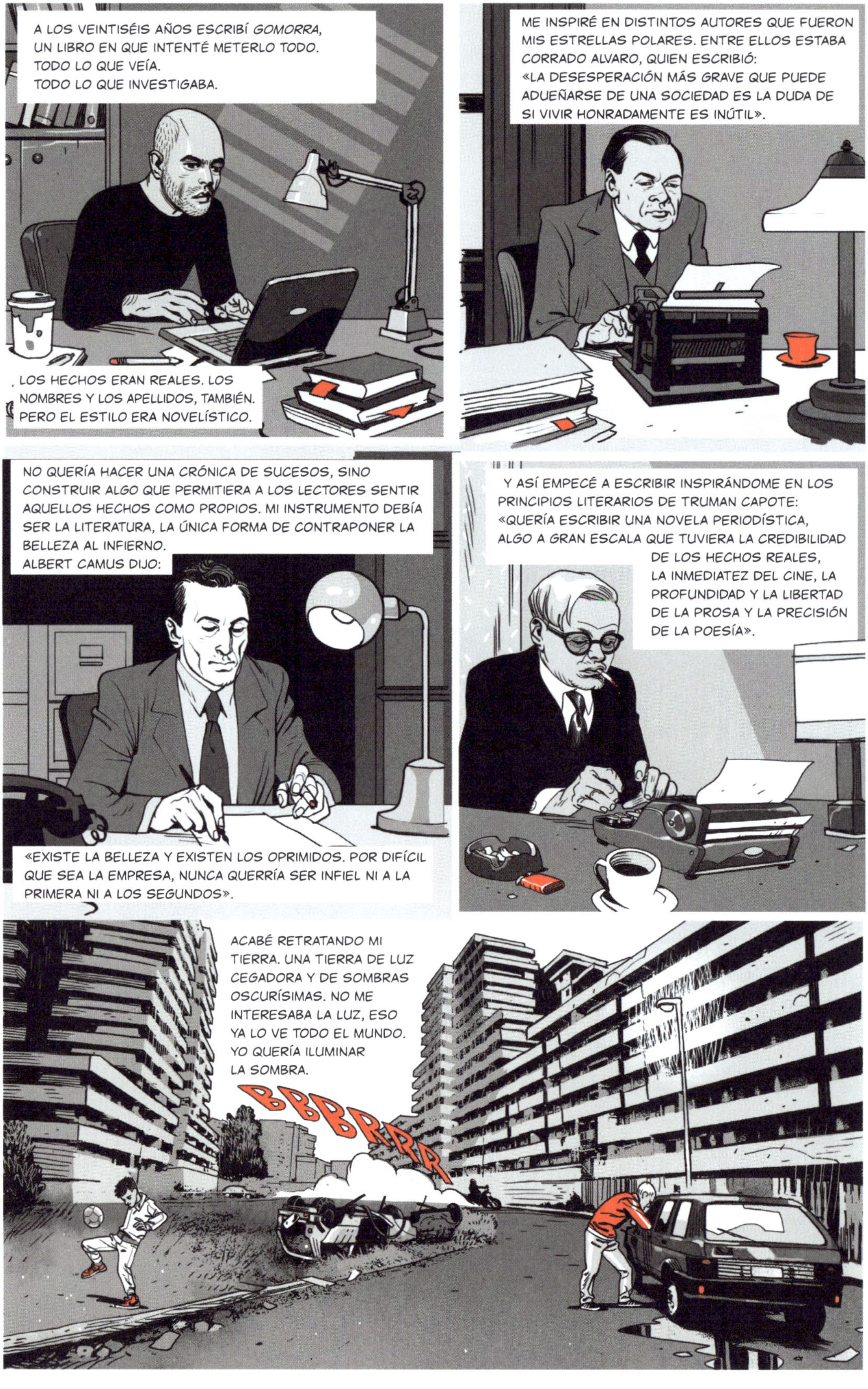
A LOS VEINTISÉIS AÑOS ESCRIBÍ *GOMORRA*, UN LIBRO EN QUE INTENTÉ METERLO TODO. TODO LO QUE VEÍA. TODO LO QUE INVESTIGABA.
LOS HECHOS ERAN REALES. LOS NOMBRES Y LOS APELLIDOS, TAMBIÉN. PERO EL ESTILO ERA NOVELÍSTICO.
ME INSPIRÉ EN DISTINTOS AUTORES QUE FUERON MIS ESTRELLAS POLARES. ENTRE ELLOS ESTABA CORRADO ALVARO, QUIEN ESCRIBIÓ: «LA DESESPERACIÓN MÁS GRAVE QUE PUEDE ADUEÑARSE DE UNA SOCIEDAD ES LA DUDA DE SI VIVIR HONRADAMENTE ES INÚTIL».
NO QUERÍA HACER UNA CRÓNICA DE SUCESOS, SINO CONSTRUIR ALGO QUE PERMITIERA A LOS LECTORES SENTIR AQUELLOS HECHOS COMO PROPIOS. MI INSTRUMENTO DEBÍA SER LA LITERATURA, LA ÚNICA FORMA DE CONTRAPONER LA BELLEZA AL INFIERNO. ALBERT CAMUS DIJO:
«EXISTE LA BELLEZA Y EXISTEN LOS OPRIMIDOS. POR DIFÍCIL QUE SEA LA EMPRESA, NUNCA QUERRÍA SER INFIEL NI A LA PRIMERA NI A LOS SEGUNDOS».
Y ASÍ EMPECÉ A ESCRIBIR INSPIRÁNDOME EN LOS PRINCIPIOS LITERARIOS DE TRUMAN CAPOTE: «QUERÍA ESCRIBIR UNA NOVELA PERIODÍSTICA, ALGO A GRAN ESCALA QUE TUVIERA LA CREDIBILIDAD DE LOS HECHOS REALES, LA INMEDIATEZ DEL CINE, LA PROFUNDIDAD Y LA LIBERTAD DE LA PROSA Y LA PRECISIÓN DE LA POESÍA».
ACABÉ RETRATANDO MI TIERRA. UNA TIERRA DE LUZ CEGADORA Y DE SOMBRAS OSCURÍSIMAS. NO ME INTERESABA LA LUZ, ESO YA LO VE TODO EL MUNDO. YO QUERÍA ILUMINAR LA SOMBRA.
BBBRRRR

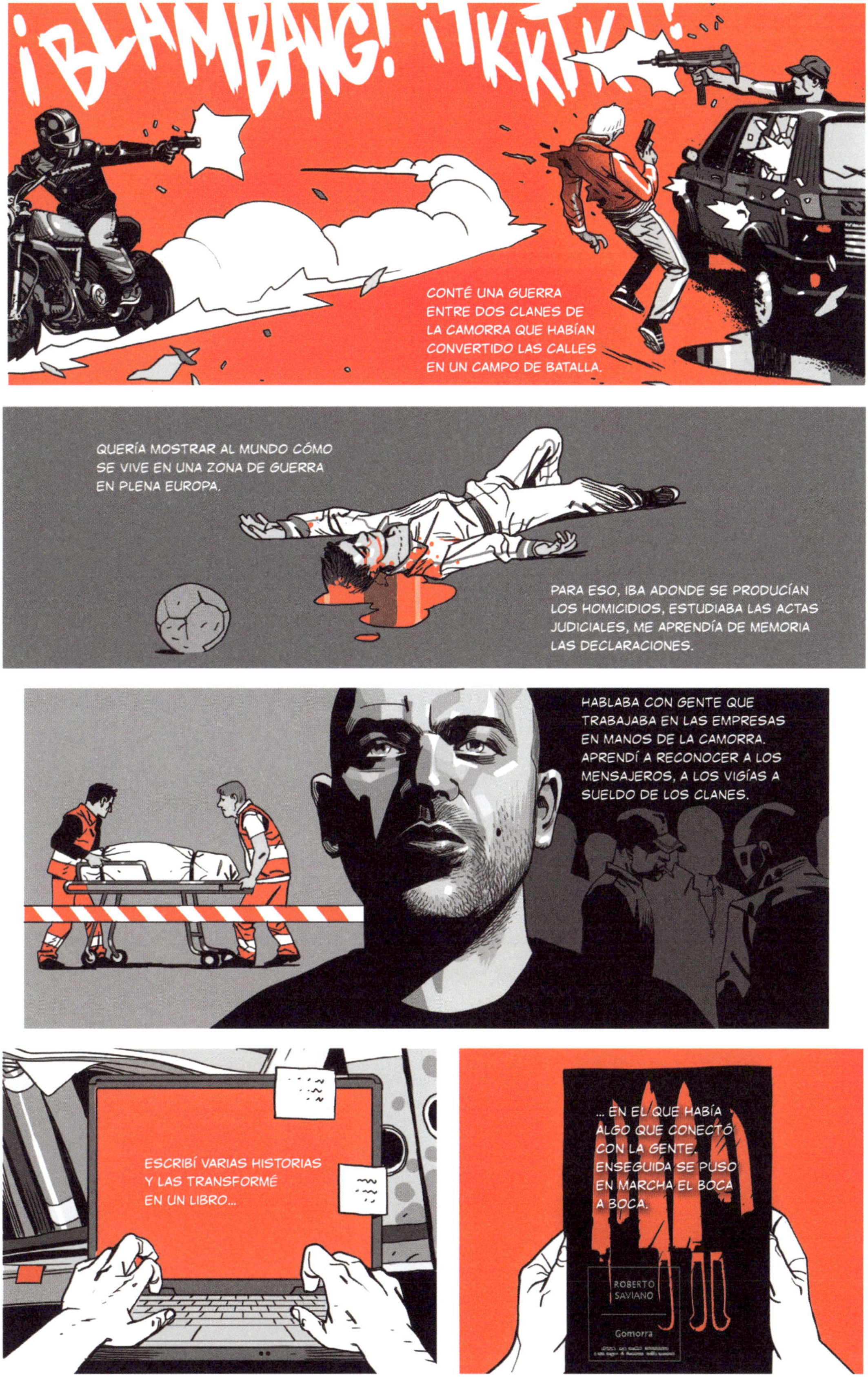
¡BLAMBANG!
CONTÉ UNA GUERRA ENTRE DOS CLANES DE LA CAMORRA QUE HABÍAN CONVERTIDO LAS CALLES EN UN CAMPO DE BATALLA.
QUERÍA MOSTRAR AL MUNDO CÓMO SE VIVE EN UNA ZONA DE GUERRA EN PLENA EUROPA.
PARA ESO, IBA ADONDE SE PRODUCÍAN LOS HOMICIDIOS, ESTUDIABA LAS ACTAS JUDICIALES, ME APRENDÍA DE MEMORIA LAS DECLARACIONES.
HABLABA CON GENTE QUE TRABAJABA EN LAS EMPRESAS EN MANOS DE LA CAMORRA. APRENDÍ A RECONOCER A LOS MENSAJEROS, A LOS VIGÍAS A SUELDO DE LOS CLANES.
ESCRIBÍ VARIAS HISTORIAS Y LAS TRANSFORMÉ EN UN LIBRO...
... EN EL QUE HABÍA ALGO QUE CONECTÓ CON LA GENTE. ENSEGUIDA SE PUSO EN MARCHA EL BOCA A BOCA.
ROBERTO SAVIANO
Gomorra

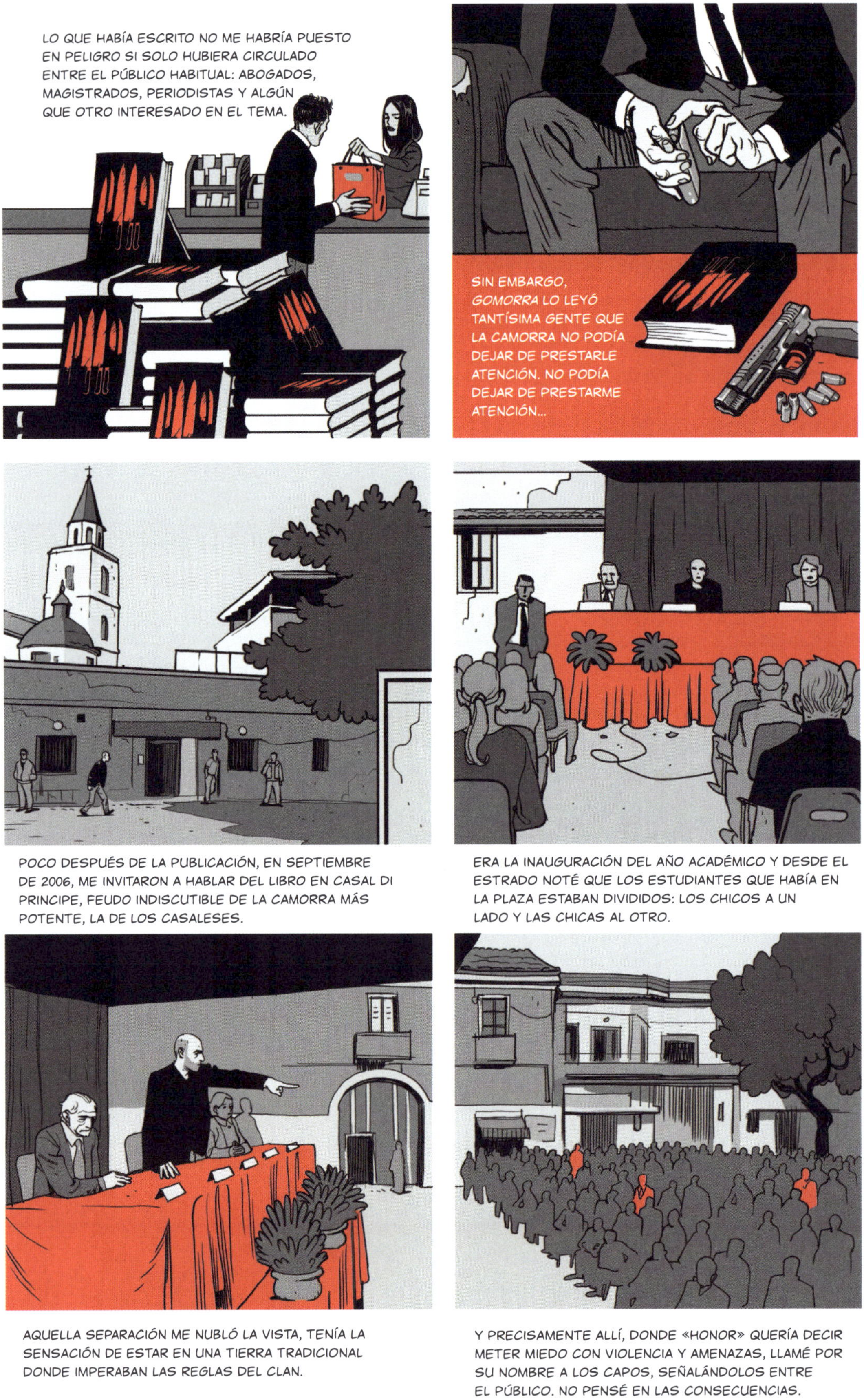
LO QUE HABÍA ESCRITO NO ME HABRÍA PUESTO EN PELIGRO SI SOLO HUBIERA CIRCULADO ENTRE EL PÚBLICO HABITUAL: ABOGADOS, MAGISTRADOS, PERIODISTAS Y ALGÚN QUE OTRO INTERESADO EN EL TEMA.
SIN EMBARGO, *GOMORRA* LO LEYÓ TANTÍSIMA GENTE QUE LA CAMORRA NO PODÍA DEJAR DE PRESTARLE ATENCIÓN. NO PODÍA DEJAR DE PRESTARME ATENCIÓN...
POCO DESPUÉS DE LA PUBLICACIÓN, EN SEPTIEMBRE DE 2006, ME INVITARON A HABLAR DEL LIBRO EN CASAL DI PRINCIPE, FEUDO INDISCUTIBLE DE LA CAMORRA MÁS POTENTE, LA DE LOS CASALESES.
ERA LA INAUGURACIÓN DEL AÑO ACADÉMICO Y DESDE EL ESTRADO NOTÉ QUE LOS ESTUDIANTES QUE HABÍA EN LA PLAZA ESTABAN DIVIDIDOS: LOS CHICOS A UN LADO Y LAS CHICAS AL OTRO.
AQUELLA SEPARACIÓN ME NUBLÓ LA VISTA, TENÍA LA SENSACIÓN DE ESTAR EN UNA TIERRA TRADICIONAL DONDE IMPERABAN LAS REGLAS DEL CLAN.
Y PRECISAMENTE ALLÍ, DONDE «HONOR» QUERÍA DECIR METER MIEDO CON VIOLENCIA Y AMENAZAS, LLAMÉ POR SU NOMBRE A LOS CAPOS, SEÑALÁNDOLOS ENTRE EL PÚBLICO. NO PENSÉ EN LAS CONSECUENCIAS.

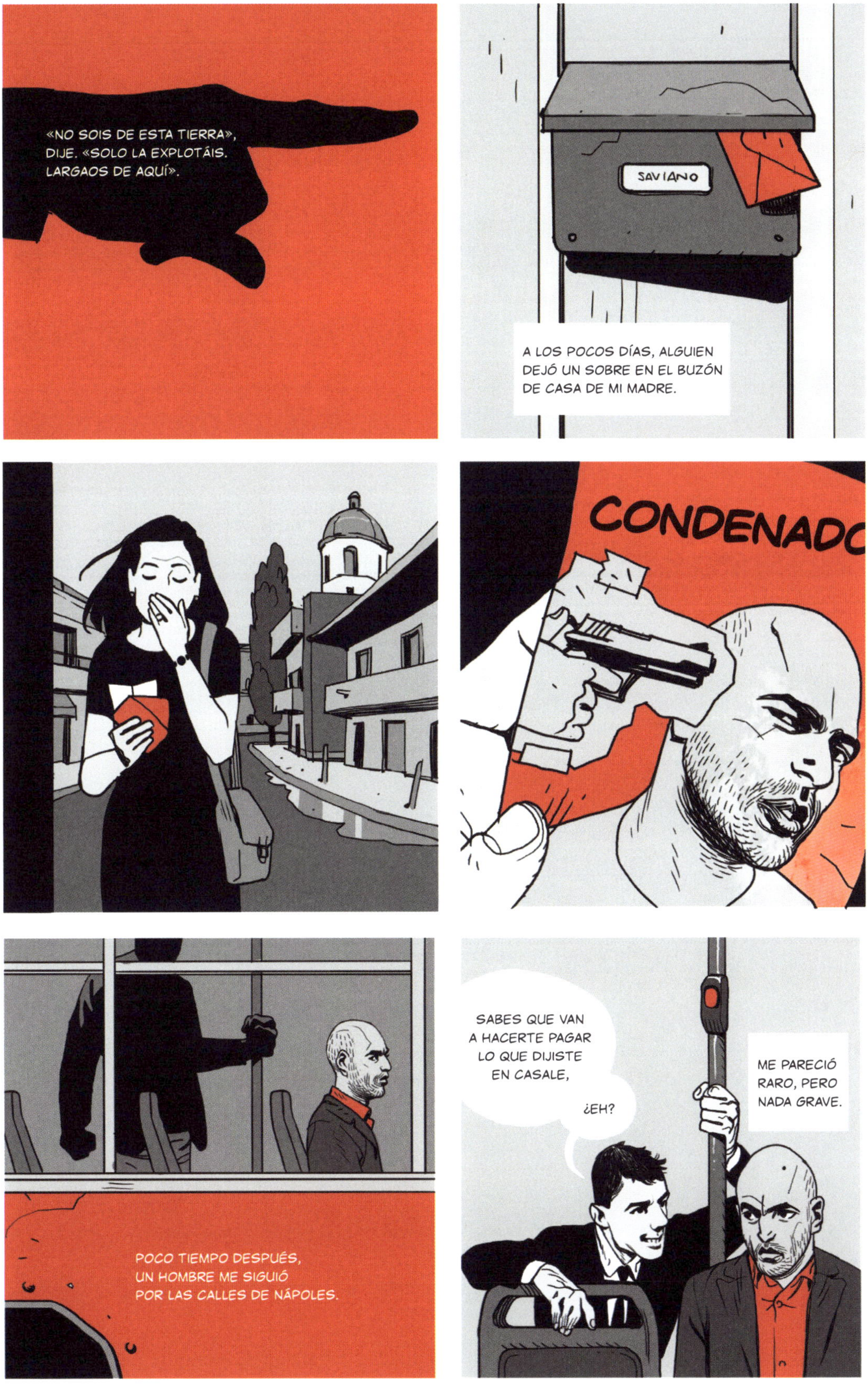
«NO SOIS DE ESTA TIERRA», DIJE. «SOLO LA EXPLOTÁIS. LARGAOS DE AQUÍ».
SAVIANO
A LOS POCOS DÍAS, ALGUIEN DEJÓ UN SOBRE EN EL BUZÓN DE CASA DE MI MADRE.
CONDENADO
POCO TIEMPO DESPUÉS, UN HOMBRE ME SIGUIÓ POR LAS CALLES DE NÁPOLES.
SABES QUE VAN A HACERTE PAGAR LO QUE DIJISTE EN CASALE,
¿EH?
ME PARECIÓ RARO, PERO NADA GRAVE.

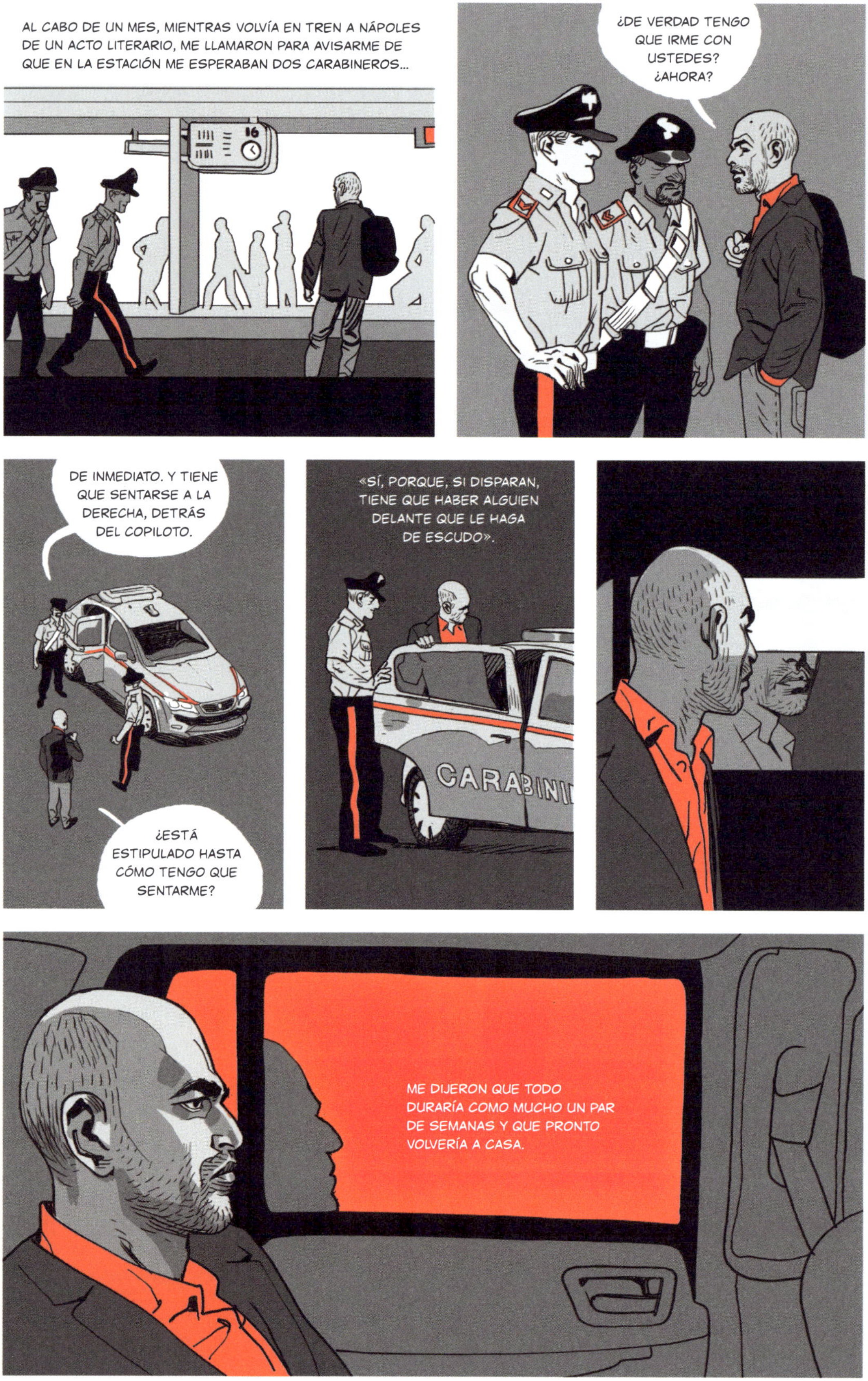
AL CABO DE UN MES, MIENTRAS VOLVÍA EN TREN A NÁPOLES DE UN ACTO LITERARIO, ME LLAMARON PARA AVISARME DE QUE EN LA ESTACIÓN ME ESPERABAN DOS CARABINEROS...
16
¿DE VERDAD TENGO QUE IRME CON USTEDES? ¿AHORA?
DE INMEDIATO. Y TIENE QUE SENTARSE A LA DERECHA, DETRÁS DEL COPILOTO.
¿ESTÁ ESTIPULADO HASTA CÓMO TENGO QUE SENTARME?
«SÍ, PORQUE, SI DISPARAN, TIENE QUE HABER ALGUIEN DELANTE QUE LE HAGA DE ESCUDO».
CARABINI
ME DIJERON QUE TODO DURARÍA COMO MUCHO UN PAR DE SEMANAS Y QUE PRONTO VOLVERÍA A CASA.

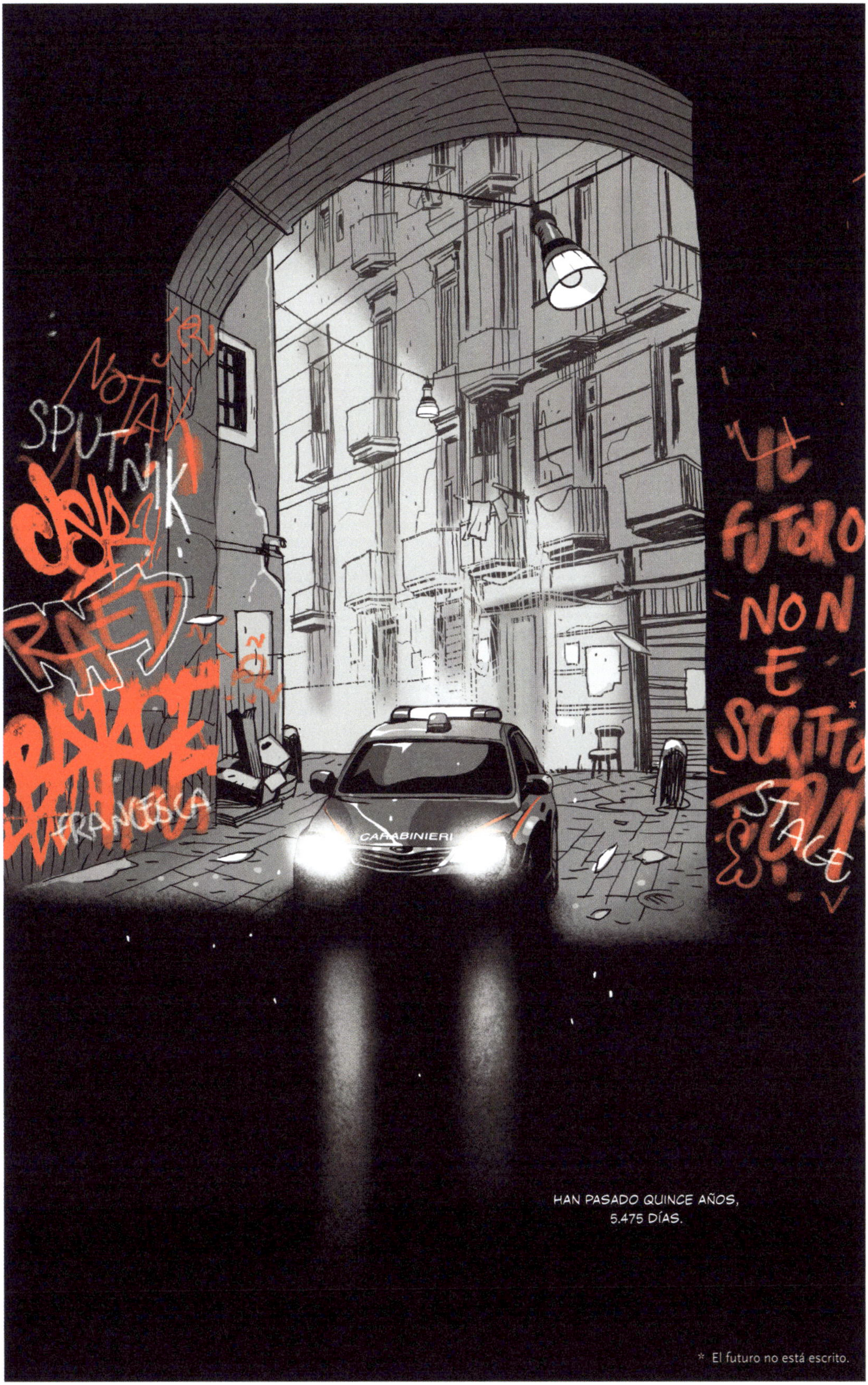
SPUTNIK
Il futuro non e scritto*
CARABINIERI
FRANCESCA
HAN PASADO QUINCE AÑOS,
5.475 DÍAS.
* El futuro no está escrito.

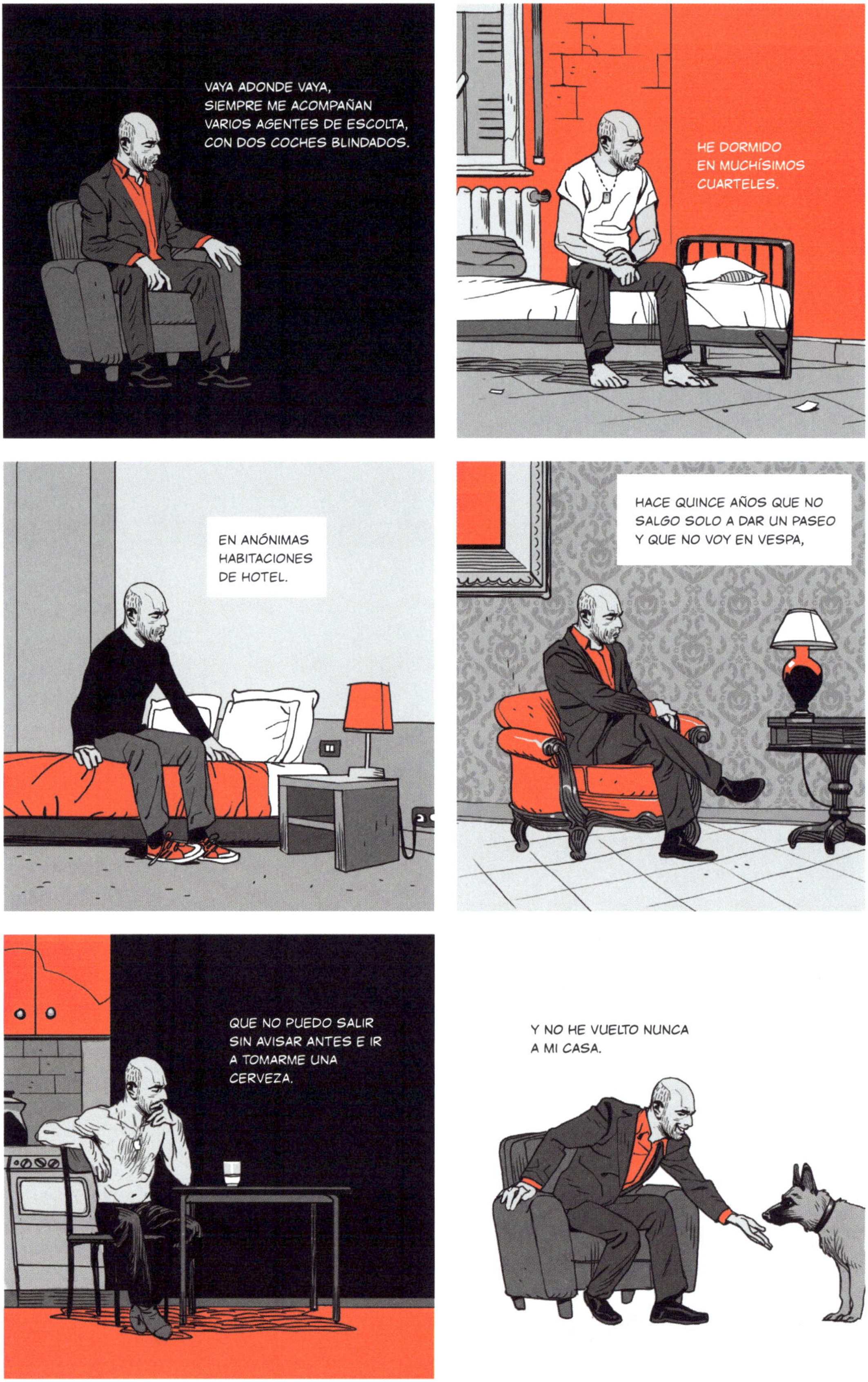
VAYA ADONDE VAYA, SIEMPRE ME ACOMPAÑAN VARIOS AGENTES DE ESCOLTA, CON DOS COCHES BLINDADOS.
HE DORMIDO EN MUCHÍSIMOS CUARTELES.
EN ANÓNIMAS HABITACIONES DE HOTEL.
HACE QUINCE AÑOS QUE NO SALGO SOLO A DAR UN PASEO Y QUE NO VOY EN VESPA,
QUE NO PUEDO SALIR SIN AVISAR ANTES E IR A TOMARME UNA CERVEZA.
Y NO HE VUELTO NUNCA A MI CASA.

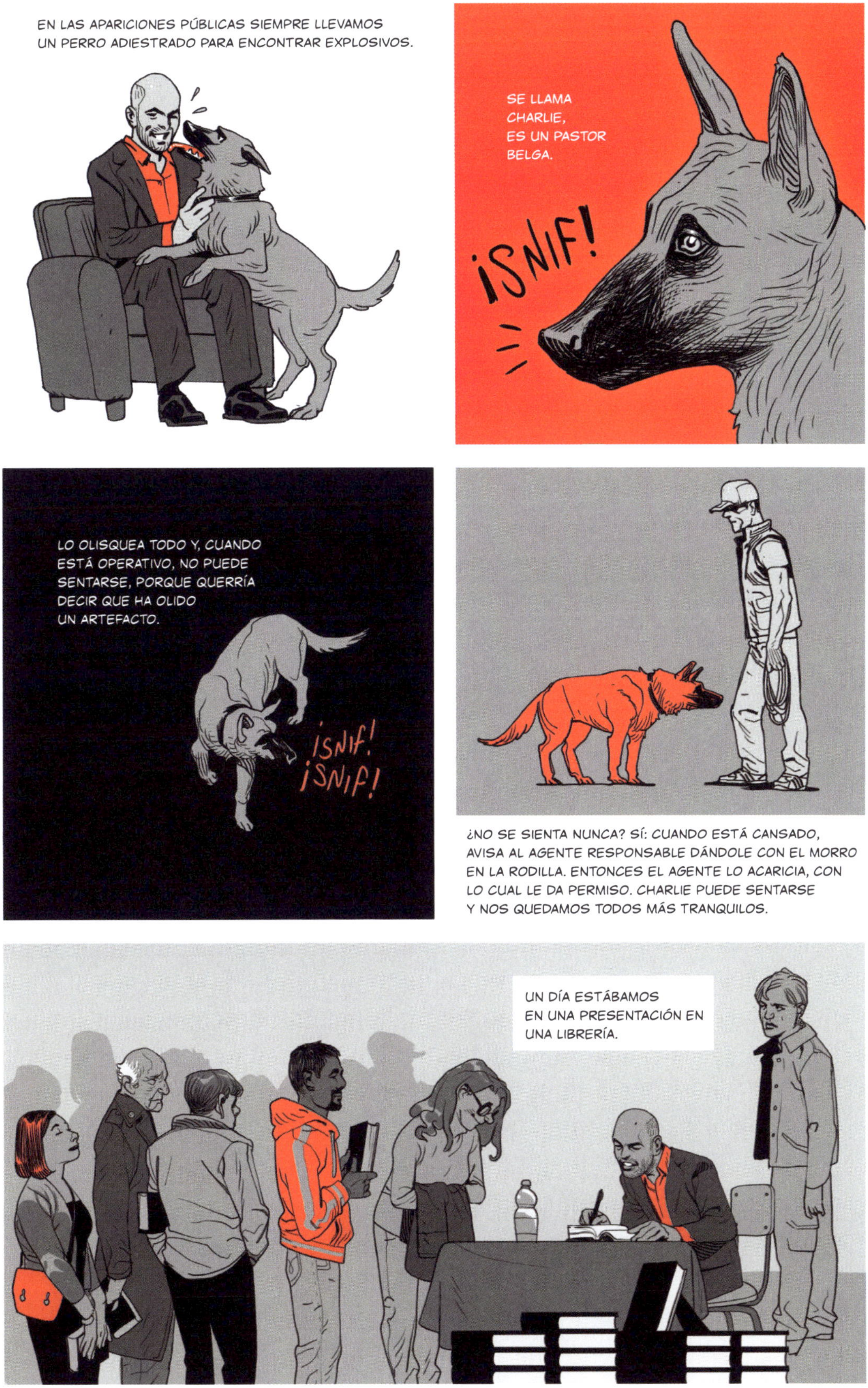
EN LAS APARICIONES PÚBLICAS SIEMPRE LLEVAMOS UN PERRO ADIESTRADO PARA ENCONTRAR EXPLOSIVOS.
SE LLAMA CHARLIE, ES UN PASTOR BELGA.
¡SNIF!
LO OLISQUEA TODO Y, CUANDO ESTÁ OPERATIVO, NO PUEDE SENTARSE, PORQUE QUERRÍA DECIR QUE HA OLIDO UN ARTEFACTO.
¡SNIF! ¡SNIF!
¿NO SE SIENTA NUNCA? SÍ: CUANDO ESTÁ CANSADO, AVISA AL AGENTE RESPONSABLE DÁNDOLE CON EL MORRO EN LA RODILLA. ENTONCES EL AGENTE LO ACARICIA, CON LO CUAL LE DA PERMISO. CHARLIE PUEDE SENTARSE Y NOS QUEDAMOS TODOS MÁS TRANQUILOS.
UN DÍA ESTÁBAMOS EN UNA PRESENTACIÓN EN UNA LIBRERÍA.

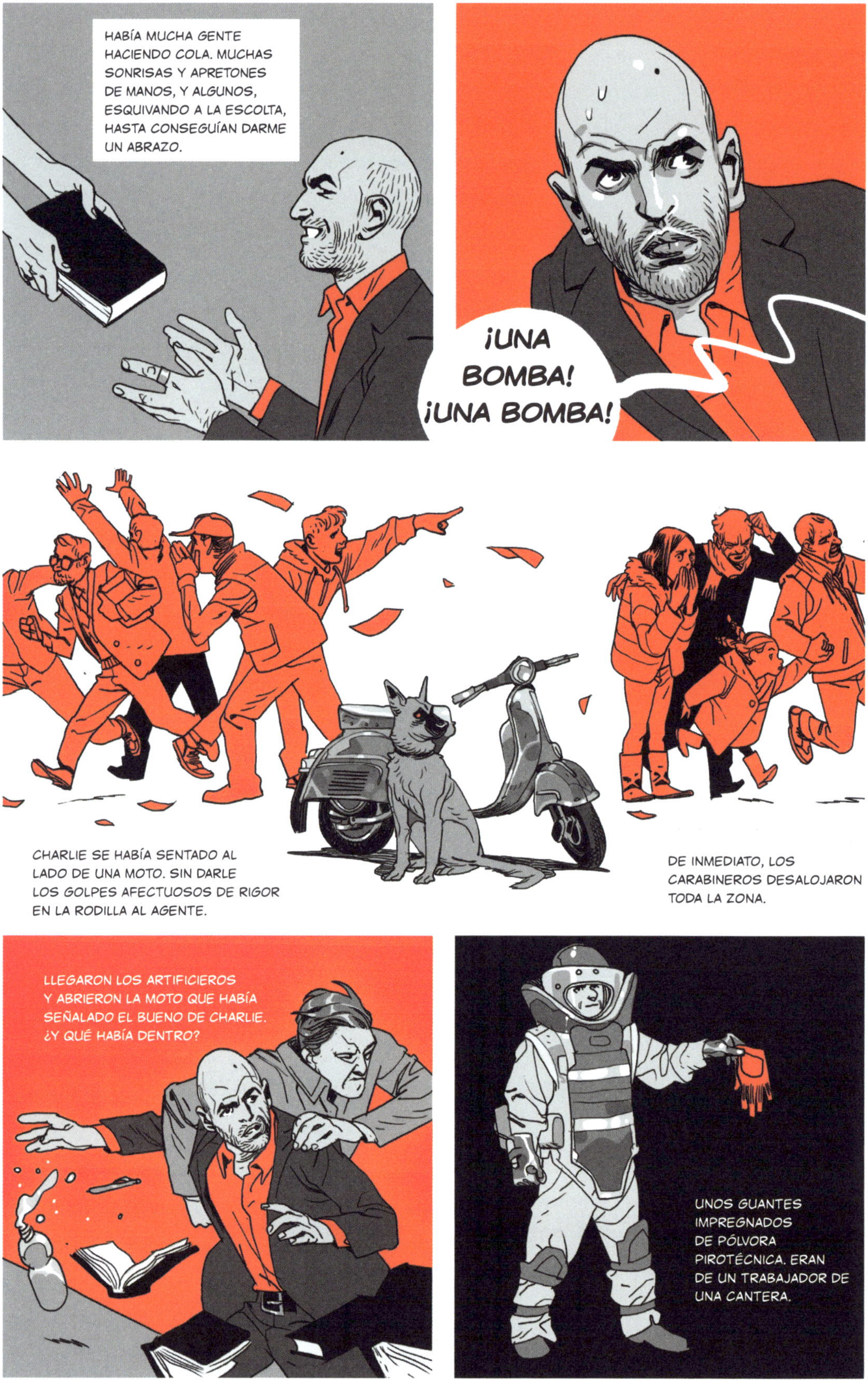
HABÍA MUCHA GENTE HACIENDO COLA. MUCHAS SONRISAS Y APRETONES DE MANOS, Y ALGUNOS, ESQUIVANDO A LA ESCOLTA, HASTA CONSEGUÍAN DARME UN ABRAZO.
¡UNA BOMBA! ¡UNA BOMBA!
CHARLIE SE HABÍA SENTADO AL LADO DE UNA MOTO. SIN DARLE LOS GOLPES AFECTUOSOS DE RIGOR EN LA RODILLA AL AGENTE.
DE INMEDIATO, LOS CARABINEROS DESALOJARON TODA LA ZONA.
LLEGARON LOS ARTIFICIEROS Y ABRIERON LA MOTO QUE HABÍA SEÑALADO EL BUENO DE CHARLIE. ¿Y QUÉ HABÍA DENTRO?
UNOS GUANTES IMPREGNADOS DE PÓLVORA PIROTÉCNICA. ERAN DE UN TRABAJADOR DE UNA CANTERA.

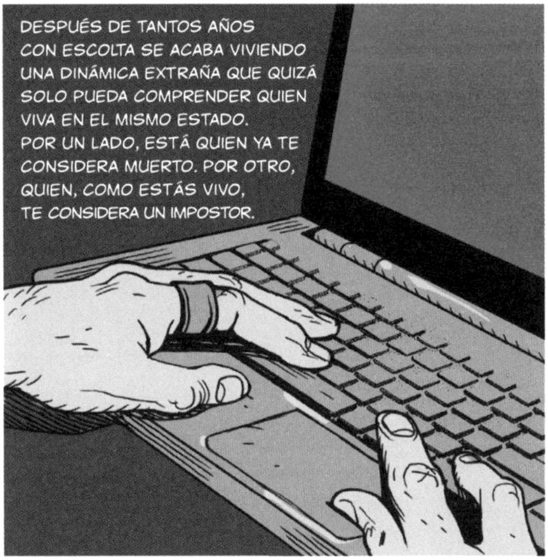
DESPUÉS DE TANTOS AÑOS CON ESCOLTA SE ACABA VIVIENDO UNA DINÁMICA EXTRAÑA QUE QUIZÁ SOLO PUEDA COMPRENDER QUIEN VIVA EN EL MISMO ESTADO.
POR UN LADO, ESTÁ QUIEN YA TE CONSIDERA MUERTO. POR OTRO, QUIEN, COMO ESTÁS VIVO, TE CONSIDERA UN IMPOSTOR.

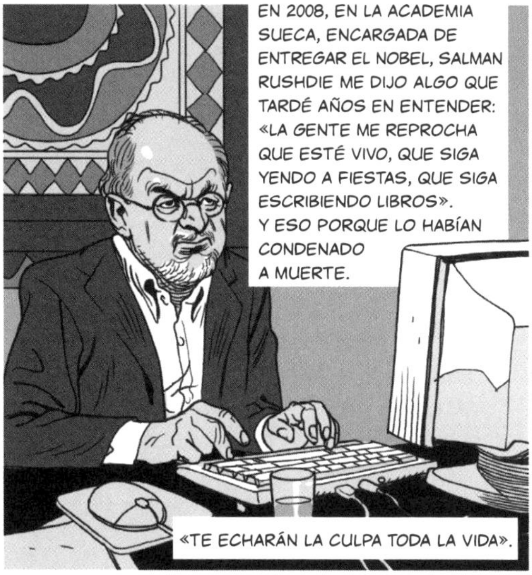
EN 2008, EN LA ACADEMIA SUECA, ENCARGADA DE ENTREGAR EL NOBEL, SALMAN RUSHDIE ME DIJO ALGO QUE TARDÉ AÑOS EN ENTENDER: «LA GENTE ME REPROCHA QUE ESTÉ VIVO, QUE SIGA YENDO A FIESTAS, QUE SIGA ESCRIBIENDO LIBROS».
Y ESO PORQUE LO HABÍAN CONDENADO A MUERTE.
«TE ECHARÁN LA CULPA TODA LA VIDA».

Y CUANTO MÁS SOLITARIA SE VUELVE MI VIDA, CUANTO MÁS RECLUIDO ESTOY, MÁS CRECE DE UNA FORMA INCREÍBLE LA GENTE QUE TENGO CERCA EN LAS REDES SOCIALES. HAGO UN JUEGO: ME LOS IMAGINO A TODOS JUNTOS VIVIENDO EN UNA ÚNICA CIUDAD INMENSA.

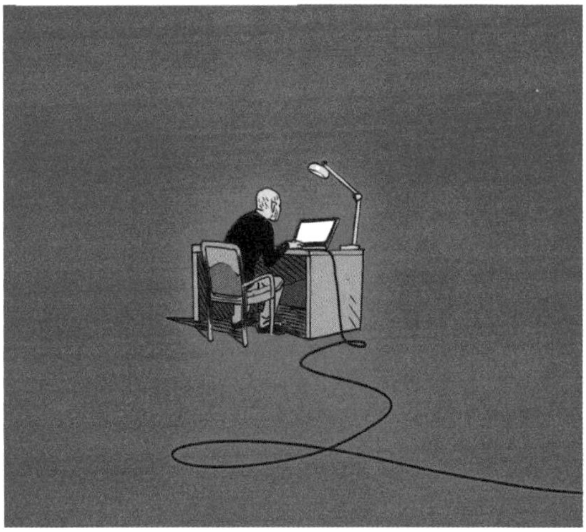

ASÍ DESCUBRO QUE MIS SEGUIDORES DE FACEBOOK SON CASI TANTOS COMO LOS HABITANTES DE ROMA, QUE LOS DE TWITTER SON COMO LOS HABITANTES DE BARCELONA Y QUE EN INSTAGRAM ME SIGUE EL EQUIVALENTE A LOS HABITANTES DE NÁPOLES.

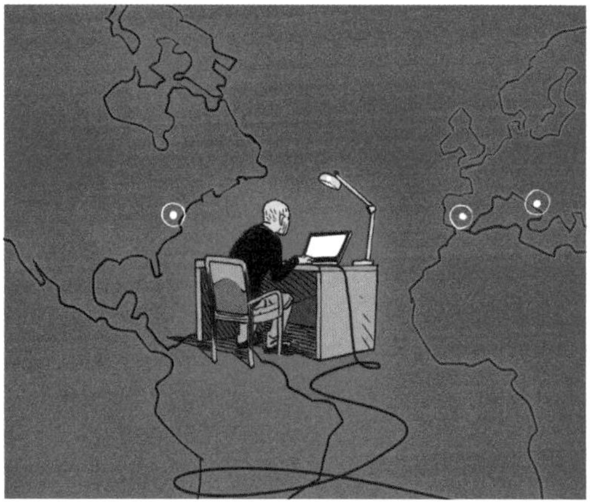

CLARO QUE ESAS MULTITUDES NO SIEMPRE CONSIGUEN LLENAR EL VACÍO, HACER OLVIDAR LA SOLEDAD. Y NO SIEMPRE SON ALIADOS, NO SIEMPRE SON FAMILIA.

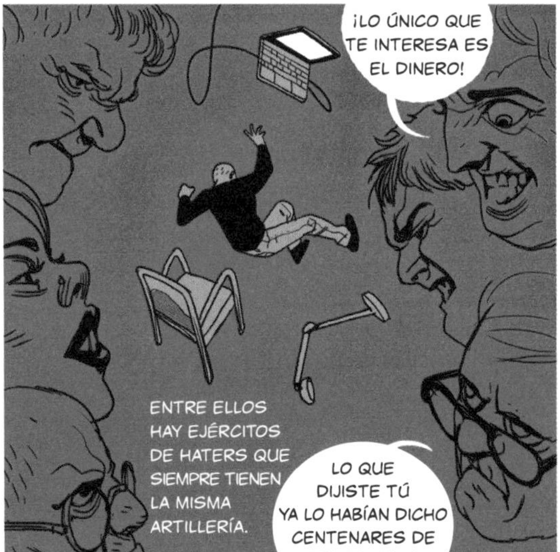
¡LO ÚNICO QUE TE INTERESA ES EL DINERO!
ENTRE ELLOS HAY EJÉRCITOS DE HATERS QUE SIEMPRE TIENEN LA MISMA ARTILLERÍA.
LO QUE DIJISTE TÚ YA LO HABÍAN DICHO CENTENARES DE PERIODISTAS.

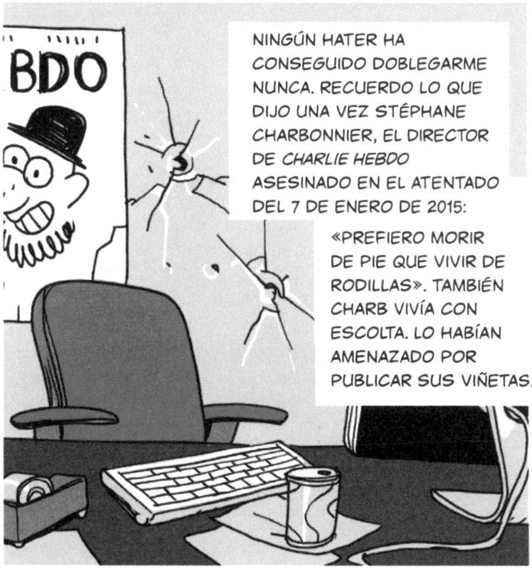
BDO
NINGÚN HATER HA CONSEGUIDO DOBLEGARME NUNCA. RECUERDO LO QUE DIJO UNA VEZ STÉPHANE CHARBONNIER, EL DIRECTOR DE *CHARLIE HEBDO* ASESINADO EN EL ATENTADO DEL 7 DE ENERO DE 2015:
«PREFIERO MORIR DE PIE QUE VIVIR DE RODILLAS». TAMBIÉN CHARB VIVÍA CON ESCOLTA. LO HABÍAN AMENAZADO POR PUBLICAR SUS VIÑETAS.

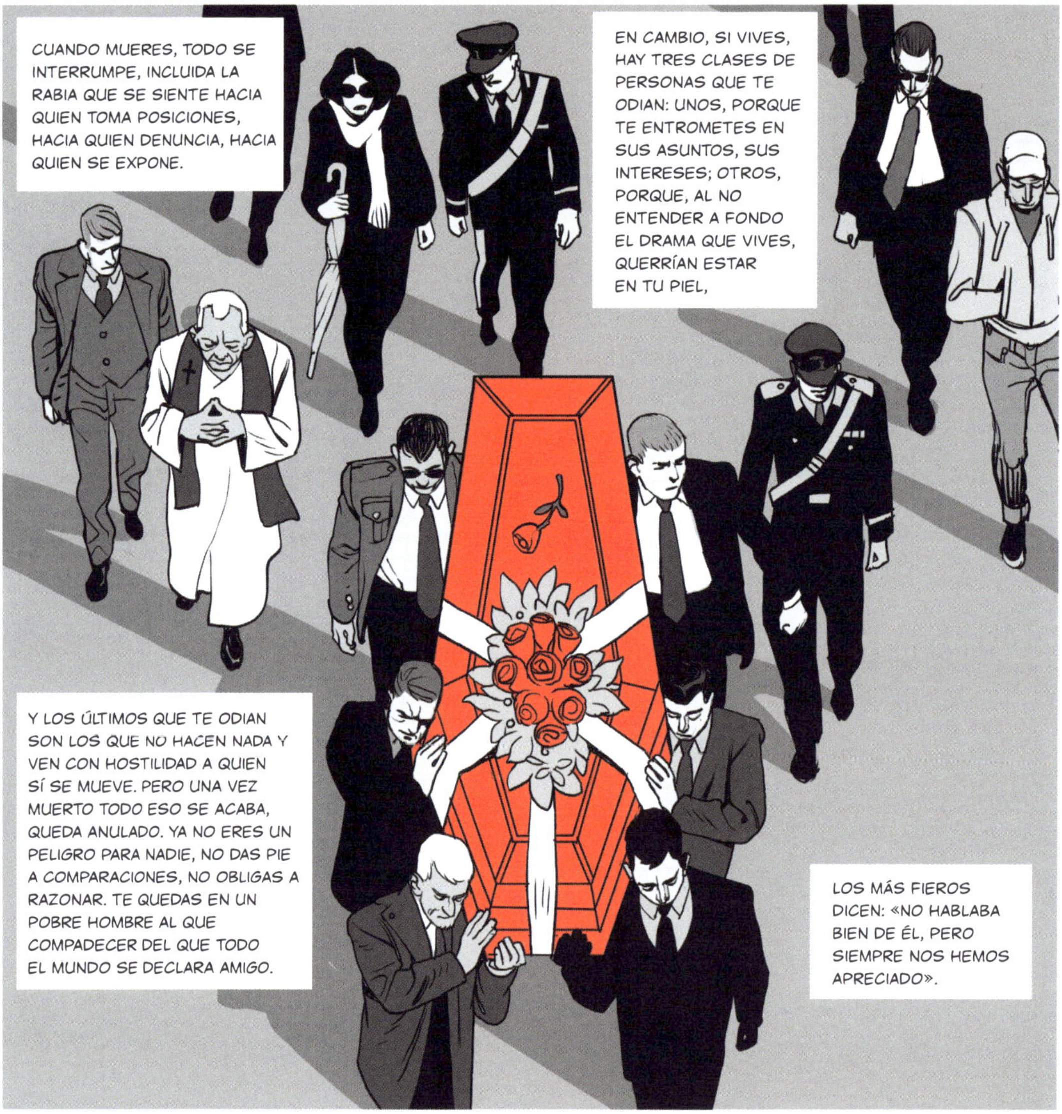
CUANDO MUERES, TODO SE INTERRUMPE, INCLUIDA LA RABIA QUE SE SIENTE HACIA QUIEN TOMA POSICIONES, HACIA QUIEN DENUNCIA, HACIA QUIEN SE EXPONE.
EN CAMBIO, SI VIVES, HAY TRES CLASES DE PERSONAS QUE TE ODIAN: UNOS, PORQUE TE ENTROMETES EN SUS ASUNTOS, SUS INTERESES; OTROS, PORQUE, AL NO ENTENDER A FONDO EL DRAMA QUE VIVES, QUERRÍAN ESTAR EN TU PIEL,
Y LOS ÚLTIMOS QUE TE ODIAN SON LOS QUE NO HACEN NADA Y VEN CON HOSTILIDAD A QUIEN SÍ SE MUEVE. PERO UNA VEZ MUERTO TODO ESO SE ACABA, QUEDA ANULADO. YA NO ERES UN PELIGRO PARA NADIE, NO DAS PIE A COMPARACIONES, NO OBLIGAS A RAZONAR. TE QUEDAS EN UN POBRE HOMBRE AL QUE COMPADECER DEL QUE TODO EL MUNDO SE DECLARA AMIGO.
LOS MÁS FIEROS DICEN: «NO HABLABA BIEN DE ÉL, PERO SIEMPRE NOS HEMOS APRECIADO».

PERO AHORA NO, TODAVÍA NO, PORQUE...

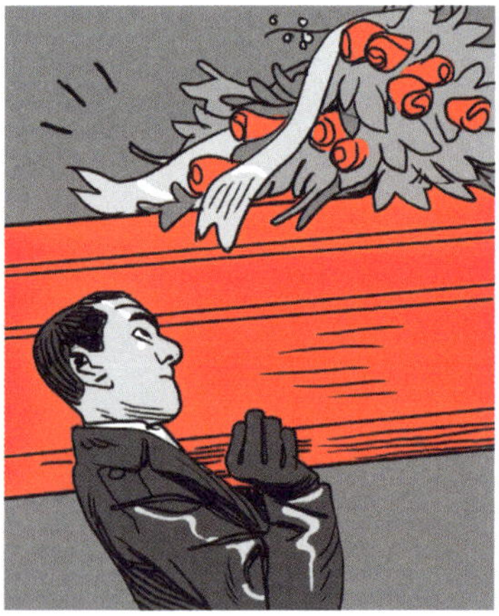

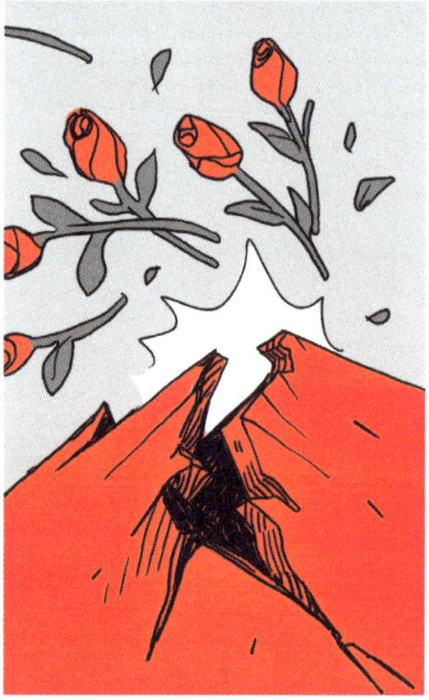

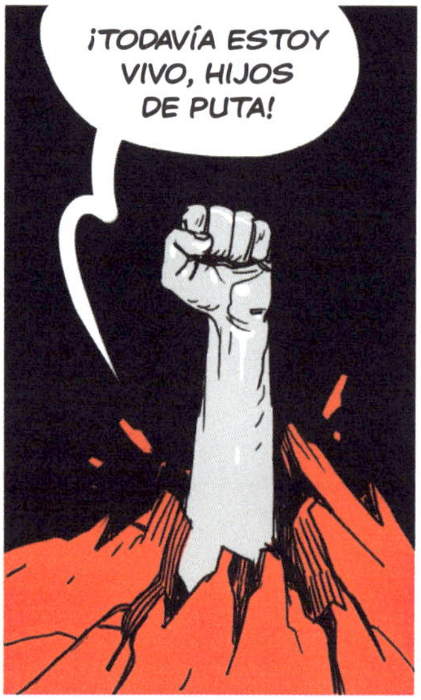
¡TODAVÍA ESTOY VIVO, HIJOS DE PUTA!

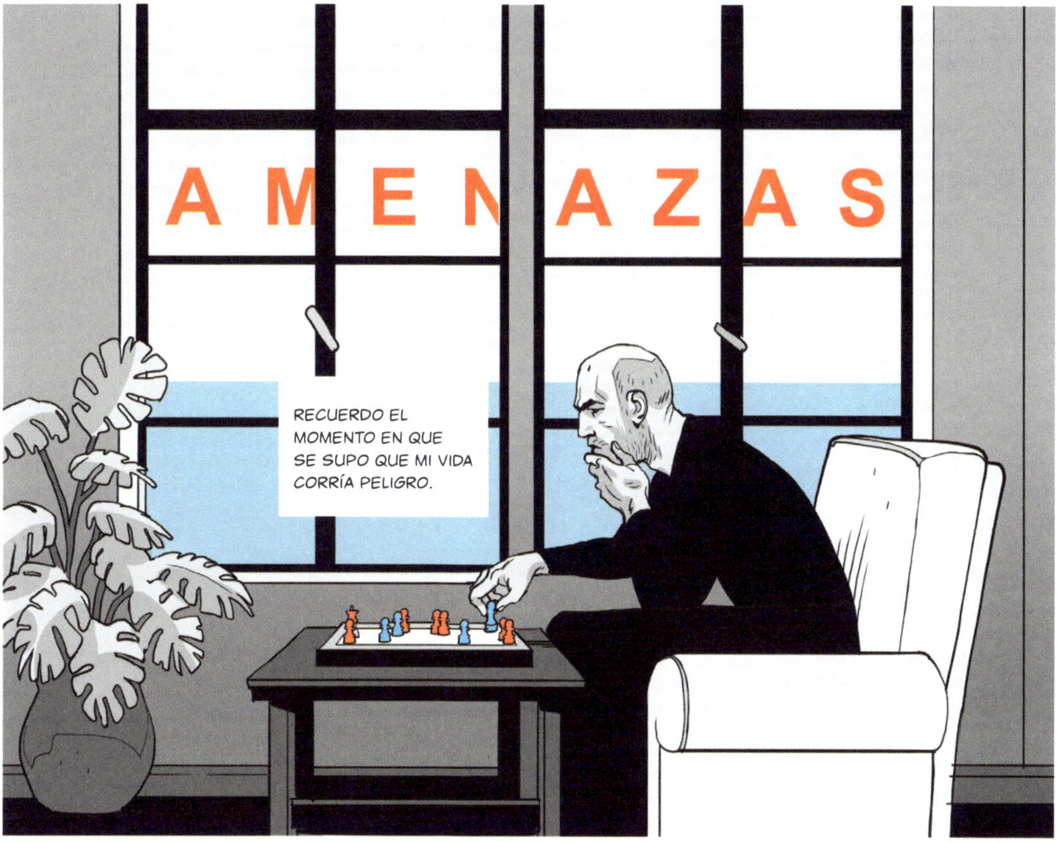
AMENAZAS
RECUERDO EL MOMENTO EN QUE SE SUPO QUE MI VIDA CORRÍA PELIGRO.

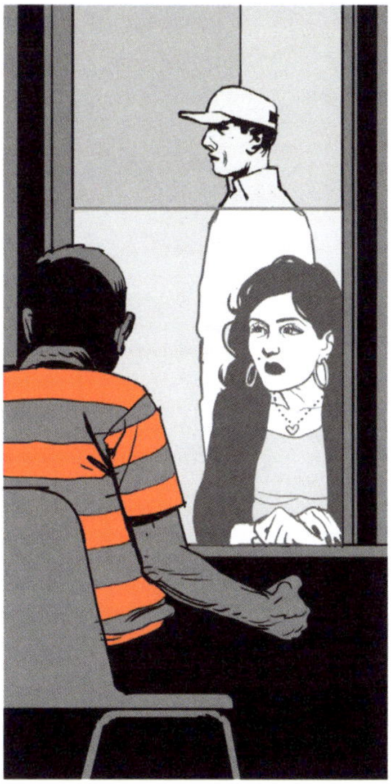

LA MUJER DE UN CAPO DE LA CAMORRA ENCARCELADO SE ENTERÓ DE QUE ESTABAN PLANEANDO MI EJECUCIÓN. FUE LA PRIMERA QUE HIZO CIRCULAR LA NOTICIA DE QUE IBAN A QUITARME DE EN MEDIO.

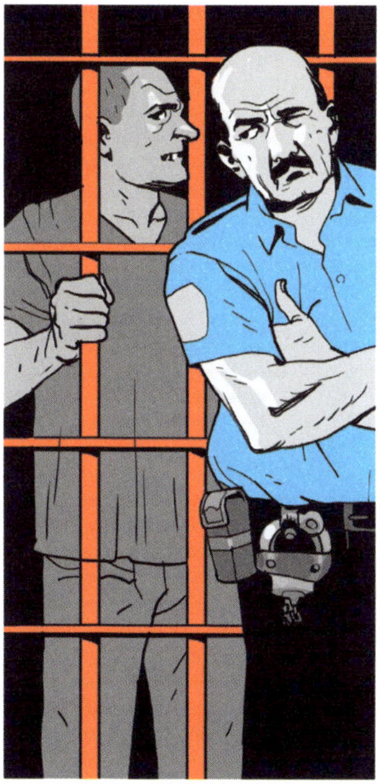

LUEGO UN HOMBRE ME VIO EN LA TELEVISIÓN Y DIJO: «HABLA, HABLA. TOTAL, ES LA ÚLTIMA VEZ QUE CANTAS». Y ALGUIEN SE LO CONTÓ A UN VIGILANTE DE PRISIONES.

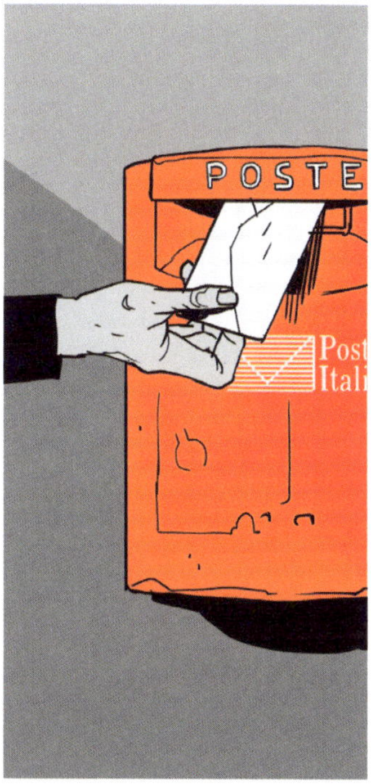
POSTE

DESPUÉS LLEGÓ A UNA REVISTA UNA CARTA ANÓNIMA QUE DESCRIBÍA UNA CUMBRE CELEBRADA EN UNA CASA DE APUESTAS DE CASAL DI PRINCIPE. ESTABAN TODAS LAS FAMILIAS CRIMINALES. SE VOTÓ SI MATARME O DEJARME CON VIDA. LOS QUE QUERÍAN LIQUIDARME ERAN MINORÍA...

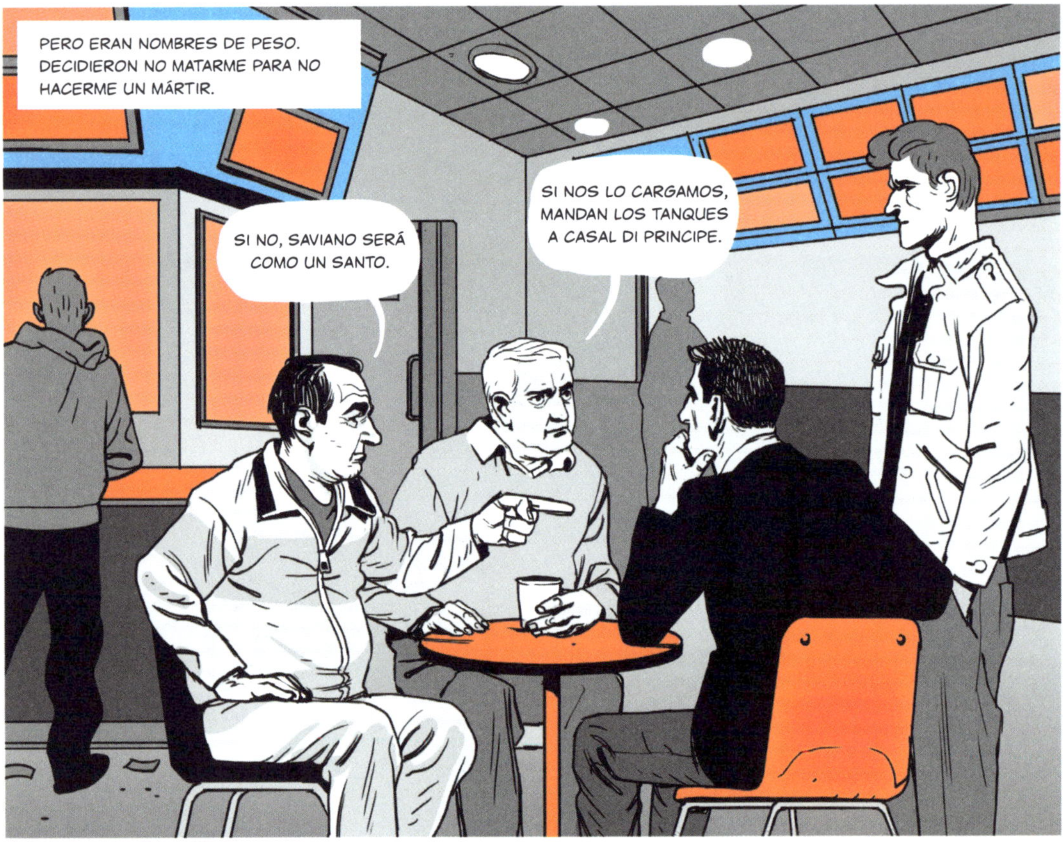
PERO ERAN NOMBRES DE PESO. DECIDIERON NO MATARME PARA NO HACERME UN MÁRTIR.
SI NO, SAVIANO SERÁ COMO UN SANTO.
SI NOS LO CARGAMOS, MANDAN LOS TANQUES A CASAL DI PRINCIPE.

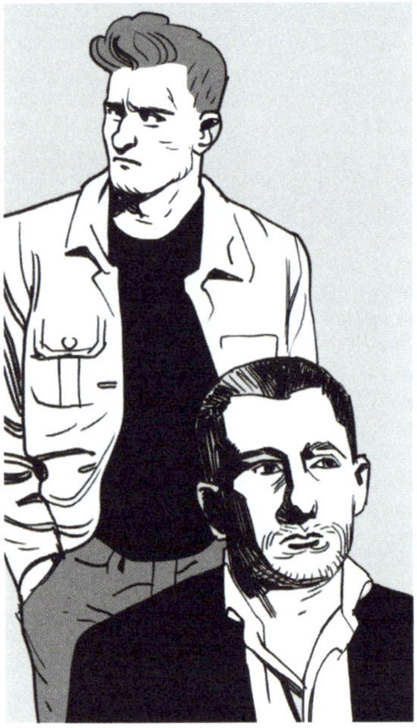

SEGÚN DECÍA AQUEL ANÓNIMO, LOS QUE QUERÍAN VERME MUERTO ERAN DOS: EL HIJO DE UN CAPO REGENTE Y EL LUGARTENIENTE DE OTRO CAPO REGENTE.

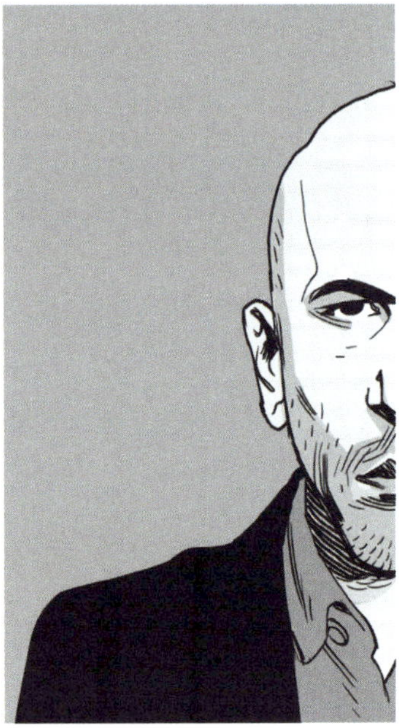

EL AUTOR DE LA CARTA DECÍA QUE LE HABRÍA TOCADO A ÉL MATARME, PERO LE HABÍA DADO MIEDO ACABAR EN LA CÁRCEL. CONTABA LA HISTORIA DE LA CUMBRE PARA HACERLO SALTAR TODO POR LOS AIRES Y NO VERSE IMPLICADO EN MI CONDENA A MUERTE.

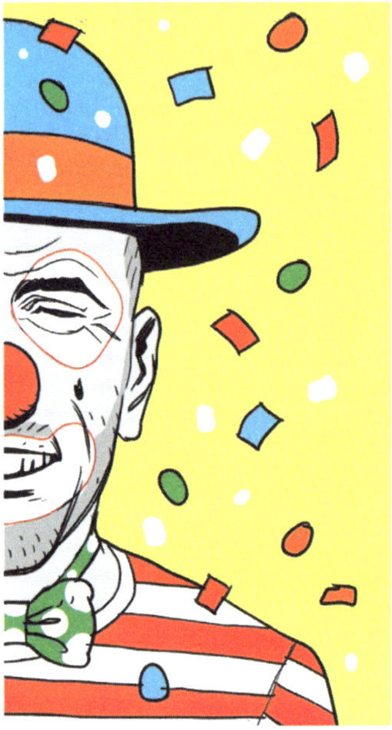

CUANDO, UN AÑO DESPUÉS, VOLVÍ A CASAL DI PRINCIPE, ME RECIBIÓ EL PATRIARCA DE LA FAMILIA SCHIAVONE EN PERSONA, DON NICOLA SCHIAVONE, PADRE DE FRANCESCO SCHIAVONE, SANDOKAN, Y DEL CAPO WALTERINO SCHIAVONE, ADEMÁS DE ABUELO DE NICOLA, CARMINE, IVANHOE Y WALTER, TODOS ENCARCELADOS. DON NICOLA SCHIAVONE DIJO: «ESE CHICO ES UN PAYASO. SE HA INVENTADO LA CAMORRA DE CASAL DI PRINCIPE».

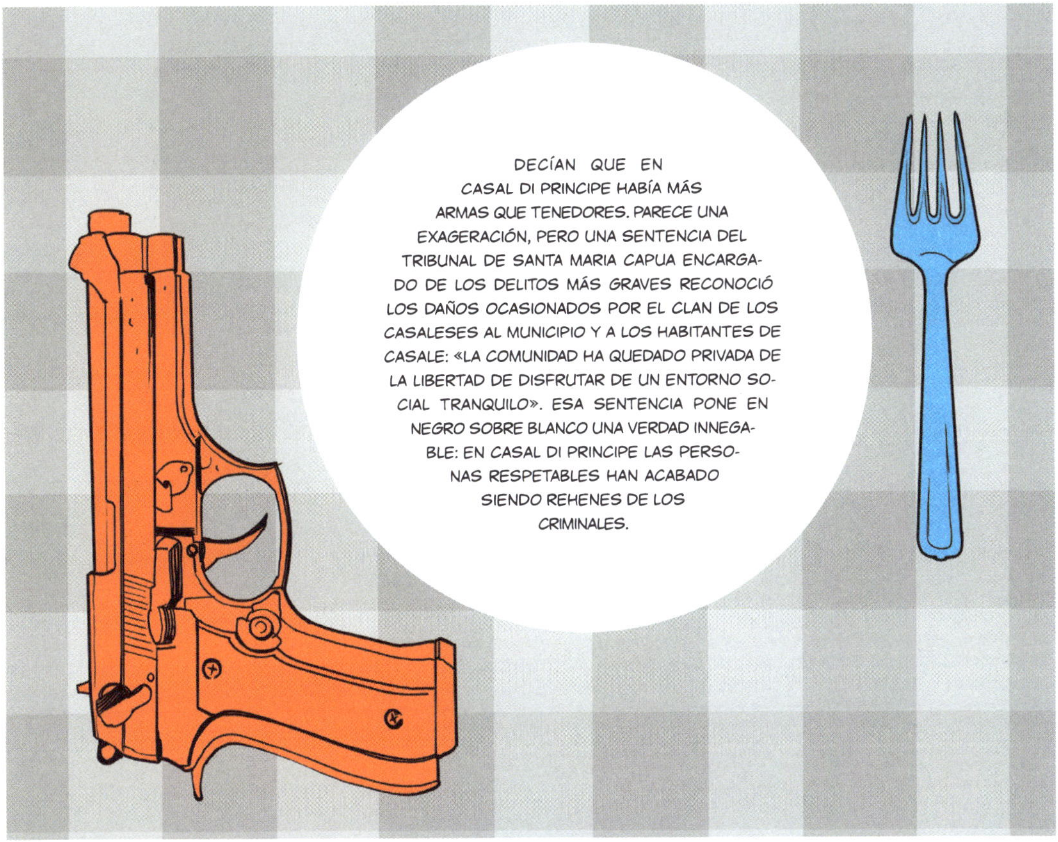
DECÍAN QUE EN CASAL DI PRINCIPE HABÍA MÁS ARMAS QUE TENEDORES. PARECE UNA EXAGERACIÓN, PERO UNA SENTENCIA DEL TRIBUNAL DE SANTA MARIA CAPUA ENCARGADO DE LOS DELITOS MÁS GRAVES RECONOCIÓ LOS DAÑOS OCASIONADOS POR EL CLAN DE LOS CASALESES AL MUNICIPIO Y A LOS HABITANTES DE CASALE: «LA COMUNIDAD HA QUEDADO PRIVADA DE LA LIBERTAD DE DISFRUTAR DE UN ENTORNO SOCIAL TRANQUILO». ESA SENTENCIA PONE EN NEGRO SOBRE BLANCO UNA VERDAD INNEGABLE: EN CASAL DI PRINCIPE LAS PERSONAS RESPETABLES HAN ACABADO SIENDO REHENES DE LOS CRIMINALES.

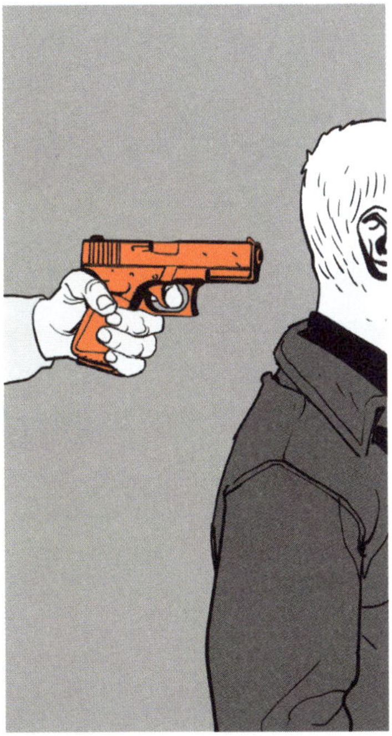

EN EL PUEBLO QUE TENÍA MÁS MERCEDES DE EUROPA SOLO HABÍA UNA LEY. ANTONIO CANGIANO, UN TENIENTE DE ALCALDE AL QUE LE DISPARARON POR LA ESPALDA POR PARAR UNA CONTRATA, LO DESCUBRIÓ POR LAS MALAS.

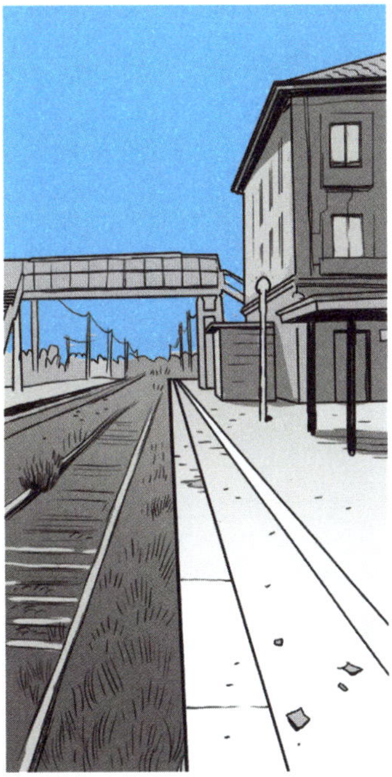

MUSSOLINI INCLUSO INTENTÓ BORRAR EL NOMBRE DE AQUELLA TIERRA LLAMÁNDOLA ALBANOVA, PORQUE ALLÍ DEBÍA NACER UNA NUEVA ALBA DE JUSTICIA. ERA TODO PROPAGANDA: LO ÚNICO QUE QUEDA ES EL NOMBRE DE UNA ESTACIÓN DESOLADA.

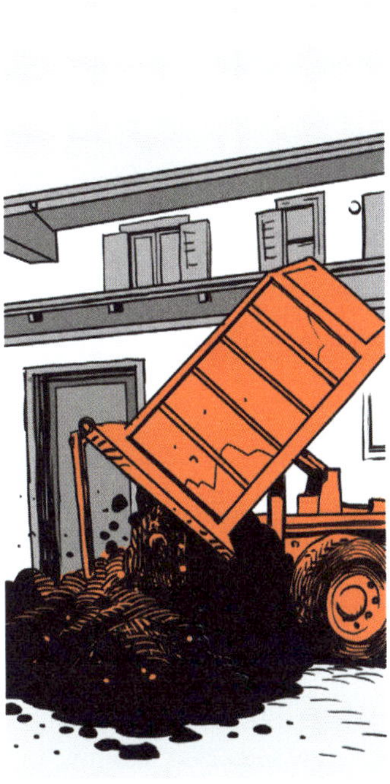

Y LUEGO ESTÁ RENATO NATALE, UN ALCALDE VALIENTE QUE NUNCA SE PLEGÓ ANTE NADA DE ESO. UN DÍA LE VERTIERON UNA TONELADA DE MIERDA DELANTE DE LA PUERTA DE SU CASA.

LO QUE SUCEDIÓ LA NOCHE DEL 18 DE SEPTIEMBRE DE 2008 SE CONOCE COMO LA MATANZA DE CASTEL VOLTURNO. LOS SICARIOS DEL CLAN DE LOS CASALESES, A LAS ÓRDENES DE GIUSEPPE SETOLA, ASESINARON A SEIS AFRICANOS INOCENTES QUE VIVÍAN EN EL LUGAR EN EL QUE, A MEDIADOS DE LOS AÑOS SESENTA, SE CONSTRUYÓ EL MAYOR CONGLOMERADO URBANO ILEGAL DEL MUNDO. UN COMPLEJO TURÍSTICO DE 1,5 MILLONES DE METROS CÚBICOS EN UNA DE LAS PLAYAS MÁS HERMOSAS DEL MEDITERRÁNEO.

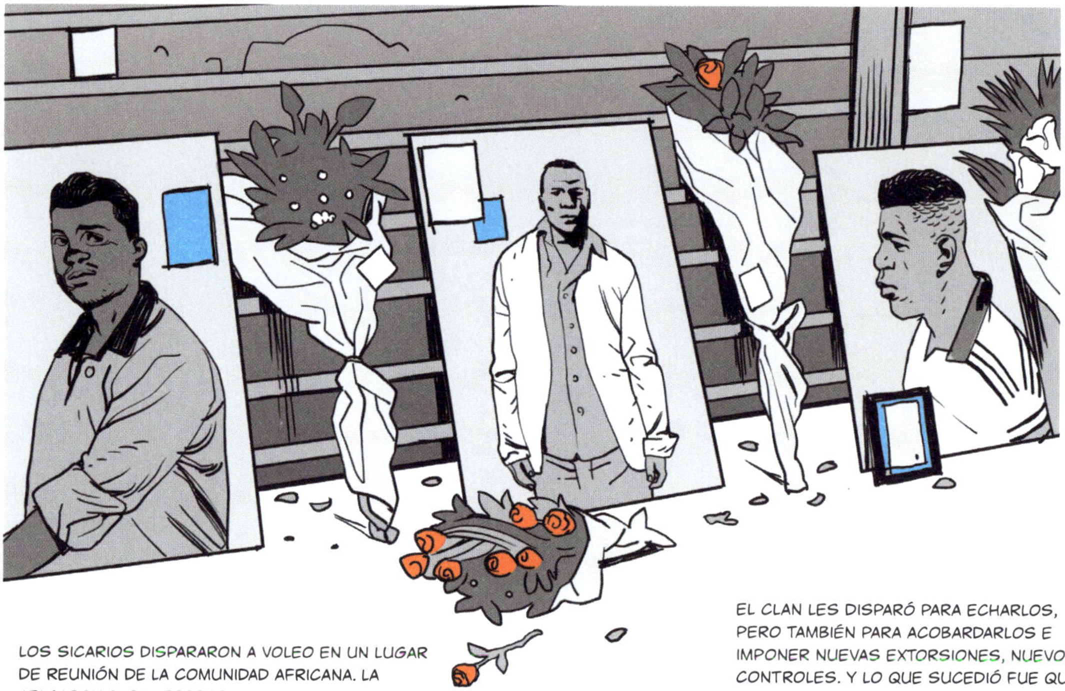

LOS SICARIOS DISPARARON A VOLEO EN UN LUGAR DE REUNIÓN DE LA COMUNIDAD AFRICANA. LA ATACARON PARA ATERRORIZARLA, PARA OBLIGARLA A DEJAR UN TERRITORIO EN EL QUE EL CLAN PROBABLEMENTE PRETENDÍA PONER EN MARCHA UNA NUEVA ESPECULACIÓN URBANÍSTICA.

EL CLAN LES DISPARÓ PARA ECHARLOS, PERO TAMBIÉN PARA ACOBARDARLOS E IMPONER NUEVAS EXTORSIONES, NUEVOS CONTROLES. Y LO QUE SUCEDIÓ FUE QUE, ANTE TANTA ATROCIDAD, LA COMUNIDAD AFRICANA SE REBELÓ COMO NUNCA HABÍA SUCEDIDO EN ESA ZONA. PARA LLEGAR HASTA ALLÍ, AQUELLA GENTE SE LO HABÍA JUGADO TODO: HABÍAN IDO A VIVIR, NO A MORIR.

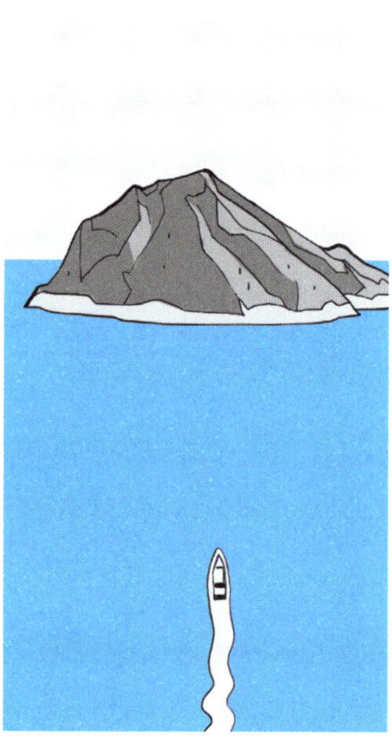

POCO DESPUÉS DE LA MATANZA, POR TEMOR A QUE LA NUEVA ESTRATEGIA INCLUYERA LA ELIMINACIÓN DE LOS SÍMBOLOS (Y YO ERA UN SÍMBOLO), ME TRASLADARON A UNA ISLA DONDE PODÍAN GARANTIZAR MI SEGURIDAD.

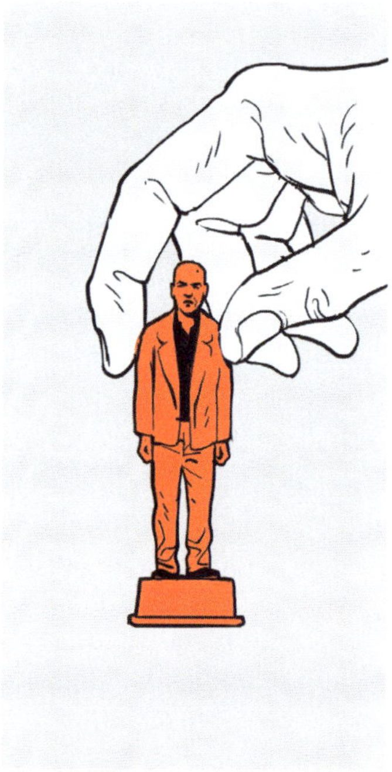

NO HABÍA COBERTURA TELEFÓNICA. ESTABA SOLO, JUGANDO AL AJEDREZ Y LEYENDO, CONVENCIDO DE QUE AQUELLO ERA UNA RENDICIÓN ABSURDA DEL ESTADO: YO ALLÍ EN LA ISLA Y LOS CRIMINALES SUELTOS POR LA CALLE.

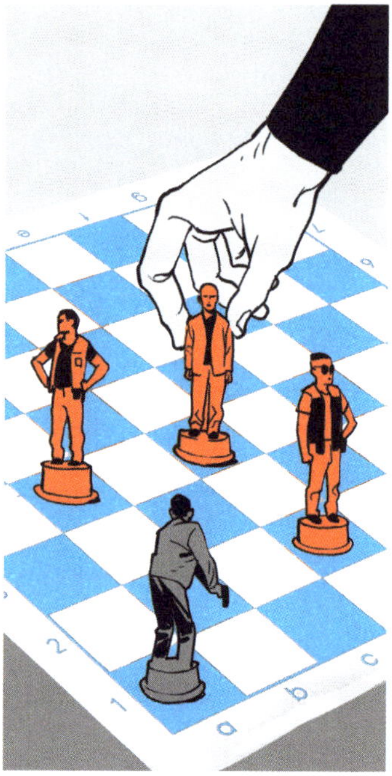

ME SENTÍA EN JAQUE Y HACÍA UNA CUENTA ATRÁS PENSANDO EN EL MOMENTO EN QUE SE ME ACABARÍAN LAS JUGADAS PARA HUIR DEL ADVERSARIO.

COSAS POR LAS QUE VALE LA PENA VIVIR

CUANDO TU TRABAJO PASA A SER PÚBLICO Y RECONOCIDO, EN TU VIDA CAMBIA TODO Y TODO ENTRA EN UNA DINÁMICA QUE ANTES NO VEÍAS. DEJAS DE SER UNA PERSONA PARA CONVERTIRTE EN ALGO DISTINTO; NO SÉ EXACTAMENTE EL QUÉ, PERO DESDE LUEGO NADA QUE SEA HUMANO. PARA RESISTIR, REDACTO UNA LISTA MENTAL DE COSAS POR LAS QUE TODAVÍA VALE LA PENA VIVIR Y SEGUIR APEGADO A ESTE MUNDO.

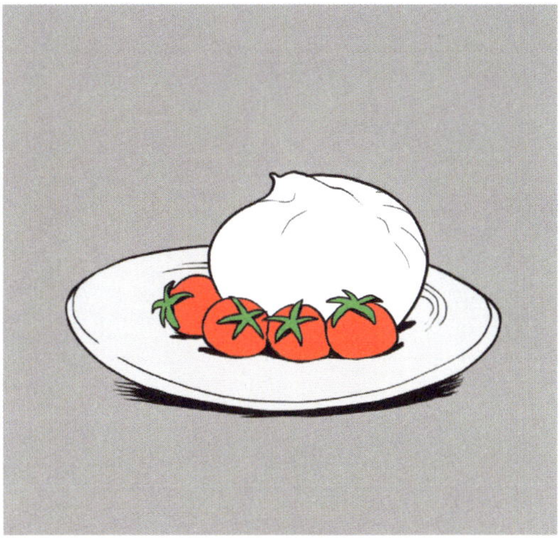

EN PRIMER LUGAR, NO ME CABE NINGUNA DUDA, ESTÁ LA MOZZARELLA DE BÚFALA DE AVERSA. TIENE UN SABOR SALADO Y PASTOSO, ES COMO MASTICAR UN CORAZÓN DE LECHE.

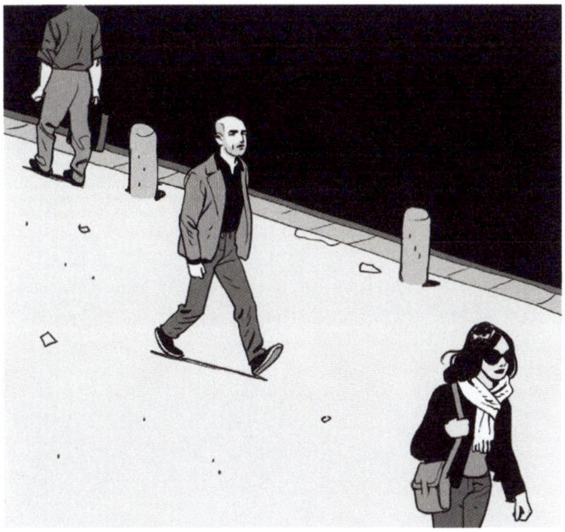

UNA COSA SENCILLA PERO MARAVILLOSA QUE SOLO PUEDE VALORAR QUIEN HAYA ESTADO EN LA CÁRCEL O HAYA PASADO AÑOS INMOVILIZADO EN LA CAMA: PASEAR SIN RUMBO.

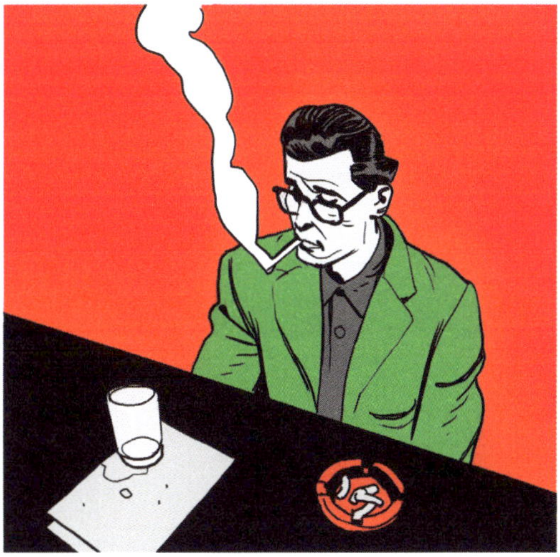

LA MÚSICA: LAS NOTAS DE BILL EVANS CUANDO TOCA *LOVE THEME FROM SPARTACUS*.

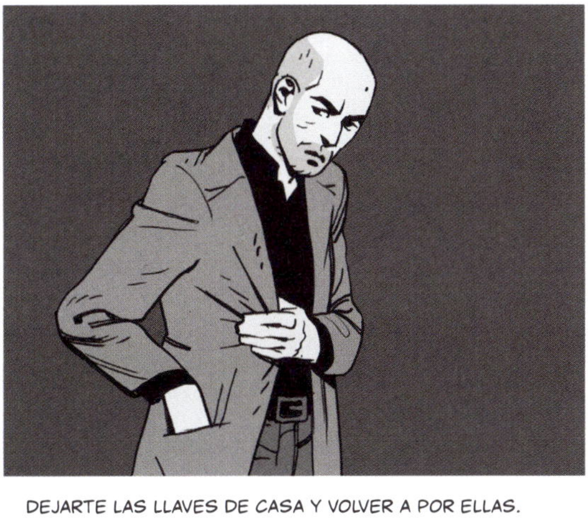

DEJARTE LAS LLAVES DE CASA Y VOLVER A POR ELLAS. ¿PARECE UNA LATA? AL CONTRARIO: ES UN LUJO CUANDO NADIE TE DICE QUE NO PUEDES DESANDAR TUS PASOS POR MOTIVOS DE SEGURIDAD.

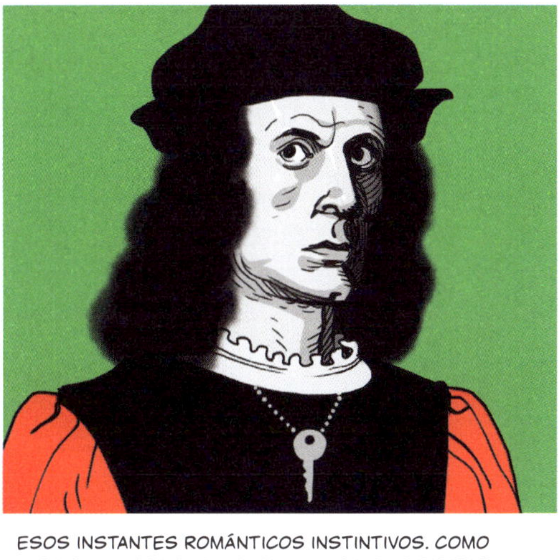

ESOS INSTANTES ROMÁNTICOS INSTINTIVOS. COMO LLEVAR A LA PERSONA AMADA A LA TUMBA DE RAFAEL Y LEER JUNTOS EL EPITAFIO DE PIETRO BEMBO: «AQUÍ YACE RAFAEL. MIENTRAS VIVIÓ, LA NATURALEZA TEMIÓ SER DERROTADA. CUANDO MURIÓ, TEMIÓ MORIR CON ÉL».

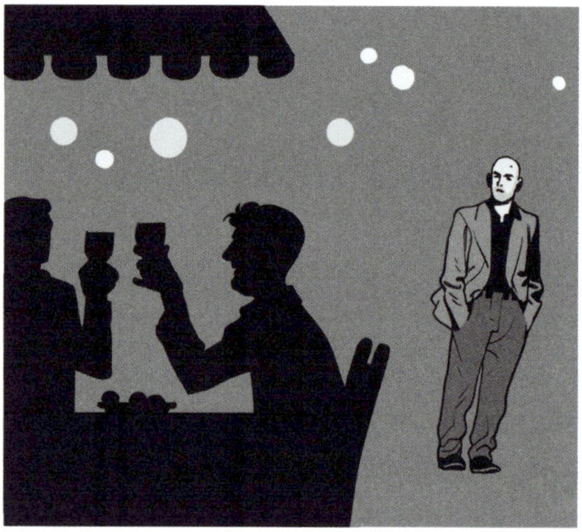

APRENDES A DARTE CUENTA DE QUE UN ENCUENTRO CASUAL, UNA TARDE CUALQUIERA, TAMBIÉN PUEDE SER MARAVILLOSO. SENTARTE EN UN BAR CON UN AMIGO SIN HABERLO PROGRAMADO. HAY QUE PERDER LAS COSAS PARA ENTENDER SU VALOR.

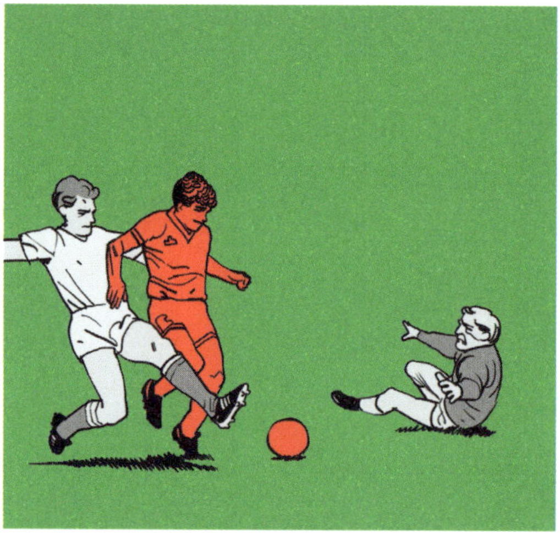

Y LUEGO HAY RECUERDOS, SENSACIONES, QUE, PASE LO QUE PASE, NUNCA TE ABANDONAN... EL GOL DE MARADONA DEL 2 A 0 CONTRA INGLATERRA EN EL MUNDIAL DE 1986.

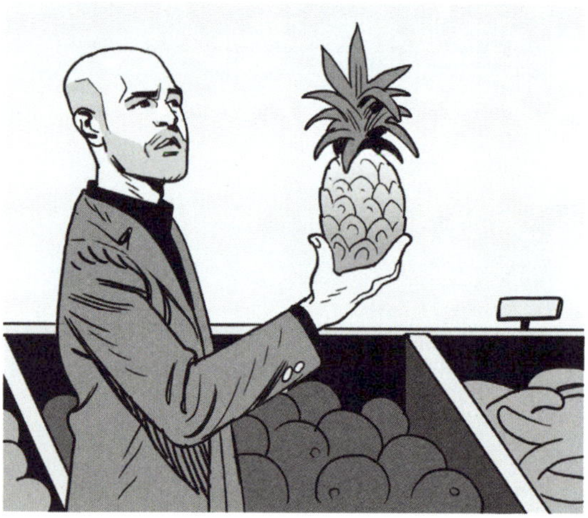

EL GUSTO REENCONTRADO DE ALGO QUE ANTES NO SOPORTABAS: HACER LA COMPRA.

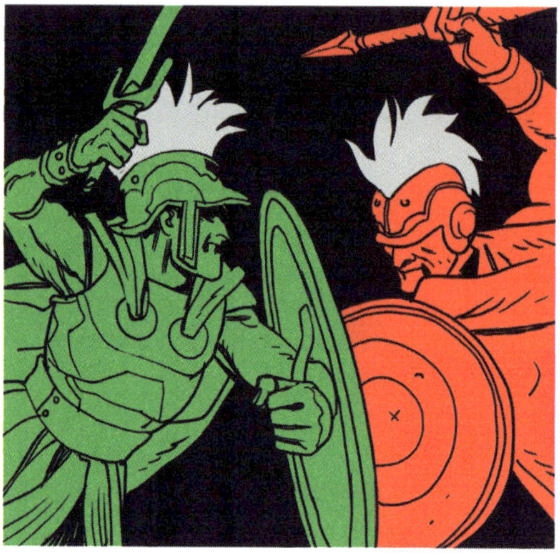

LA ILÍADA, ES DECIR, LA RAÍZ MISMA DE LA QUE SURGE TU VIGOR, DE LA QUE SACAS FUERZAS.

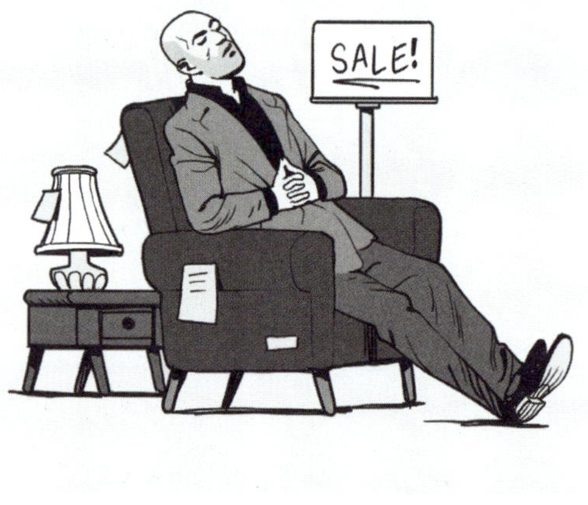
SALE!

COMPRENDES TAMBIÉN LO AGOTADOR QUE ES IR DE CASA EN CASA, DE HABITACIÓN EN HABITACIÓN, VIVIR EN LUGARES EN LOS QUE NO HAS ELEGIDO TÚ LOS MUEBLES QUE TE RODEAN, PERO DONDE ACABAS POR AMOLDARTE A TODO, SINTIÉNDOLO TODO AJENO.

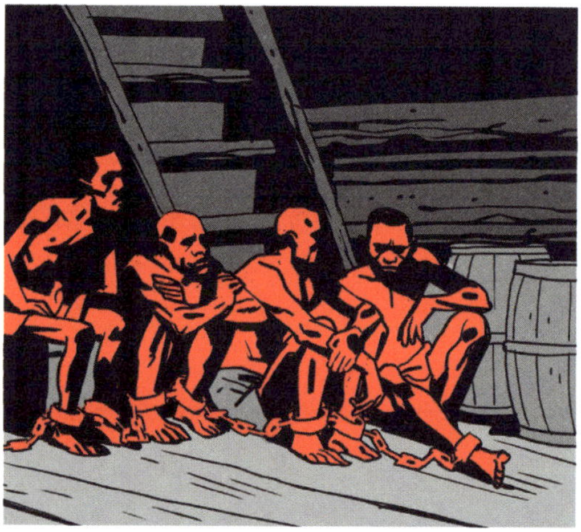

Y LUEGO ESCUCHAS *REDEMPTION SONG* DE BOB MARLEY Y ENTIENDES QUE NO PUEDES TENER DUDAS, QUE EL ARTE Y LA VIDA SON UNO... QUE EL ARTE ES EL DOLOR DE LA ESCLAVITUD, EL SUEÑO DE LIBERTAD QUE SOLO PUEDE SER LUCHA.

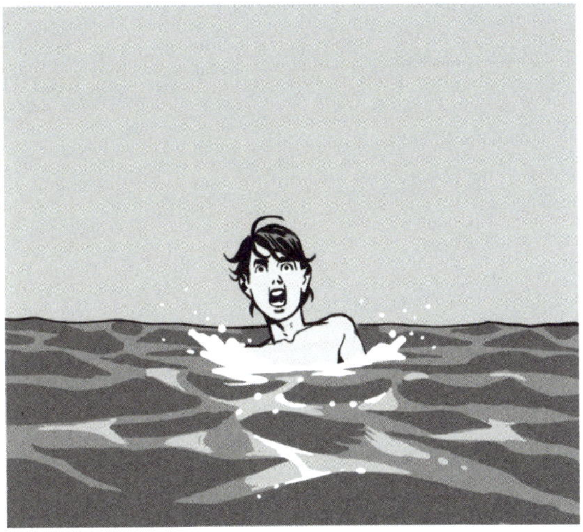

AUNQUE YO NO SUEÑO CON LUCHAR, SUEÑO ÚNICAMENTE QUE ME SUMERJO EN LAS PROFUNDIDADES, QUE ME SUMERJO DONDE EL MAR ES MAR. COMO HACÍA DE NIÑO.

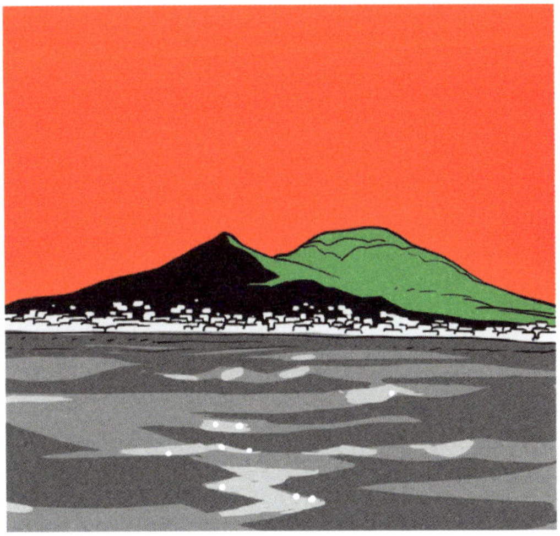

SUEÑO QUE VUELVO A CASA DESPUÉS DE HABERME VISTO OBLIGADO A PASAR MUCHO TIEMPO LEJOS. MUCHO.

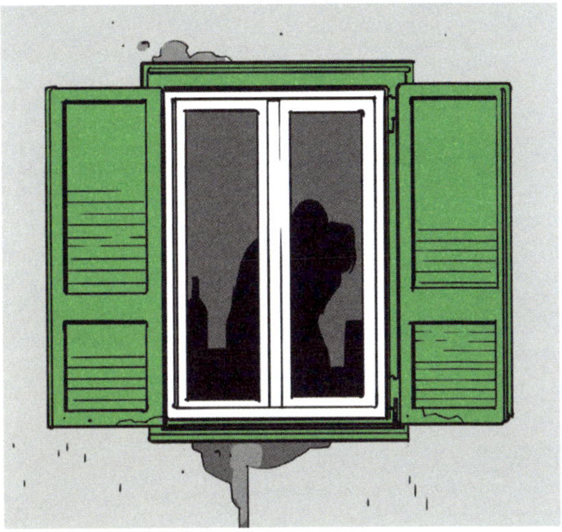

SUEÑO CON ALGO VIVO, CON HACER EL AMOR. LO ÚNICO QUE TE HACE SENTIR COBIJADO ESTÁ VINCULADO A LA VIDA.

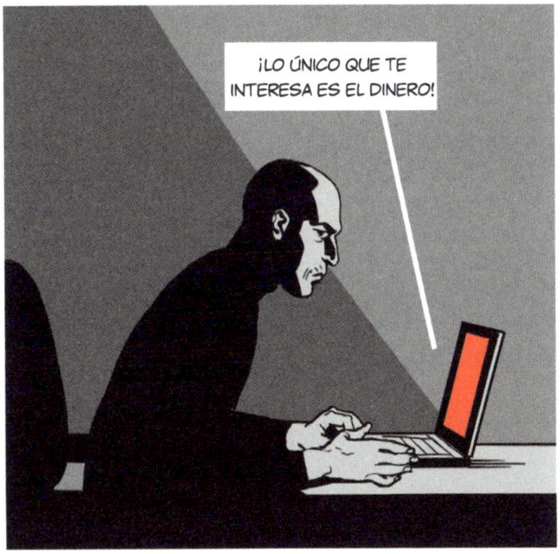
¡LO ÚNICO QUE TE INTERESA ES EL DINERO!

NO ME DA TIEMPO DE ABRIR LOS OJOS Y YA VUELVE A EMPEZAR LA GUERRA, YA VUELVE LA MIERDA. AUNQUE LUEGO ME LLEGA UN MENSAJE. ES MI HERMANO, QUE ESCRIBE: «ESTOY ORGULLOSO DE TI».

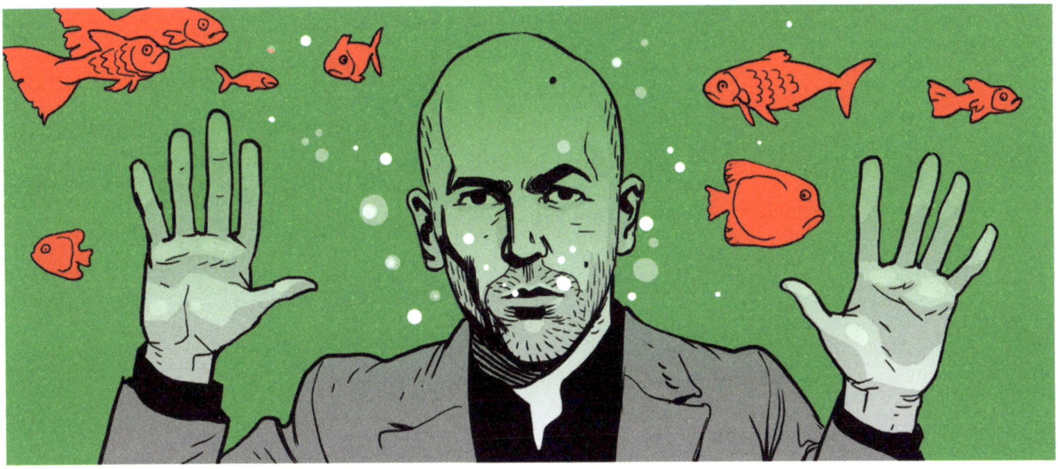

ES COMO VIVIR EN UN ACUARIO: TODO EL MUNDO ME MIRA Y YO LOS MIRO A ELLOS DESDE DETRÁS DE UN CRISTAL. AGUANTO LA RESPIRACIÓN Y ME OBSTINO EN PENSAR QUE, MIENTRAS LAS COSAS QUE ME APETECE HACER SEAN MÁS QUE LAS QUE TENGO PROHIBIDAS, PUEDO SALIR ADELANTE. A SABER SI ES VERDAD.

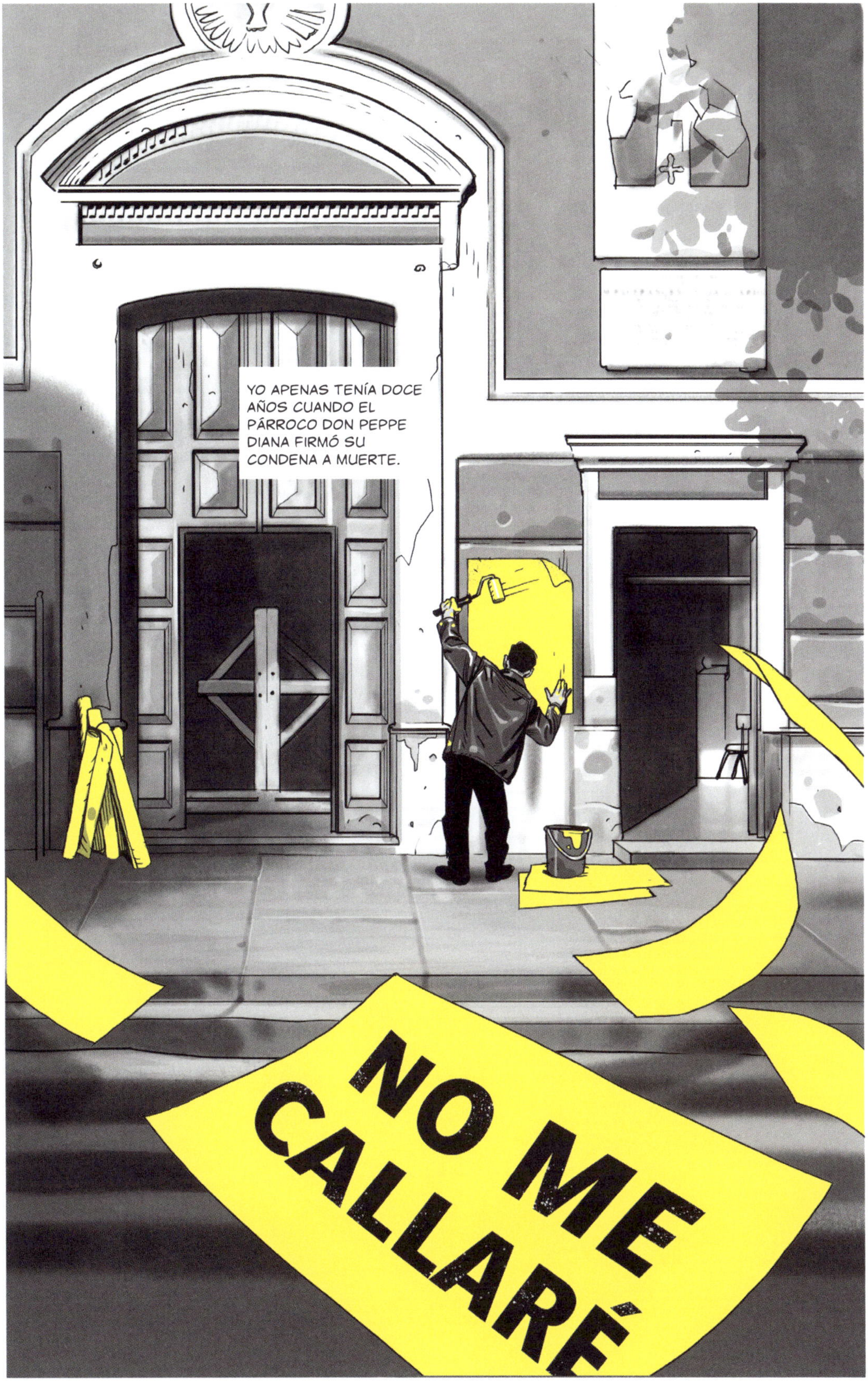
YO APENAS TENÍA DOCE AÑOS CUANDO EL PÁRROCO DON PEPPE DIANA FIRMÓ SU CONDENA A MUERTE.
NO ME CALLARÉ

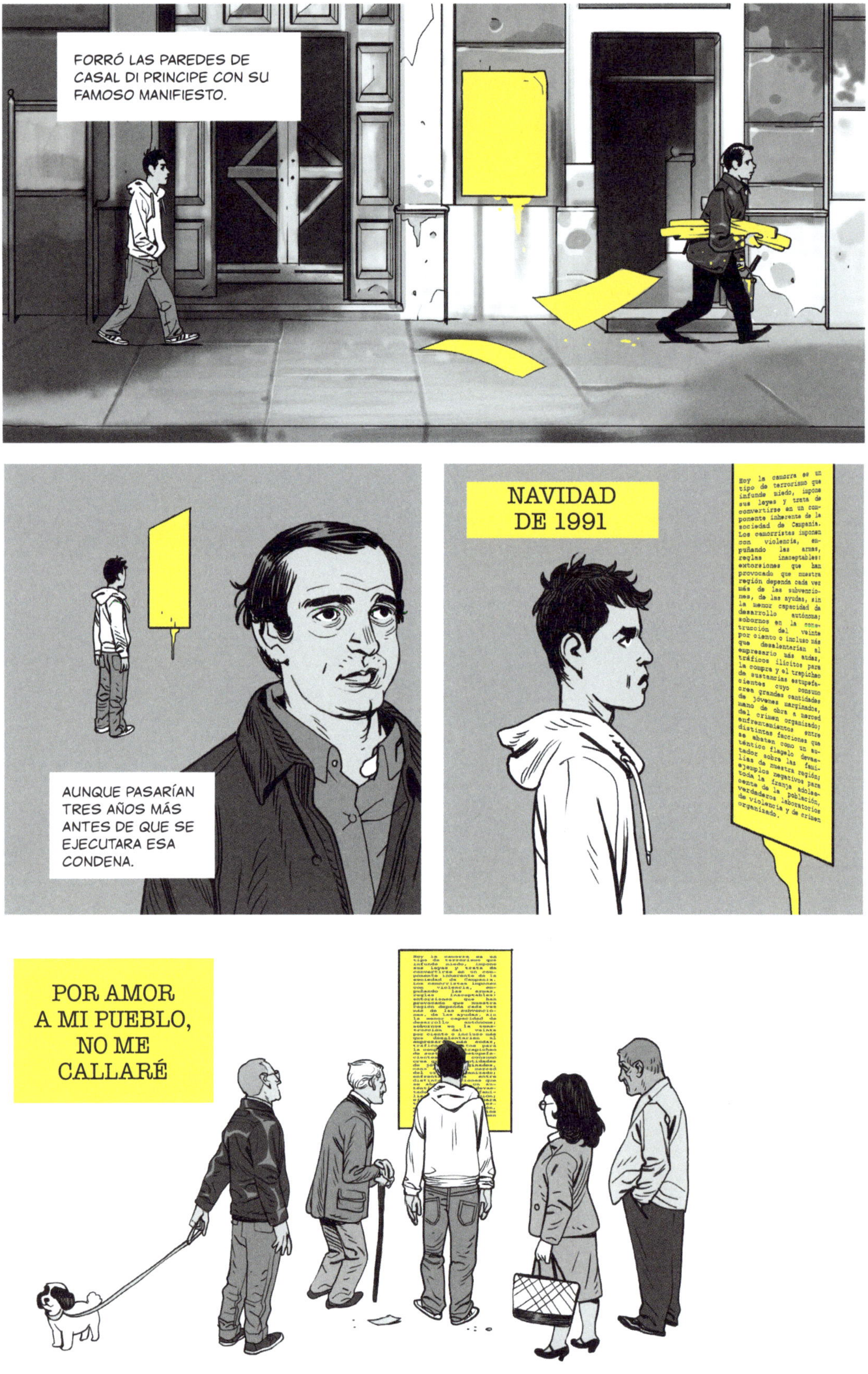
FORRÓ LAS PAREDES DE CASAL DI PRINCIPE CON SU FAMOSO MANIFIESTO.
AUNQUE PASARÍAN TRES AÑOS MÁS ANTES DE QUE SE EJECUTARA ESA CONDENA.
NAVIDAD DE 1991
Hoy la camorra es un tipo de terrorismo que infunde miedo, impone sus leyes y trata de convertirse en un componente inherente de la sociedad de Campania. Los camorristas imponen con violencia, empuñando las armas, reglas inaceptables: extorsiones que han provocado que nuestra región dependa cada vez más de las subvenciones, de las ayudas, sin la menor capacidad de desarrollo autónoma; sobornos en la construcción del veinte por ciento o incluso más que desalentarían al empresario más audaz, tráficos ilícitos para la compra y el trapicheo de sustancias estupefacientes cuyo consumo crea grandes cantidades de jóvenes marginados, mano de obra a merced del crimen organizado; enfrentamientos entre distintas facciones que se abaten como un auténtico flagelo devastador sobre las familias de nuestra región; ejemplos negativos para toda la franja adolescente de la población, verdaderos laboratorios de violencia y de crimen organizado.
POR AMOR A MI PUEBLO, NO ME CALLARÉ

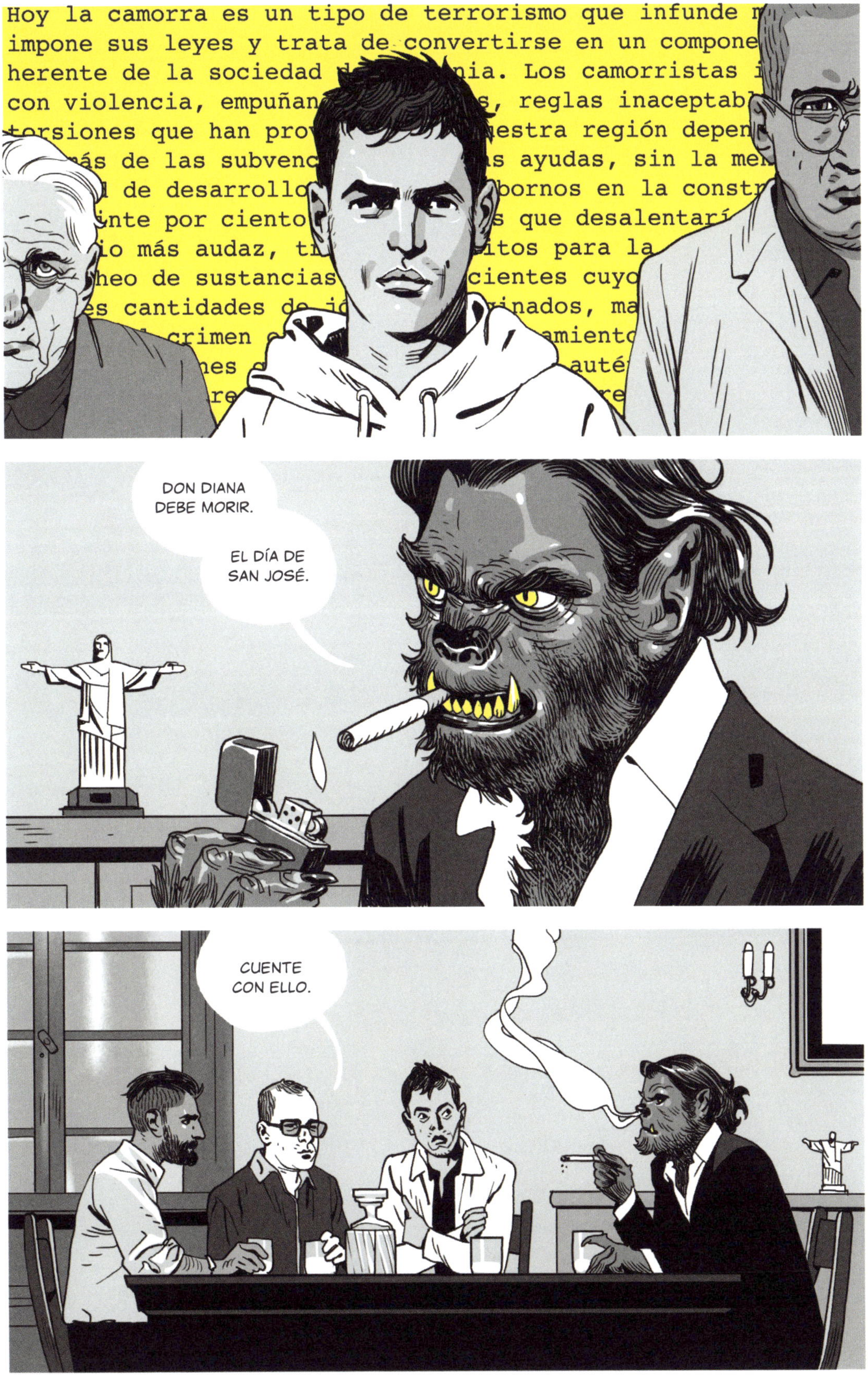
Hoy la camorra es un tipo de terrorismo que infunde
impone sus leyes y trata de convertirse en un compone
DON DIANA DEBE MORIR.
EL DÍA DE SAN JOSÉ.
CUENTE CON ELLO.

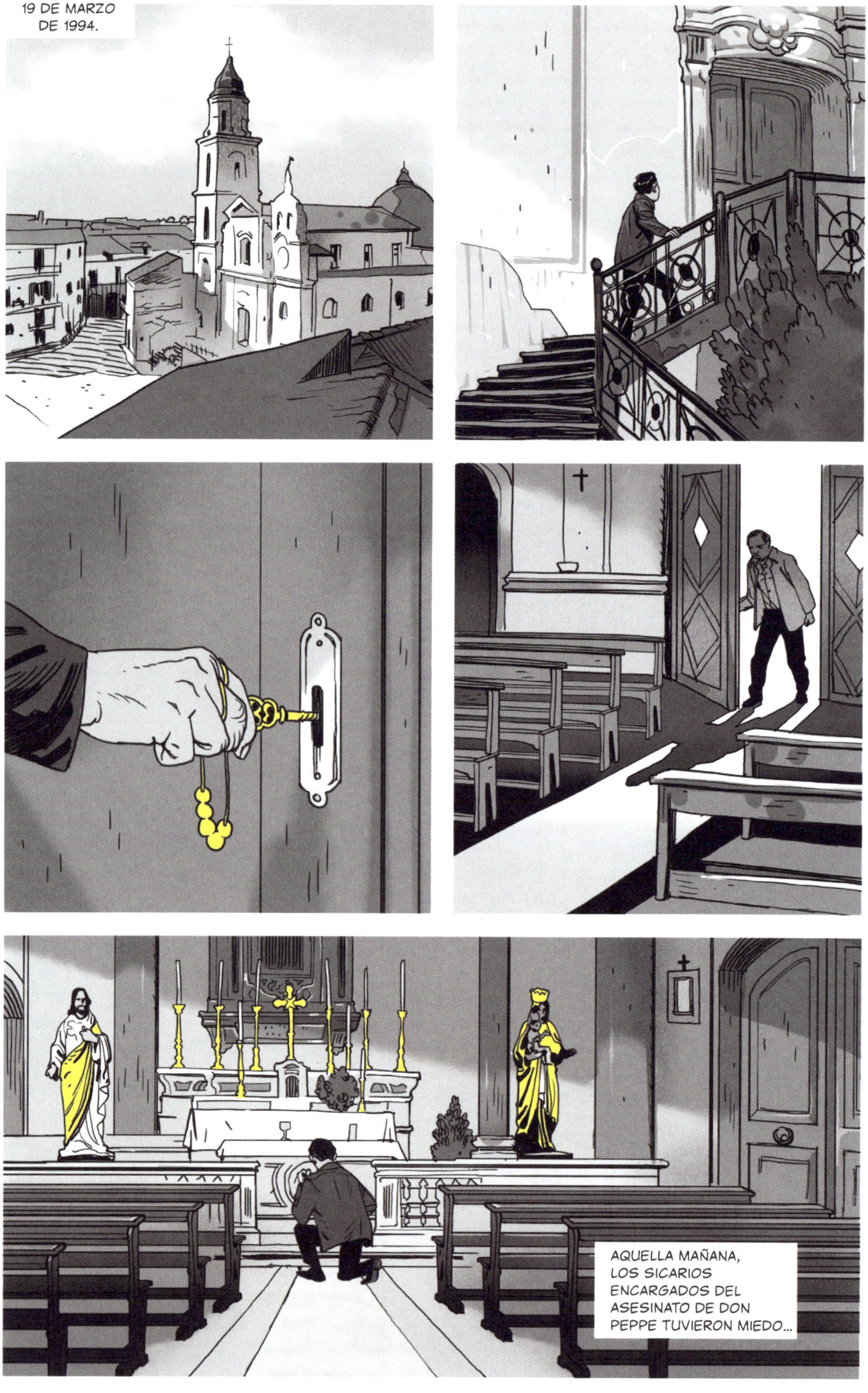
19 DE MARZO
DE 1994.
AQUELLA MAÑANA, LOS SICARIOS ENCARGADOS DEL ASESINATO DE DON PEPPE TUVIERON MIEDO...

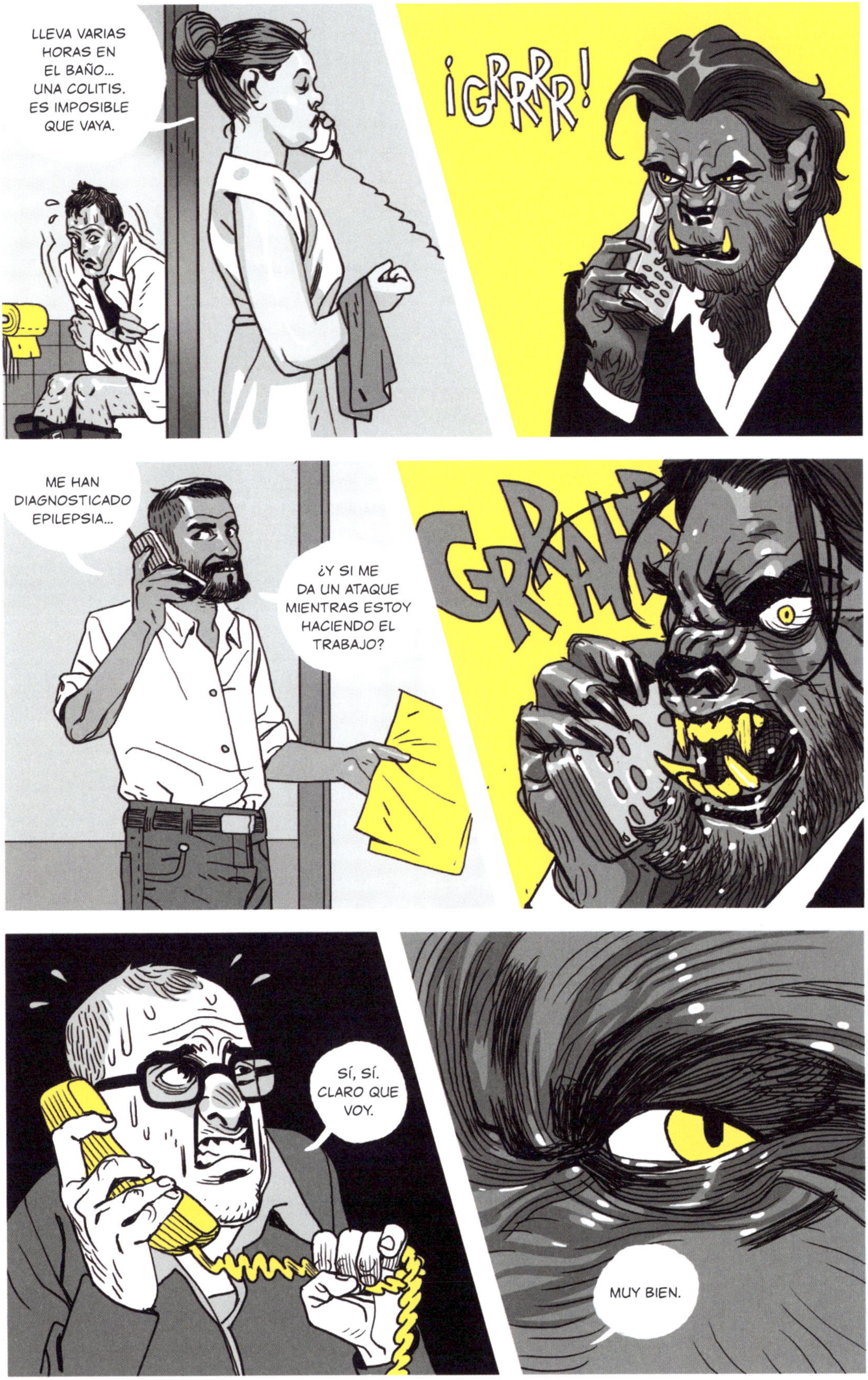
LLEVA VARIAS HORAS EN EL BAÑO... UNA COLITIS. ES IMPOSIBLE QUE VAYA.
¡GRRRR!
ME HAN DIAGNOSTICADO EPILEPSIA...
¿Y SI ME DA UN ATAQUE MIENTRAS ESTOY HACIENDO EL TRABAJO?
SÍ, SÍ. CLARO QUE VOY.
MUY BIEN.

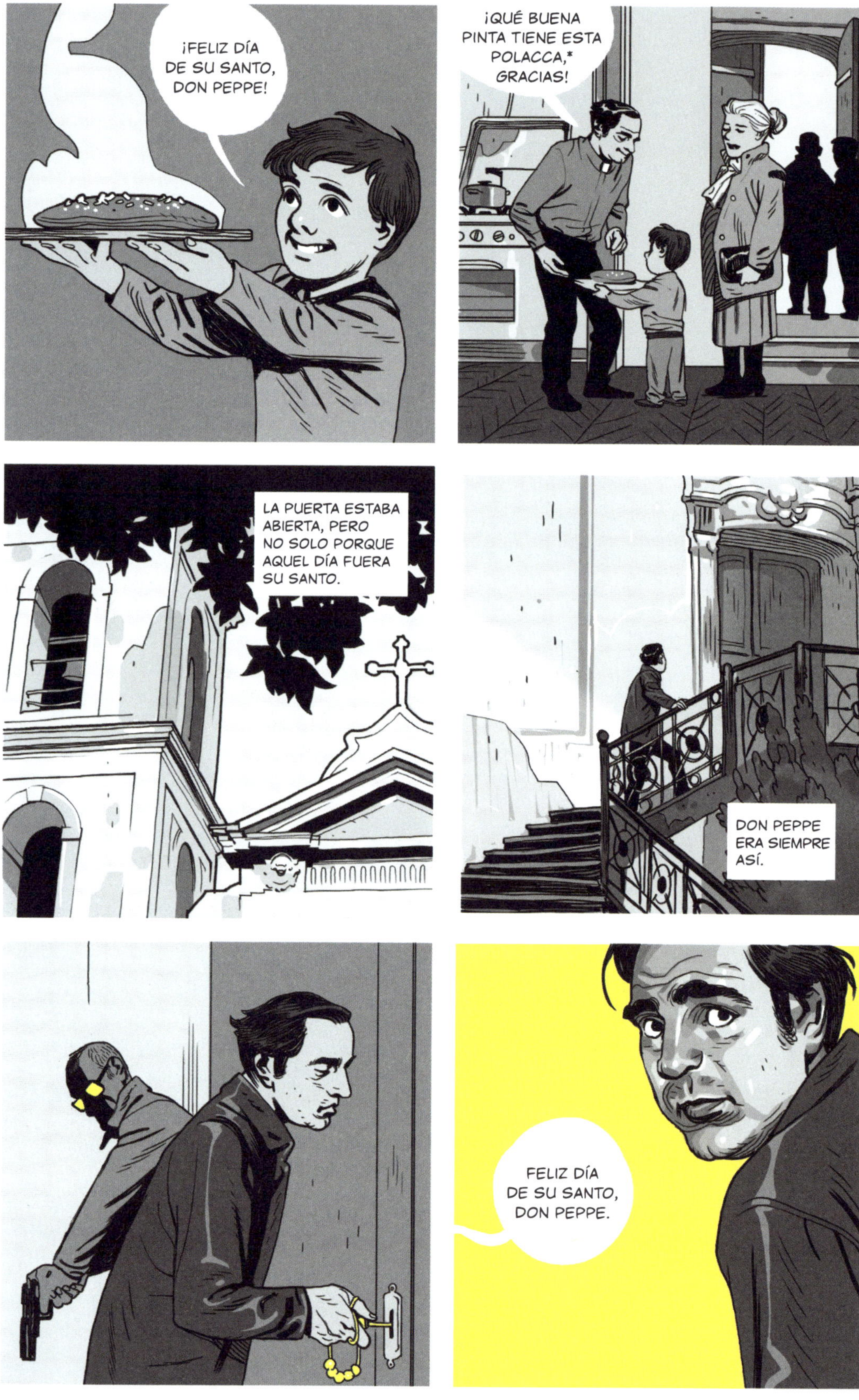
¡FELIZ DÍA DE SU SANTO, DON PEPPE!
¡QUÉ BUENA PINTA TIENE ESTA POLACCA,* GRACIAS!
LA PUERTA ESTABA ABIERTA, PERO NO SOLO PORQUE AQUEL DÍA FUERA SU SANTO.
DON PEPPE ERA SIEMPRE ASÍ.
FELIZ DÍA DE SU SANTO, DON PEPPE.

* La polacca es un pastel típico de Aversa, hecho con masa de brioche y relleno de crema y muchas guindas.

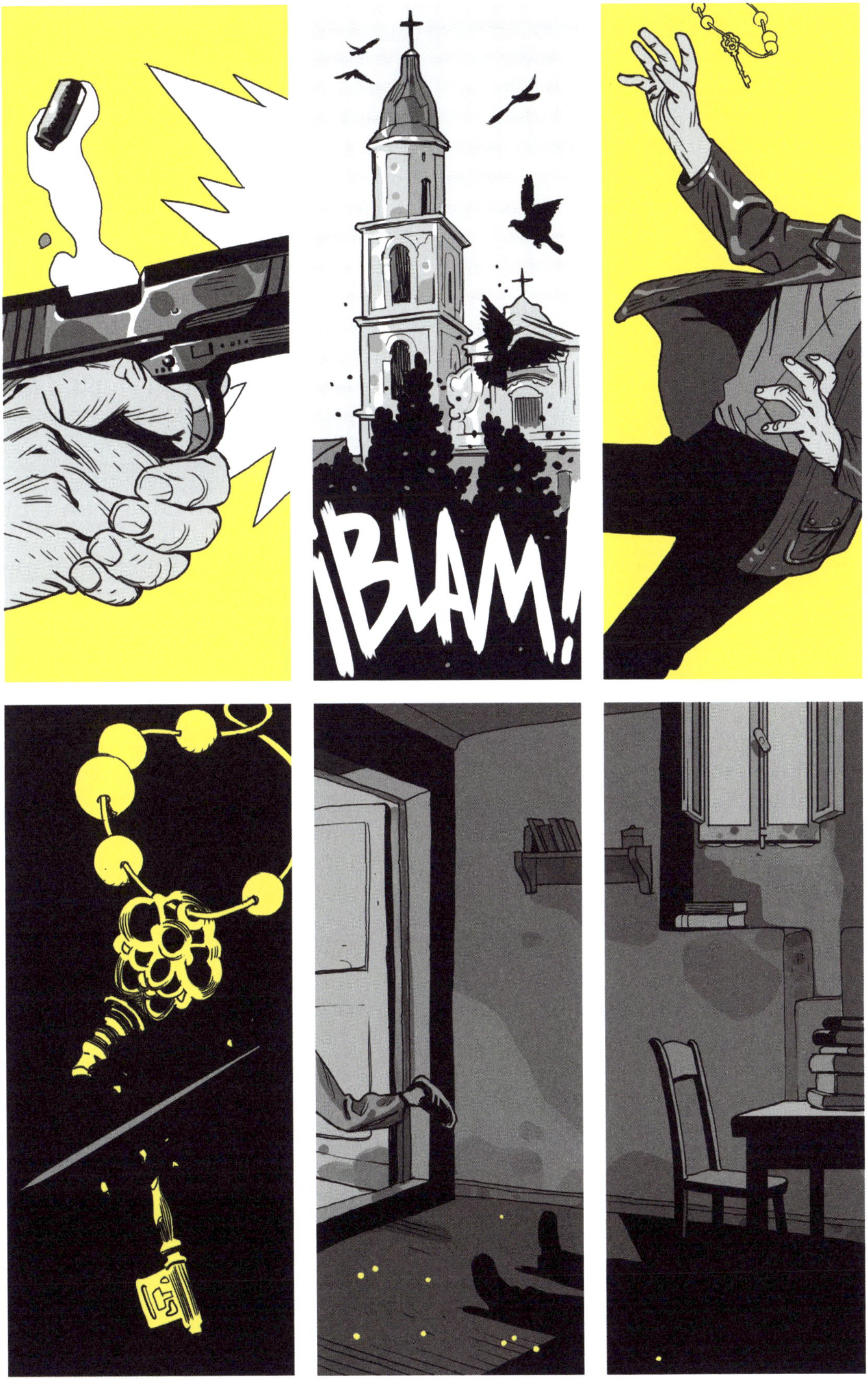
¡BLAM!

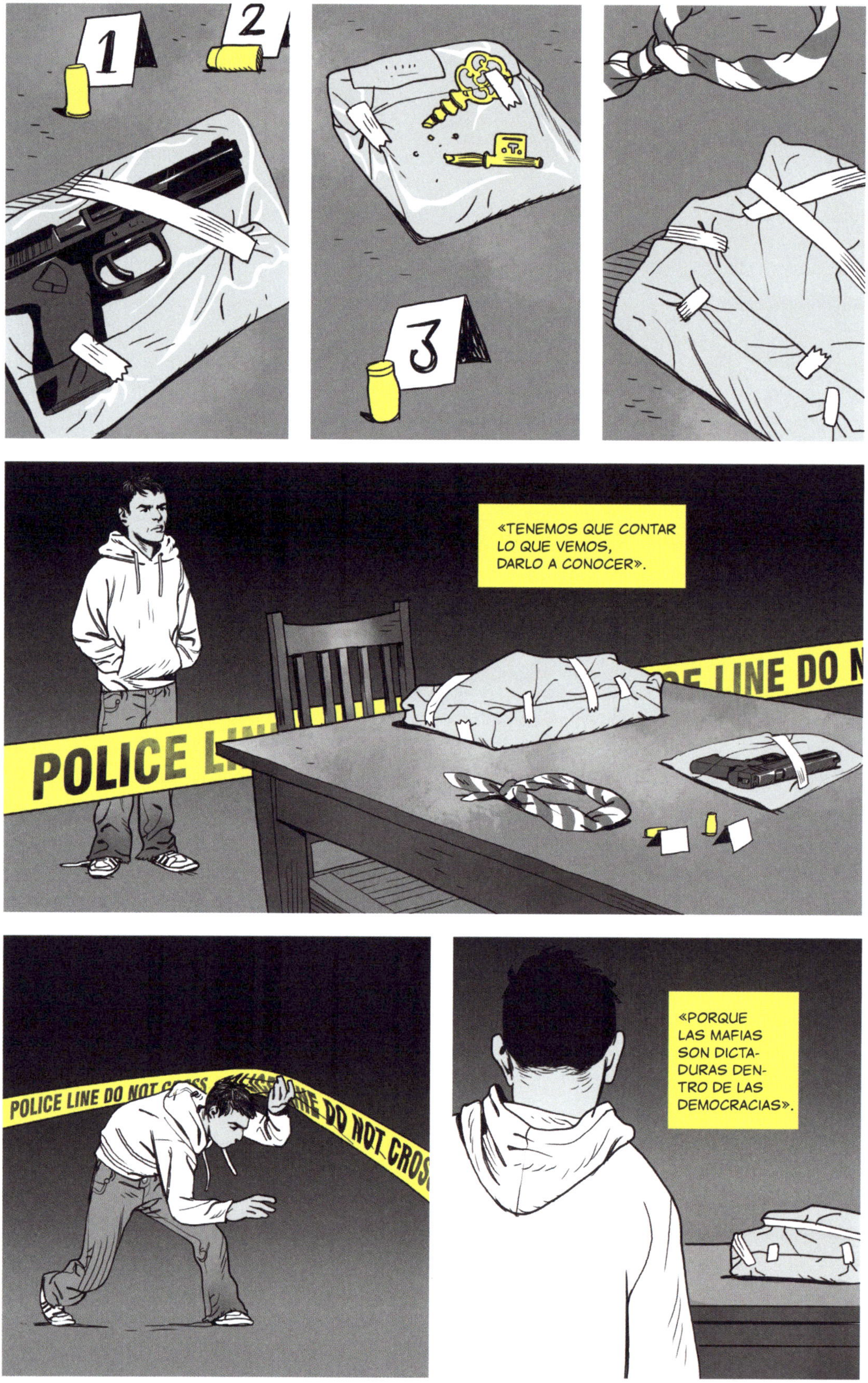
1
2
3
«TENEMOS QUE CONTAR
LO QUE VEMOS,
DARLO A CONOCER».
POLICE LI
LINE DO N
POLICE LINE DO NOT CR
DO NOT CROS
«PORQUE
LAS MAFIAS
SON DICTA-
DURAS DEN-
TRO DE LAS
DEMOCRACIAS».

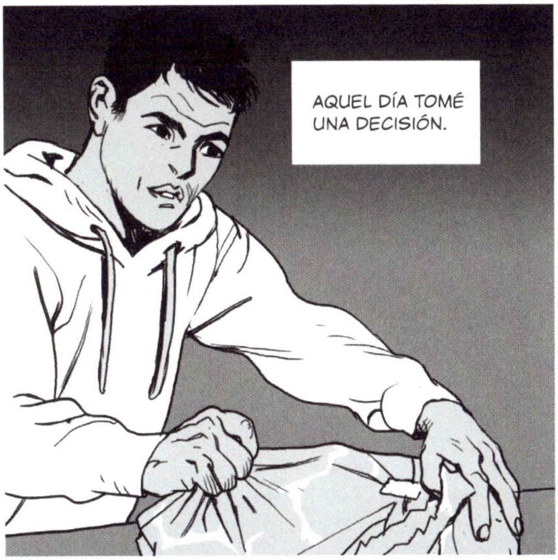
AQUEL DÍA TOMÉ UNA DECISIÓN.

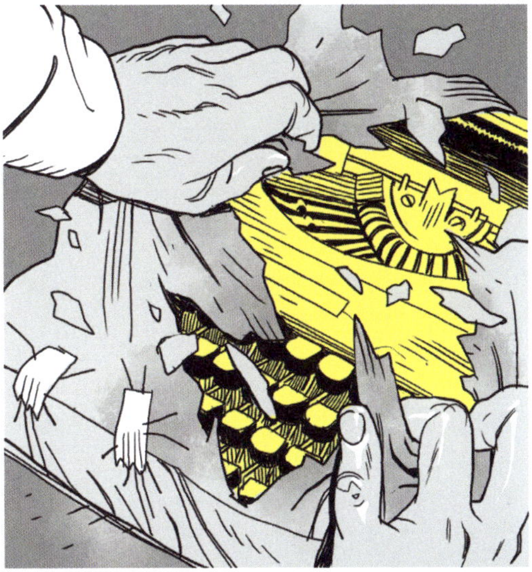

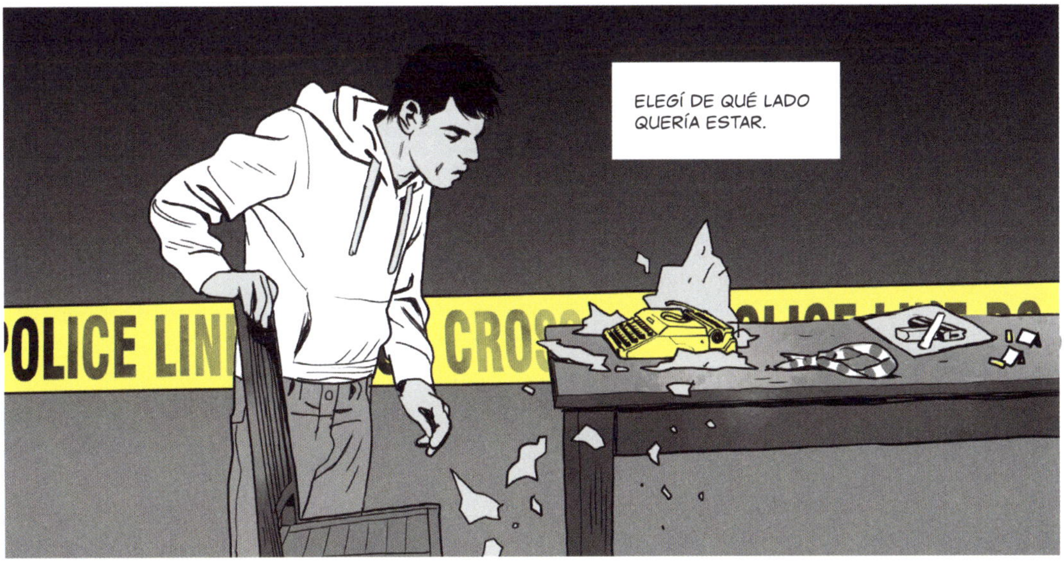
ELEGÍ DE QUÉ LADO QUERÍA ESTAR.
POLICE

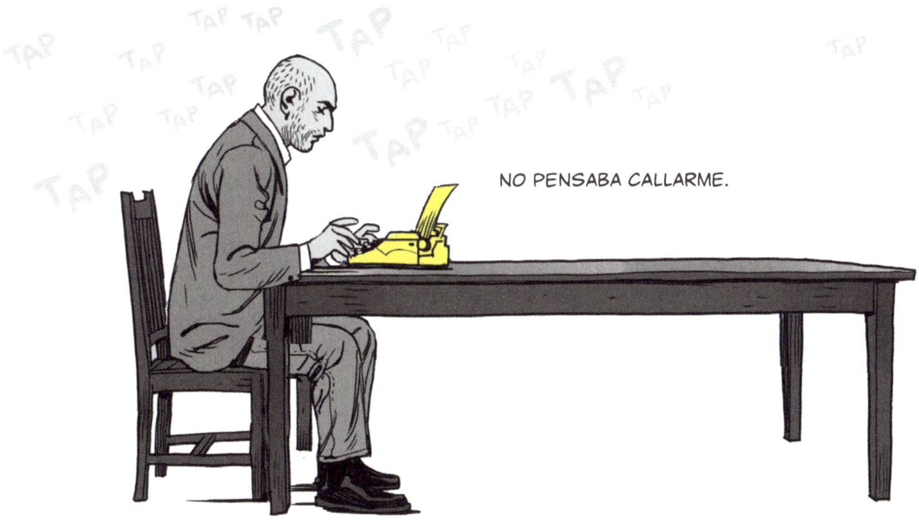
TAP TAP TAP
NO PENSABA CALLARME.

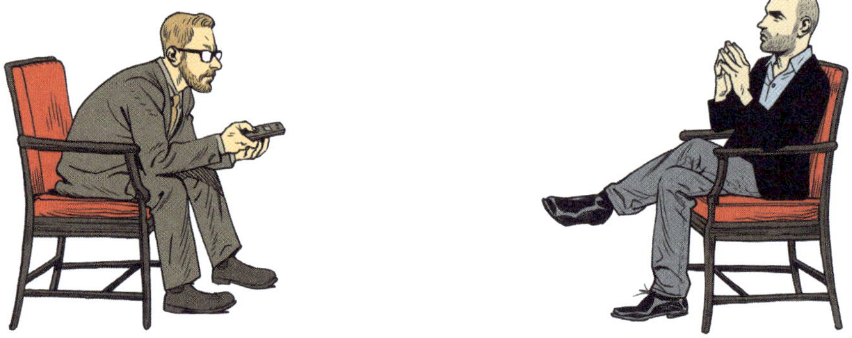

ENTREVISTA 1

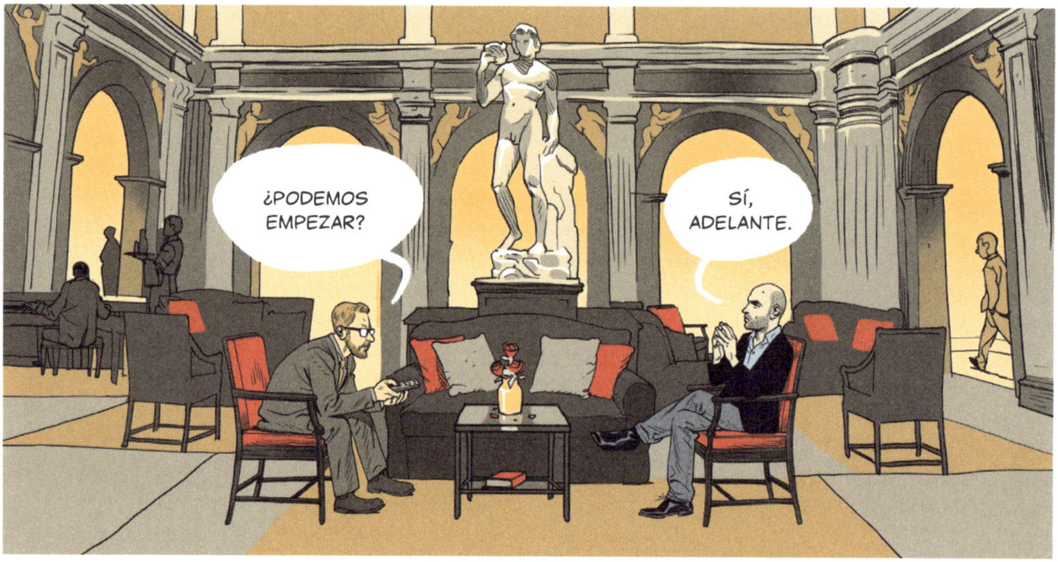

¿PODEMOS EMPEZAR?
SÍ, ADELANTE.

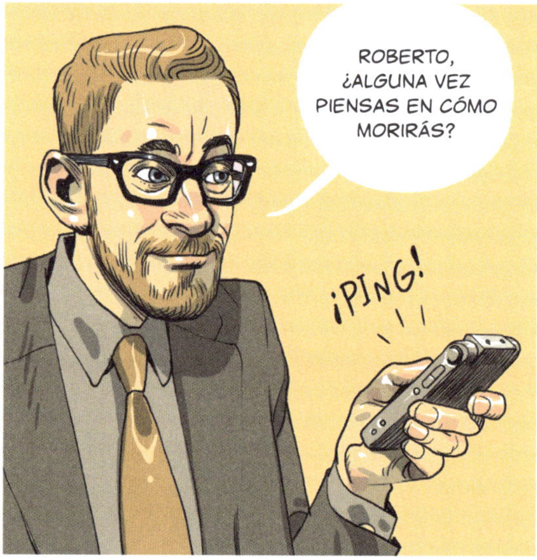

ROBERTO, ¿ALGUNA VEZ PIENSAS EN CÓMO MORIRÁS?
¡PING!

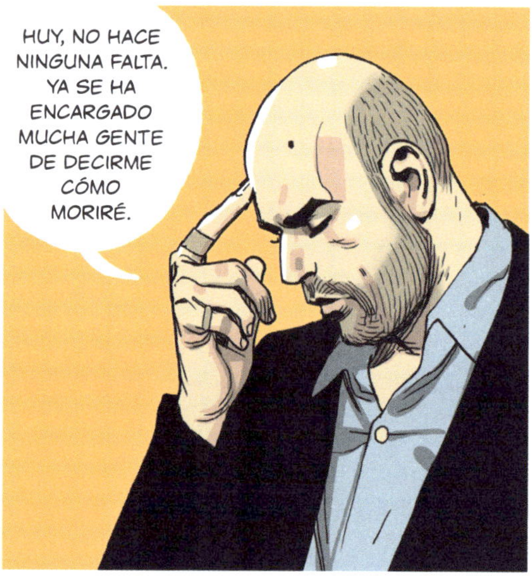

HUY, NO HACE NINGUNA FALTA. YA SE HA ENCARGADO MUCHA GENTE DE DECIRME CÓMO MORIRÉ.

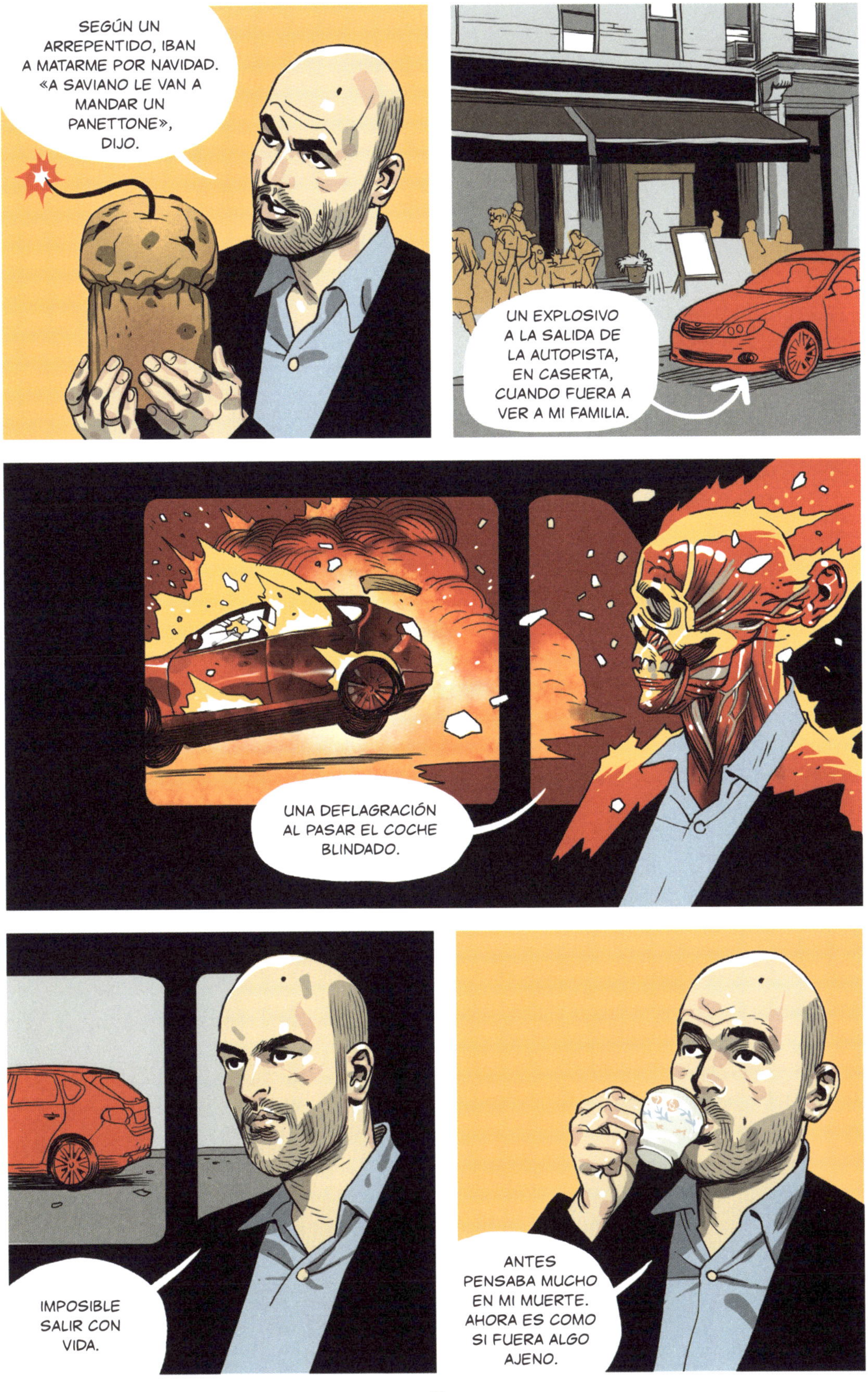
SEGÚN UN ARREPENTIDO, IBAN A MATARME POR NAVIDAD. «A SAVIANO LE VAN A MANDAR UN PANETTONE», DIJO.
UN EXPLOSIVO A LA SALIDA DE LA AUTOPISTA, EN CASERTA, CUANDO FUERA A VER A MI FAMILIA.
UNA DEFLAGRACIÓN AL PASAR EL COCHE BLINDADO.
IMPOSIBLE SALIR CON VIDA.
ANTES PENSABA MUCHO EN MI MUERTE. AHORA ES COMO SI FUERA ALGO AJENO.

El arrepentido que desveló el plan para matarme
en Navidad lo hizo porque iba a participar su hijo,
quien, para lavar la deshonra de tener un padre
colaborador de la justicia, había decidido
ejecutarme. Es curioso: siempre que alguien
ha revelado un plan para acabar conmigo ha sido
exclusivamente para protegerse a sí mismo
o a su familia.
El anónimo enviado a la revista.
La mujer que reveló lo que había descubierto
en la cárcel para que no la considerasen
cómplice.
El arrepentido que trataba de salvar a su hijo
de su destino criminal.
Es como si el mal no fuera nunca una desgracia
para el otro, solo para uno mismo.
Así pues, si estoy sano y salvo no se lo debo
a personas valientes o generosas, sino a
quienes miraban por su propio interés.

SÍMBOLOS

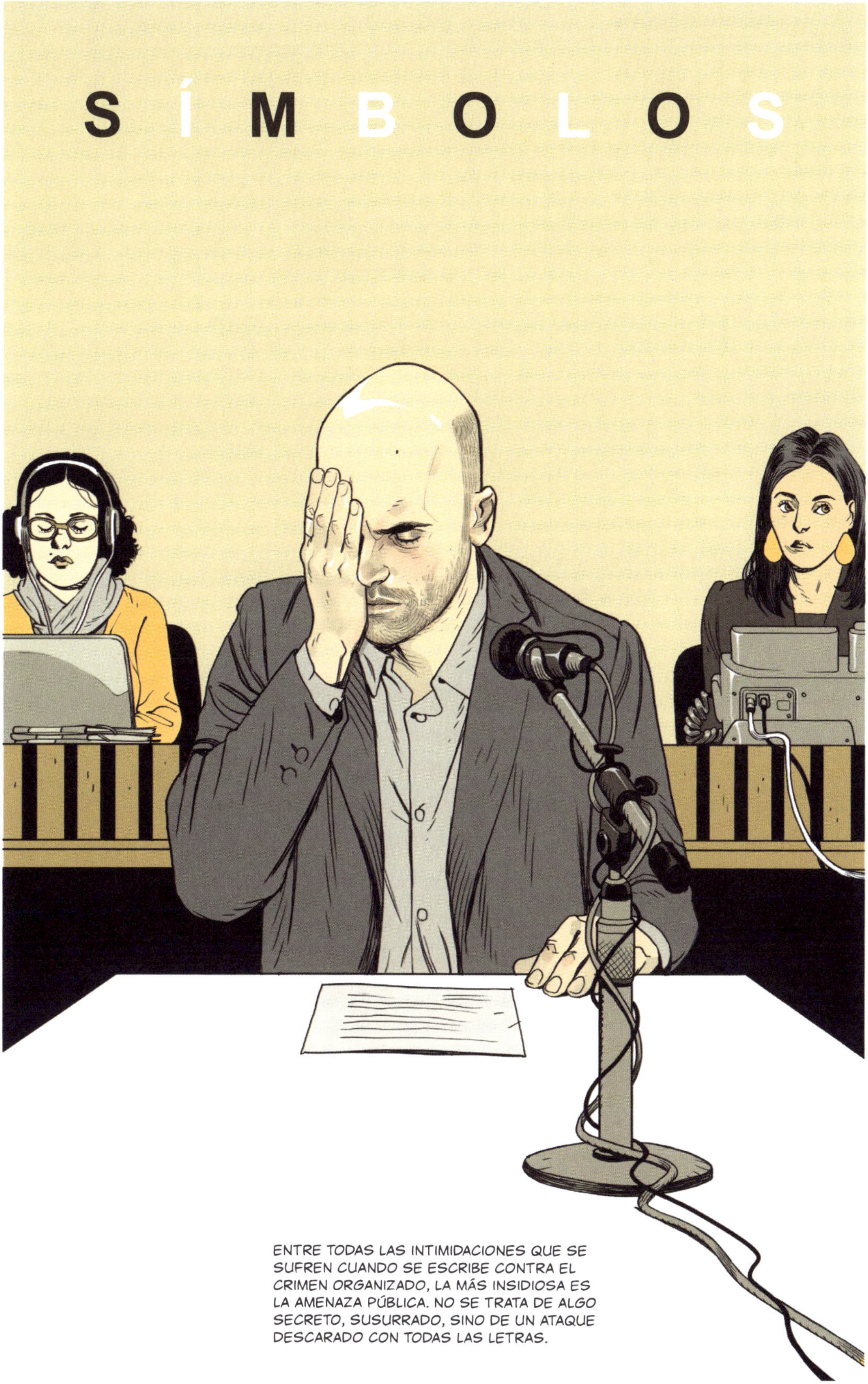

ENTRE TODAS LAS INTIMIDACIONES QUE SE SUFREN CUANDO SE ESCRIBE CONTRA EL CRIMEN ORGANIZADO, LA MÁS INSIDIOSA ES LA AMENAZA PÚBLICA. NO SE TRATA DE ALGO SECRETO, SUSURRADO, SINO DE UN ATAQUE DESCARADO CON TODAS LAS LETRAS.

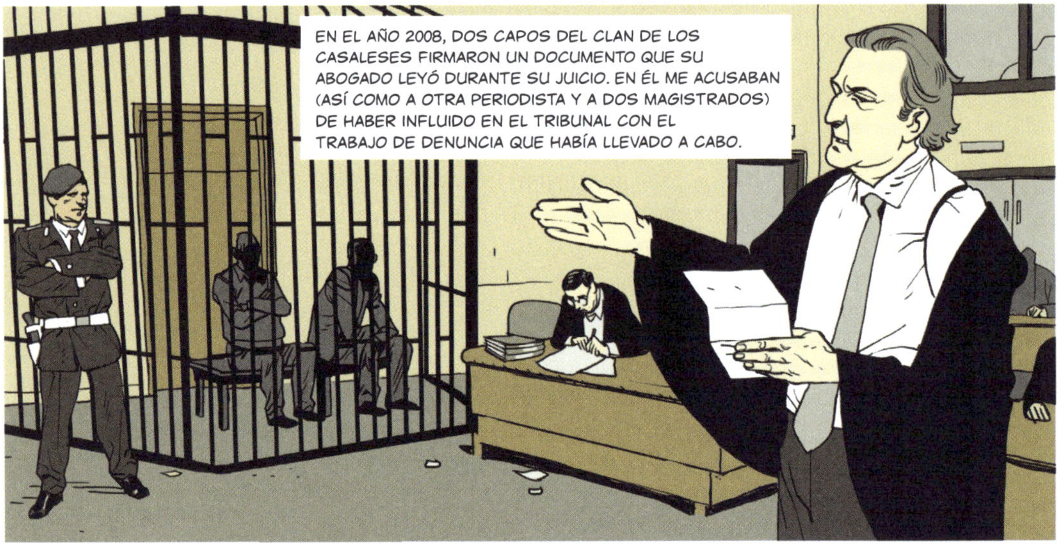
EN EL AÑO 2008, DOS CAPOS DEL CLAN DE LOS CASALESES FIRMARON UN DOCUMENTO QUE SU ABOGADO LEYÓ DURANTE SU JUICIO. EN ÉL ME ACUSABAN (ASÍ COMO A OTRA PERIODISTA Y A DOS MAGISTRADOS) DE HABER INFLUIDO EN EL TRIBUNAL CON EL TRABAJO DE DENUNCIA QUE HABÍA LLEVADO A CABO.

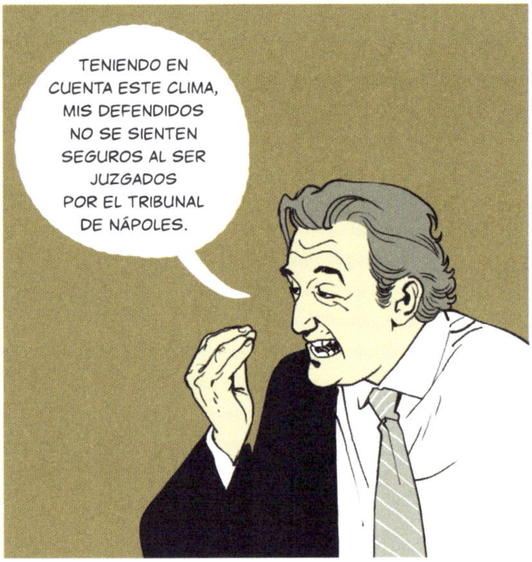
TENIENDO EN CUENTA ESTE CLIMA, MIS DEFENDIDOS NO SE SIENTEN SEGUROS AL SER JUZGADOS POR EL TRIBUNAL DE NÁPOLES.

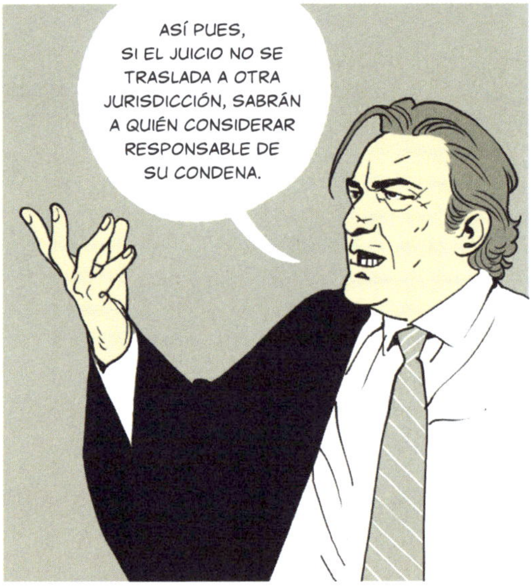
ASÍ PUES, SI EL JUICIO NO SE TRASLADA A OTRA JURISDICCIÓN, SABRÁN A QUIÉN CONSIDERAR RESPONSABLE DE SU CONDENA.

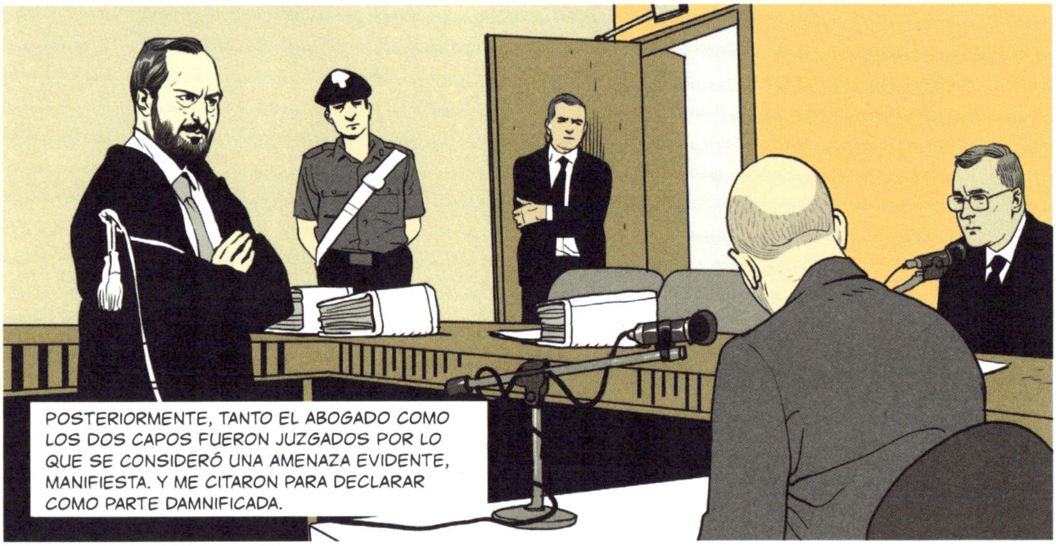
POSTERIORMENTE, TANTO EL ABOGADO COMO LOS DOS CAPOS FUERON JUZGADOS POR LO QUE SE CONSIDERÓ UNA AMENAZA EVIDENTE, MANIFIESTA. Y ME CITARON PARA DECLARAR COMO PARTE DAMNIFICADA.

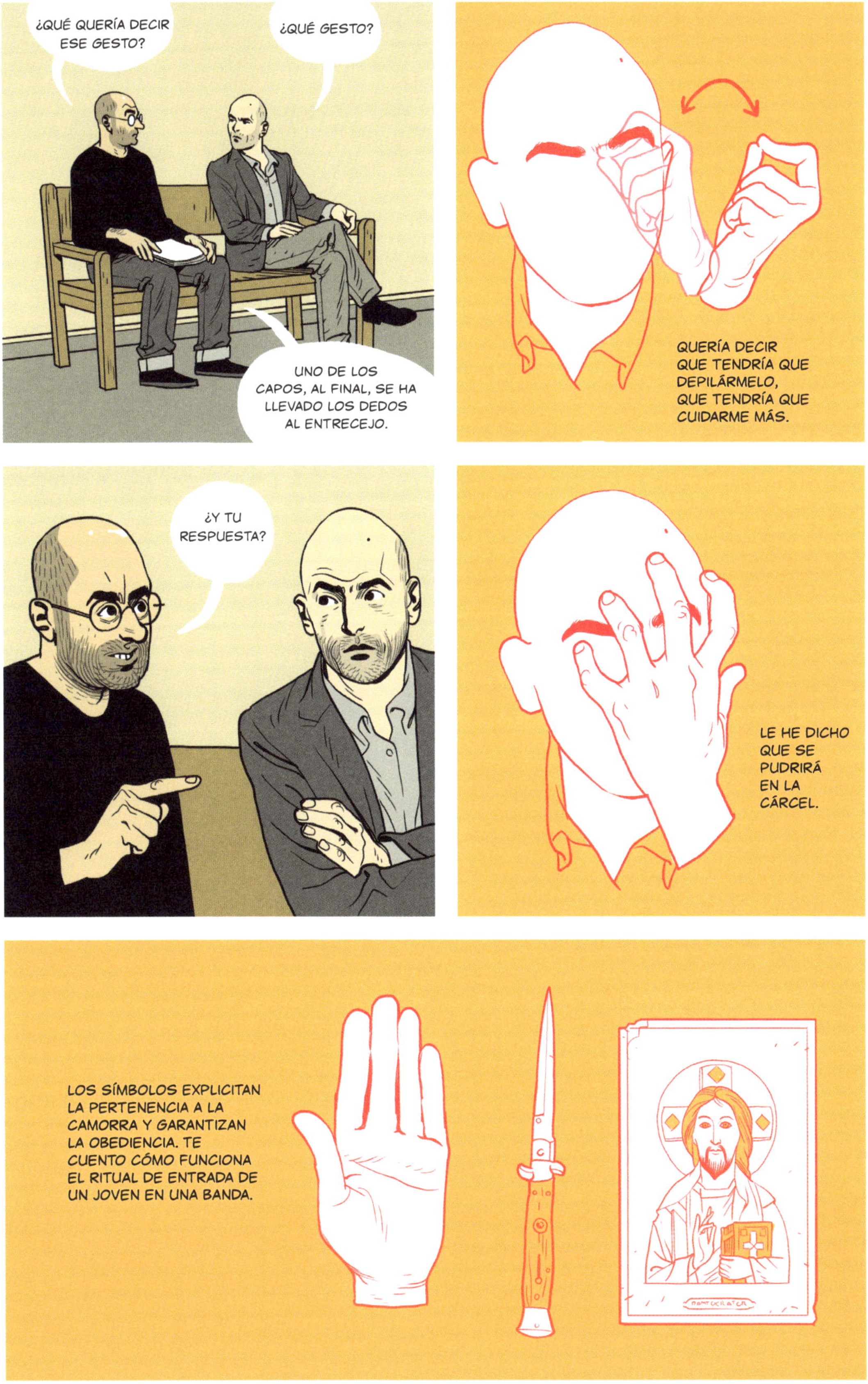
¿QUÉ QUERÍA DECIR ESE GESTO?
¿QUÉ GESTO?
UNO DE LOS CAPOS, AL FINAL, SE HA LLEVADO LOS DEDOS AL ENTRECEJO.
QUERÍA DECIR QUE TENDRÍA QUE DEPILÁRMELO, QUE TENDRÍA QUE CUIDARME MÁS.
¿Y TU RESPUESTA?
LE HE DICHO QUE SE PUDRIRÁ EN LA CÁRCEL.
LOS SÍMBOLOS EXPLICITAN LA PERTENENCIA A LA CAMORRA Y GARANTIZAN LA OBEDIENCIA. TE CUENTO CÓMO FUNCIONA EL RITUAL DE ENTRADA DE UN JOVEN EN UNA BANDA.

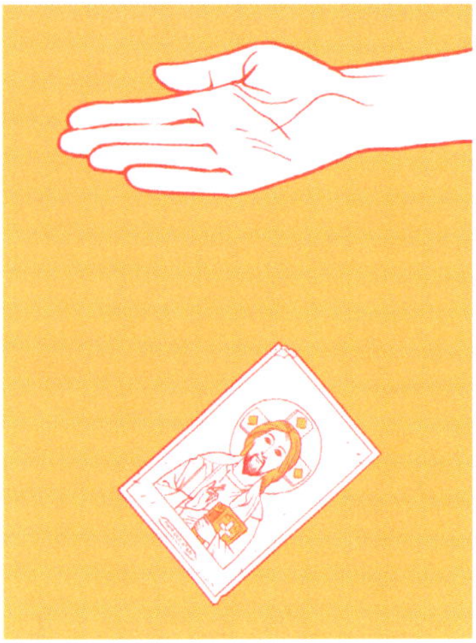

EL NUEVO MIEMBRO RECIBE UNA ESTAMPA DE UN SANTO.

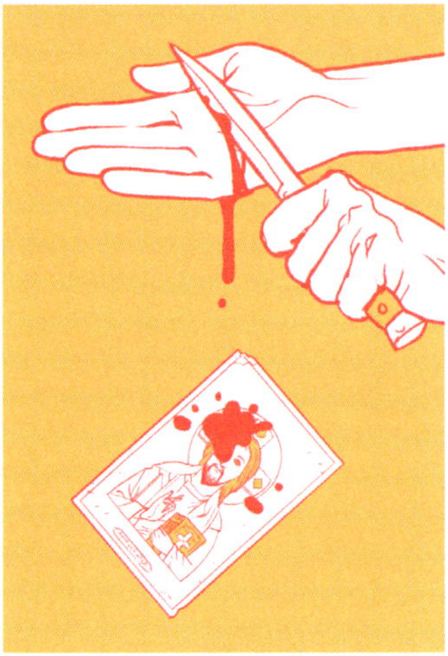

LE HACEN UN CORTE EN LA MANO PARA QUE SANGRE SOBRE LA IMAGEN.

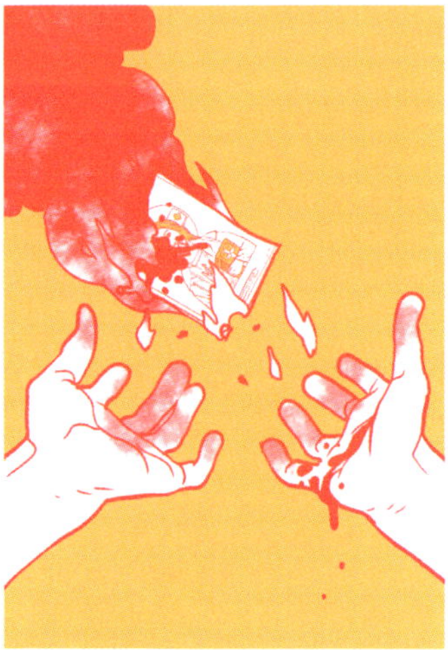

ENTONCES LA ENCIENDEN Y EL PRINCIPIANTE SE LA PASA DE MANO EN MANO...

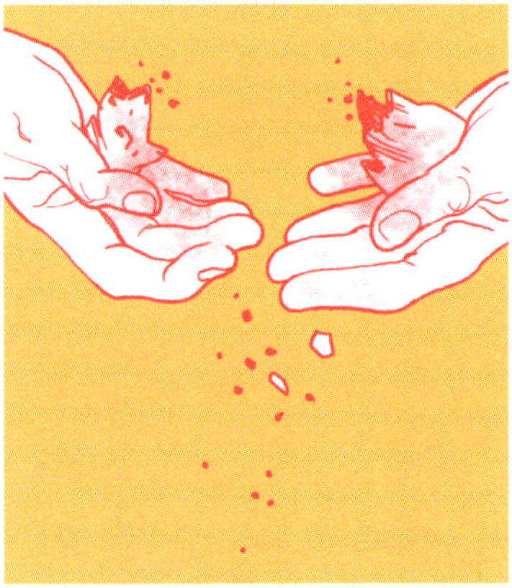

... HASTA QUE LAS LLAMAS SE APAGAN Y SOLO QUEDAN UNOS RESTOS DE LA ESTAMPA, QUE DEBE CONSERVAR TODA LA VIDA. ENTONCES SE PRONUNCIA EL JURAMENTO:

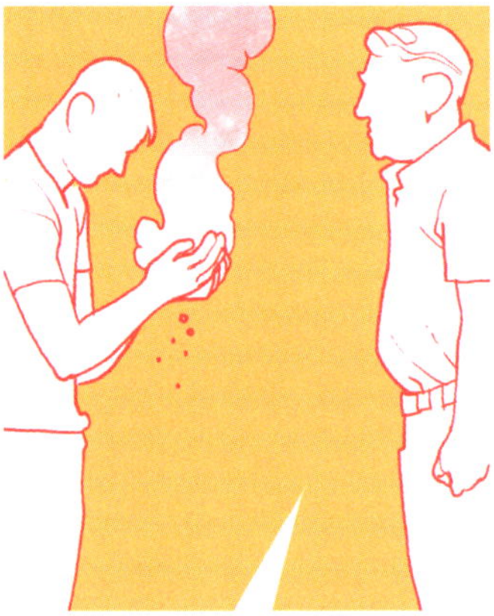

«POR DELANTE DE LOS PADRES Y LOS HERMANOS ESTÁN EL INTERÉS Y EL HONOR DE LA SOCIEDAD. A PARTIR DE AHORA, LA SOCIEDAD ES LA FAMILIA Y CUALQUIER ACTO QUE VAYA CONTRA ELLA SE CASTIGARÁ CON LA MUERTE».

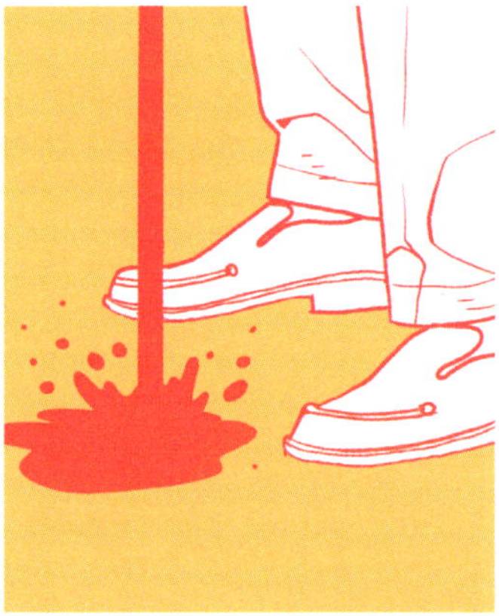

TODO EL MUNDO SE SIRVE UNA COPA DE VINO QUE DERRAMA POR EL SUELO.

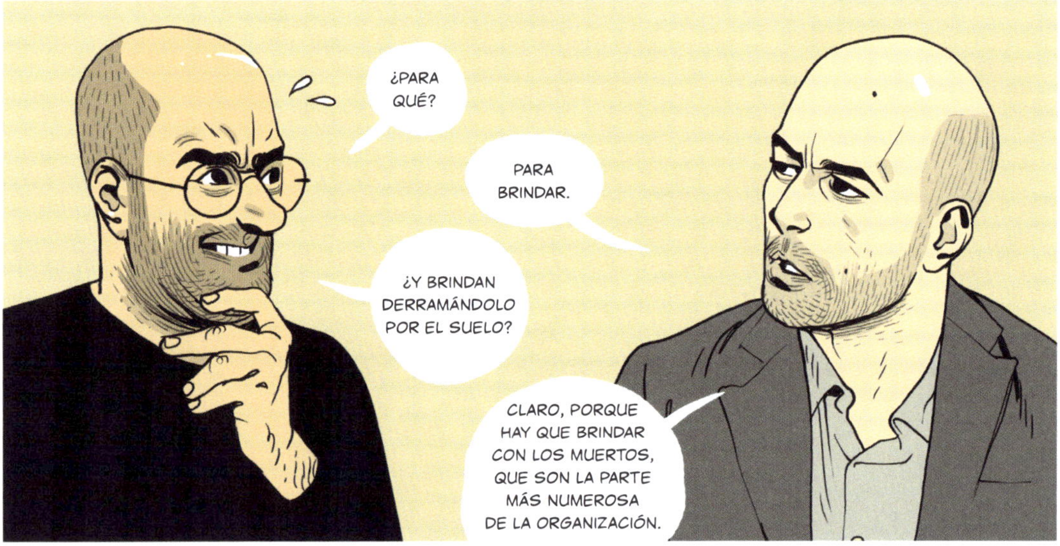
¿PARA QUÉ?
PARA BRINDAR.
¿Y BRINDAN DERRAMÁNDOLO POR EL SUELO?
CLARO, PORQUE HAY QUE BRINDAR CON LOS MUERTOS, QUE SON LA PARTE MÁS NUMEROSA DE LA ORGANIZACIÓN.

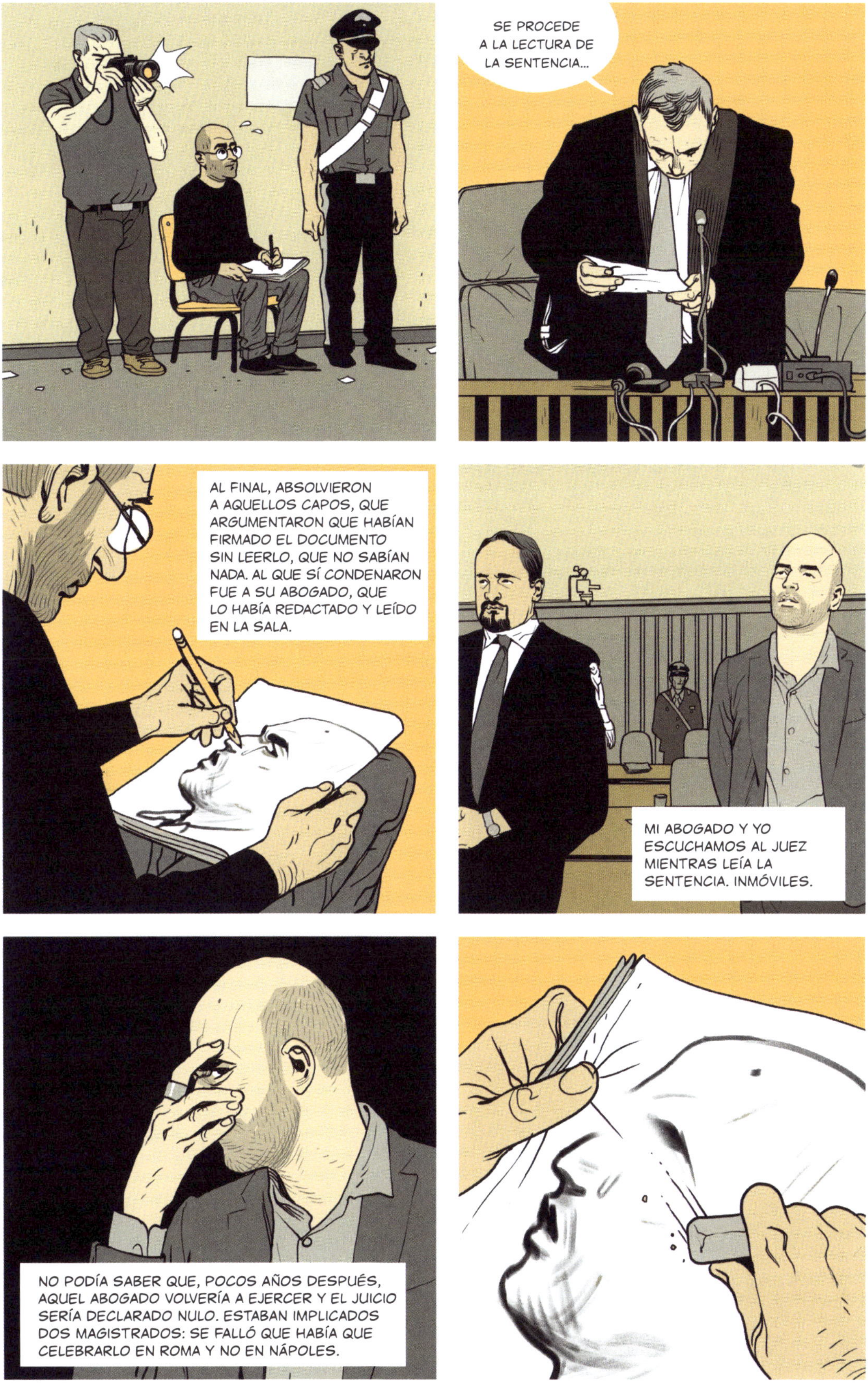

SE PROCEDE A LA LECTURA DE LA SENTENCIA...
AL FINAL, ABSOLVIERON A AQUELLOS CAPOS, QUE ARGUMENTARON QUE HABÍAN FIRMADO EL DOCUMENTO SIN LEERLO, QUE NO SABÍAN NADA. AL QUE SÍ CONDENARON FUE A SU ABOGADO, QUE LO HABÍA REDACTADO Y LEÍDO EN LA SALA.
MI ABOGADO Y YO ESCUCHAMOS AL JUEZ MIENTRAS LEÍA LA SENTENCIA. INMÓVILES.
NO PODÍA SABER QUE, POCOS AÑOS DESPUÉS, AQUEL ABOGADO VOLVERÍA A EJERCER Y EL JUICIO SERÍA DECLARADO NULO. ESTABAN IMPLICADOS DOS MAGISTRADOS: SE FALLÓ QUE HABÍA QUE CELEBRARLO EN ROMA Y NO EN NÁPOLES.

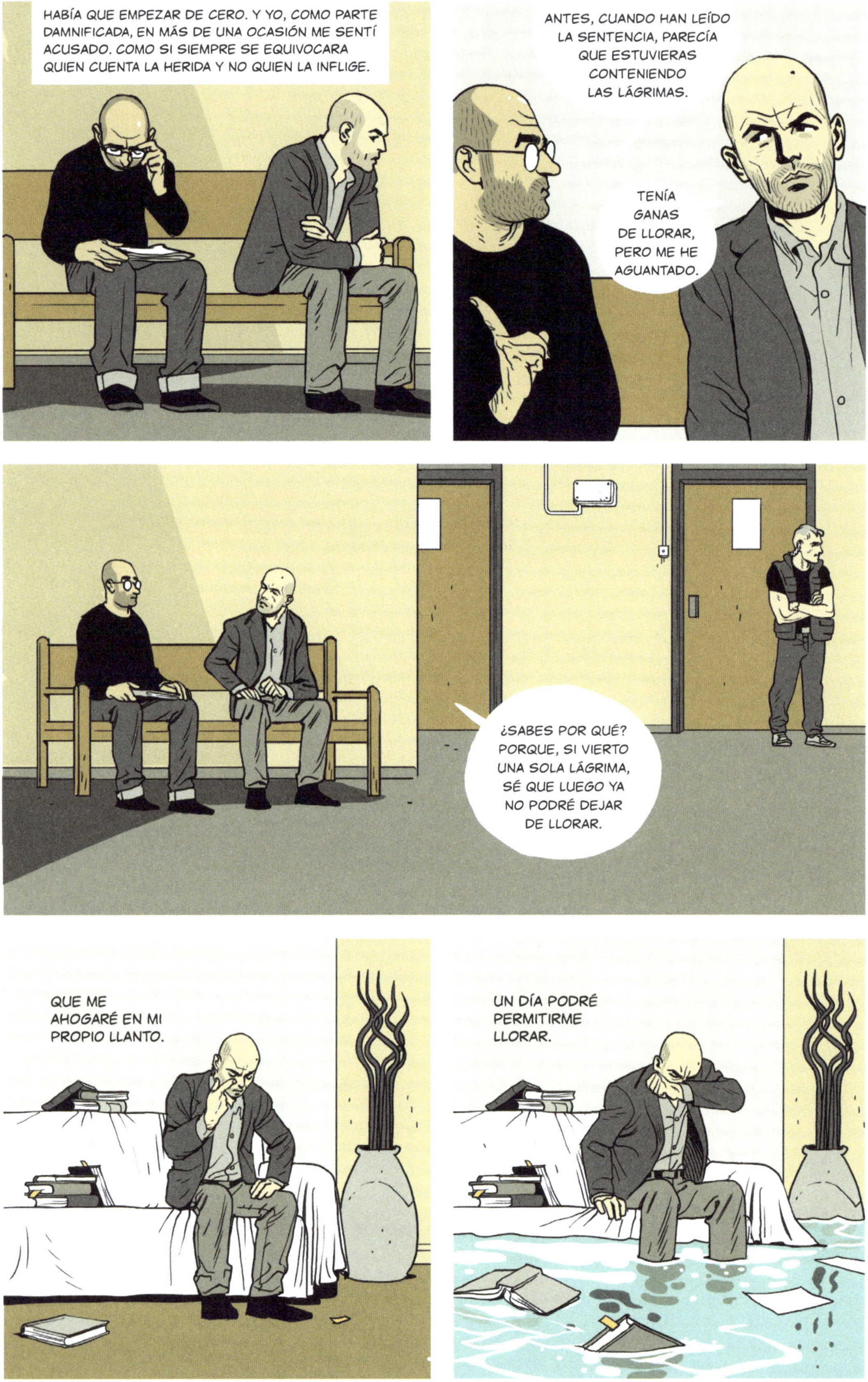
HABÍA QUE EMPEZAR DE CERO. Y YO, COMO PARTE DAMNIFICADA, EN MÁS DE UNA OCASIÓN ME SENTÍ ACUSADO. COMO SI SIEMPRE SE EQUIVOCARA QUIEN CUENTA LA HERIDA Y NO QUIEN LA INFLIGE.
ANTES, CUANDO HAN LEÍDO LA SENTENCIA, PARECÍA QUE ESTUVIERAS CONTENIENDO LAS LÁGRIMAS.
TENÍA GANAS DE LLORAR, PERO ME HE AGUANTADO.
¿SABES POR QUÉ? PORQUE, SI VIERTO UNA SOLA LÁGRIMA, SÉ QUE LUEGO YA NO PODRÉ DEJAR DE LLORAR.
QUE ME AHOGARÉ EN MI PROPIO LLANTO.
UN DÍA PODRÉ PERMITIRME LLORAR.

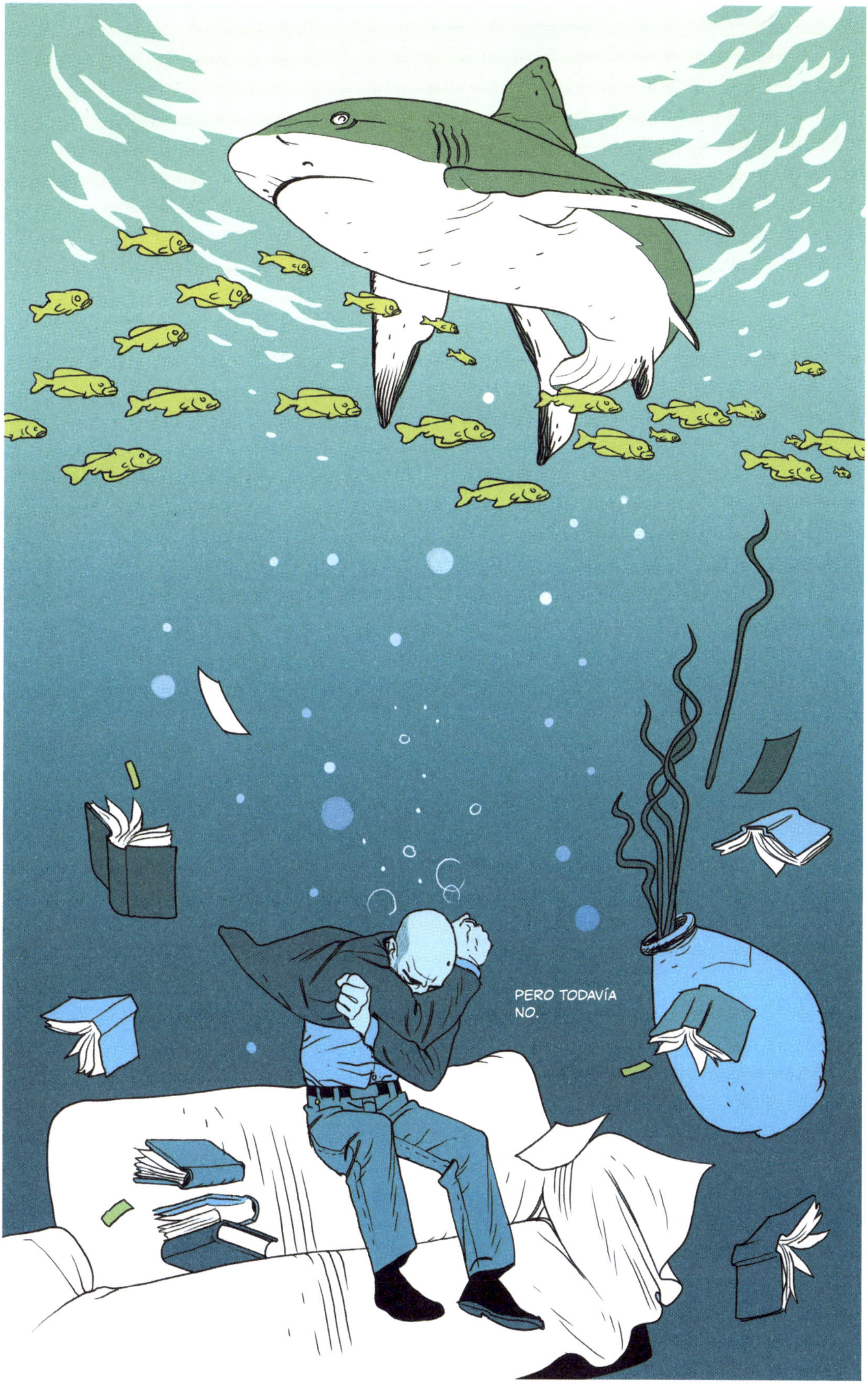
PERO TODAVÍA
NO.

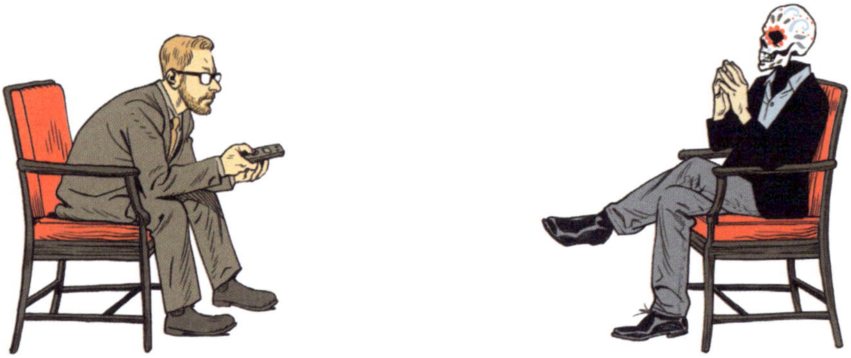

ENTREVISTA 2

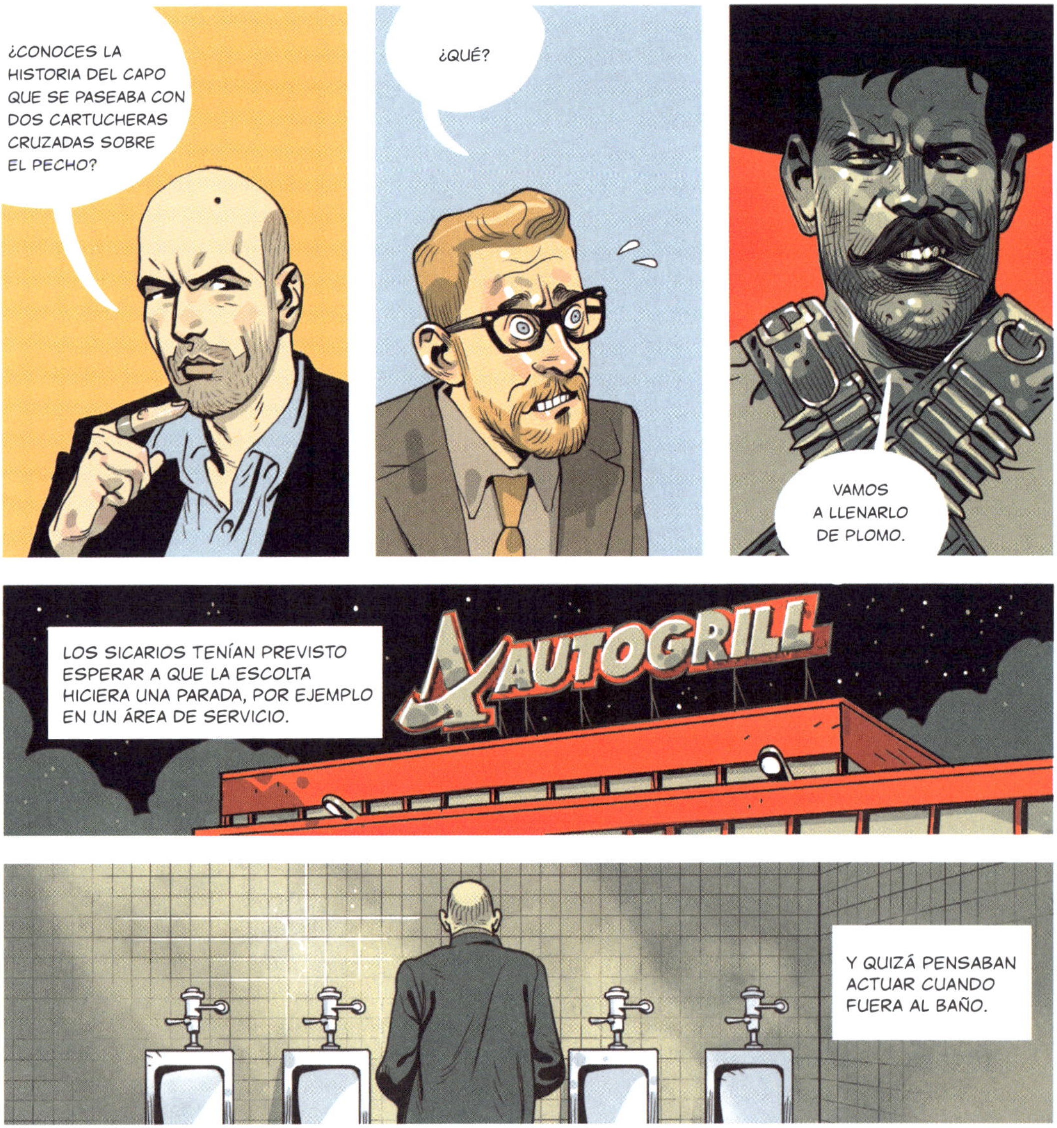
¿CONOCES LA HISTORIA DEL CAPO QUE SE PASEABA CON DOS CARTUCHERAS CRUZADAS SOBRE EL PECHO?
¿QUÉ?
VAMOS A LLENARLO DE PLOMO.
LOS SICARIOS TENÍAN PREVISTO ESPERAR A QUE LA ESCOLTA HICIERA UNA PARADA, POR EJEMPLO EN UN ÁREA DE SERVICIO.
AUTOGRILL
Y QUIZÁ PENSABAN ACTUAR CUANDO FUERA AL BAÑO.

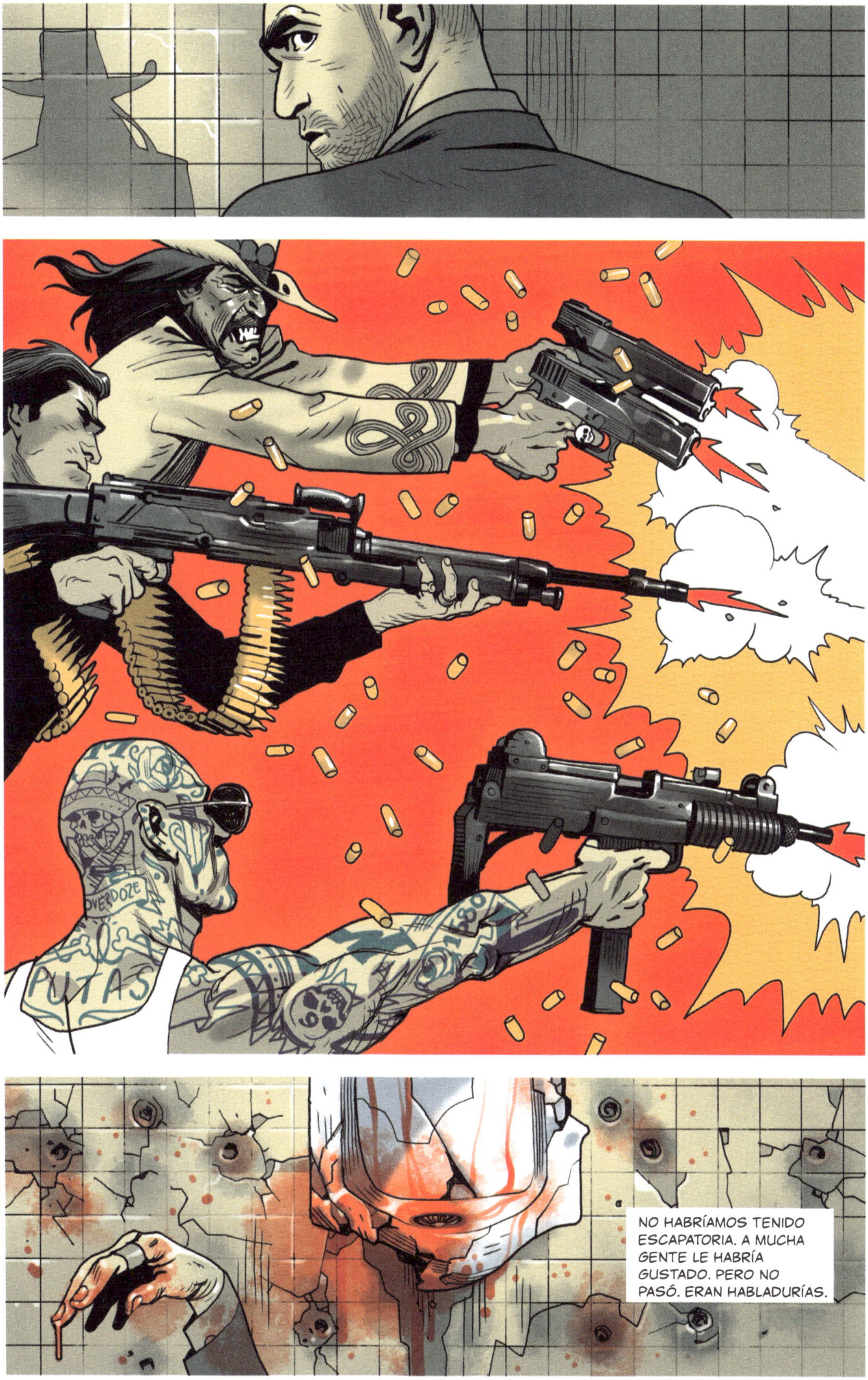
OVERDOZE
PUTAS
NO HABRÍAMOS TENIDO ESCAPATORIA. A MUCHA GENTE LE HABRÍA GUSTADO. PERO NO PASÓ. ERAN HABLADURÍAS.

NUNCA

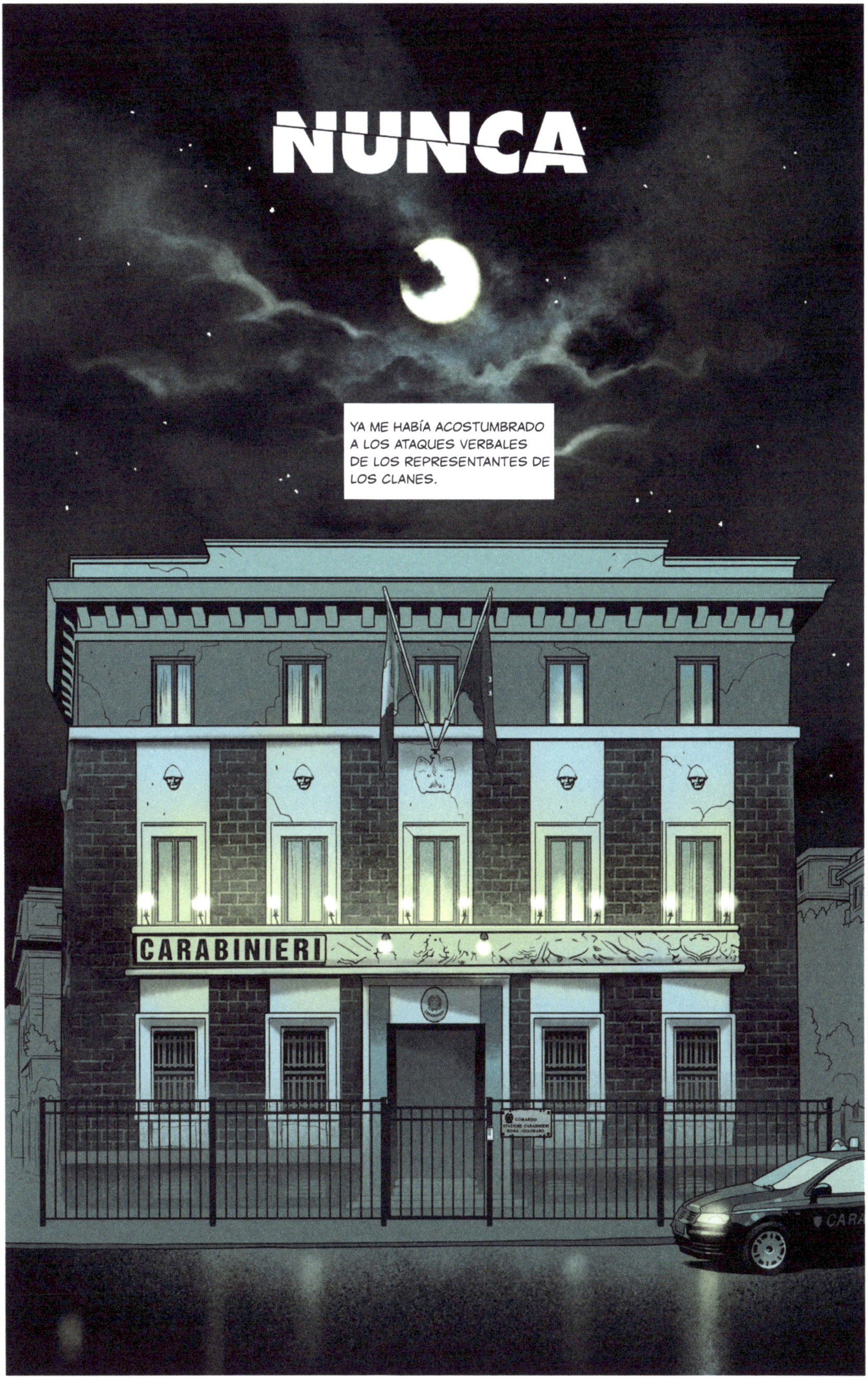
YA ME HABÍA ACOSTUMBRADO A LOS ATAQUES VERBALES DE LOS REPRESENTANTES DE LOS CLANES.
CARABINIERI

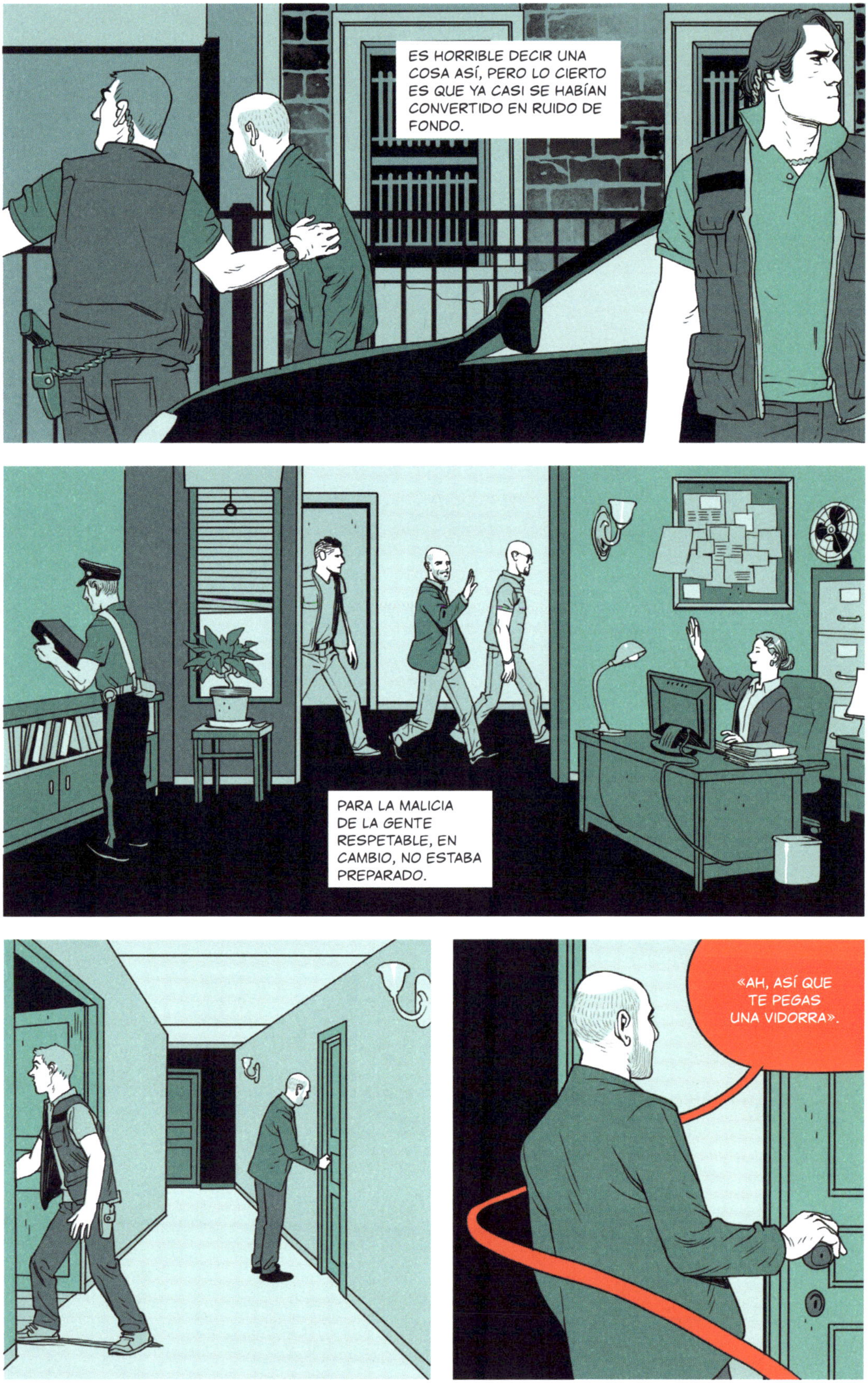
ES HORRIBLE DECIR UNA COSA ASÍ, PERO LO CIERTO ES QUE YA CASI SE HABÍAN CONVERTIDO EN RUIDO DE FONDO.
PARA LA MALICIA DE LA GENTE RESPETABLE, EN CAMBIO, NO ESTABA PREPARADO.
«AH, ASÍ QUE TE PEGAS UNA VIDORRA».

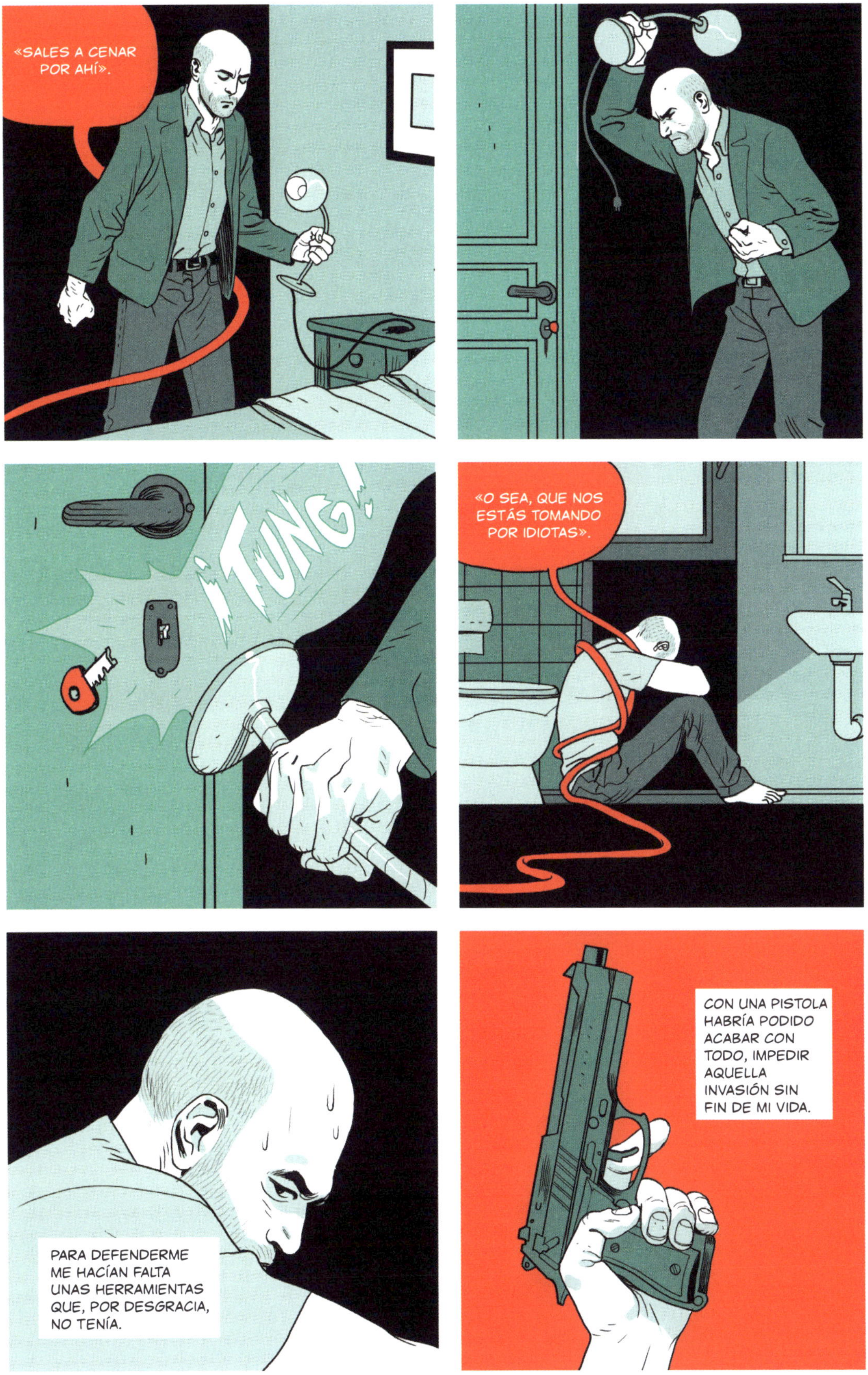
«SALES A CENAR POR AHÍ».
¡TUNG!
«O SEA, QUE NOS ESTÁS TOMANDO POR IDIOTAS».
PARA DEFENDERME ME HACÍAN FALTA UNAS HERRAMIENTAS QUE, POR DESGRACIA, NO TENÍA.
CON UNA PISTOLA HABRÍA PODIDO ACABAR CON TODO, IMPEDIR AQUELLA INVASIÓN SIN FIN DE MI VIDA.

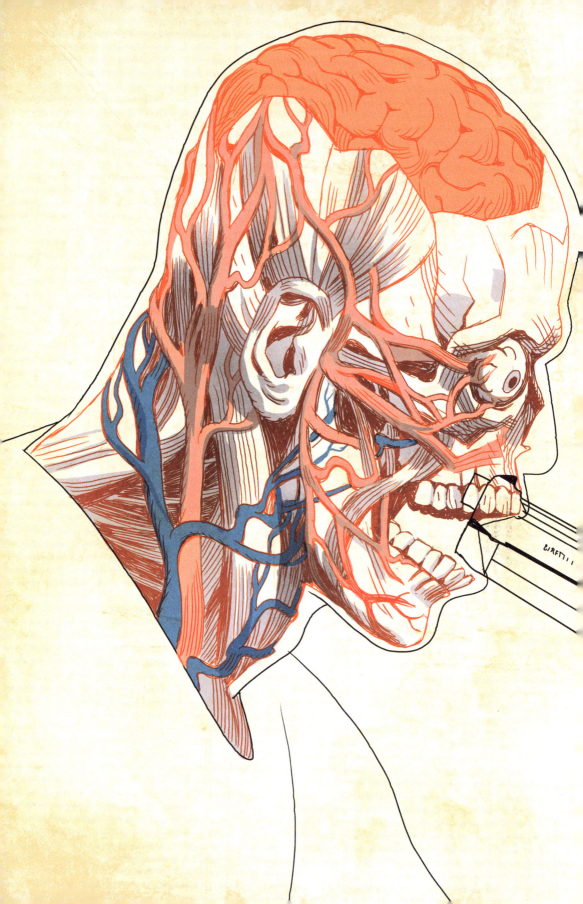

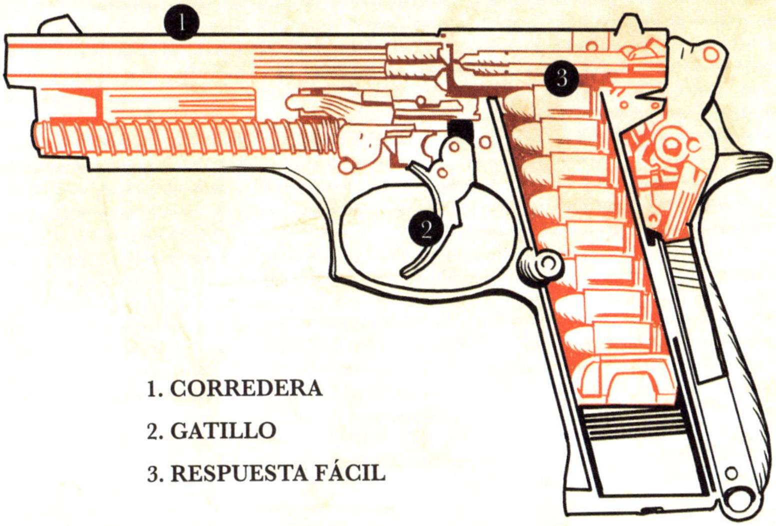
1
2
3

1. CORREDERA
2. GATILLO
3. RESPUESTA FÁCIL

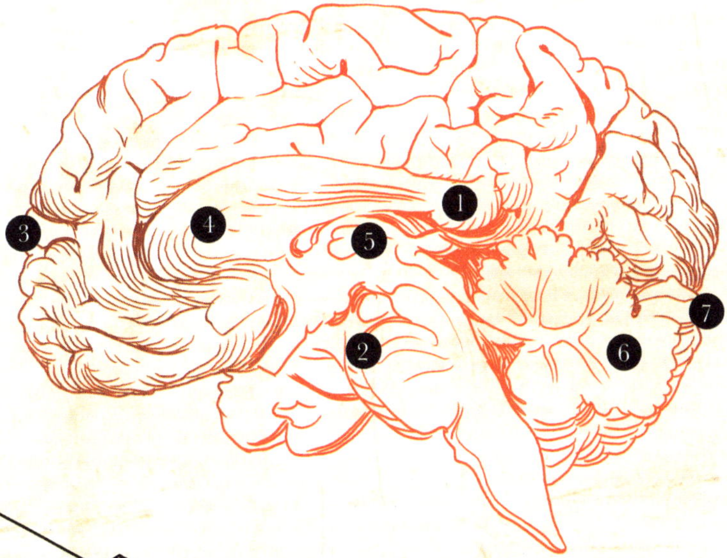
1
2
3
4
5
6
7

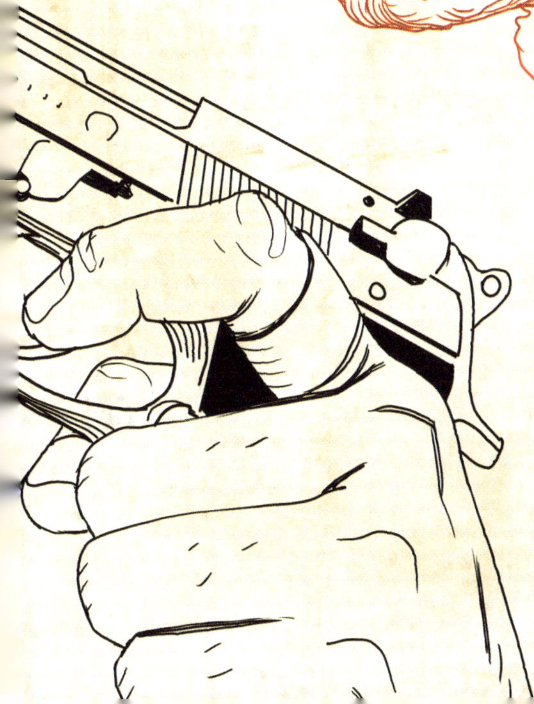

1. HIPOCAMPO
2. AMÍGDALA
3. CORTEZA PREFRONTAL
4. ASÍ OS CALLÁIS
5. A VER SI AHORA ME CREÉIS
6. OJALÁ PUDIERA VOLVER ATRÁS
7. TOTAL, NO SIRVE DE NADA

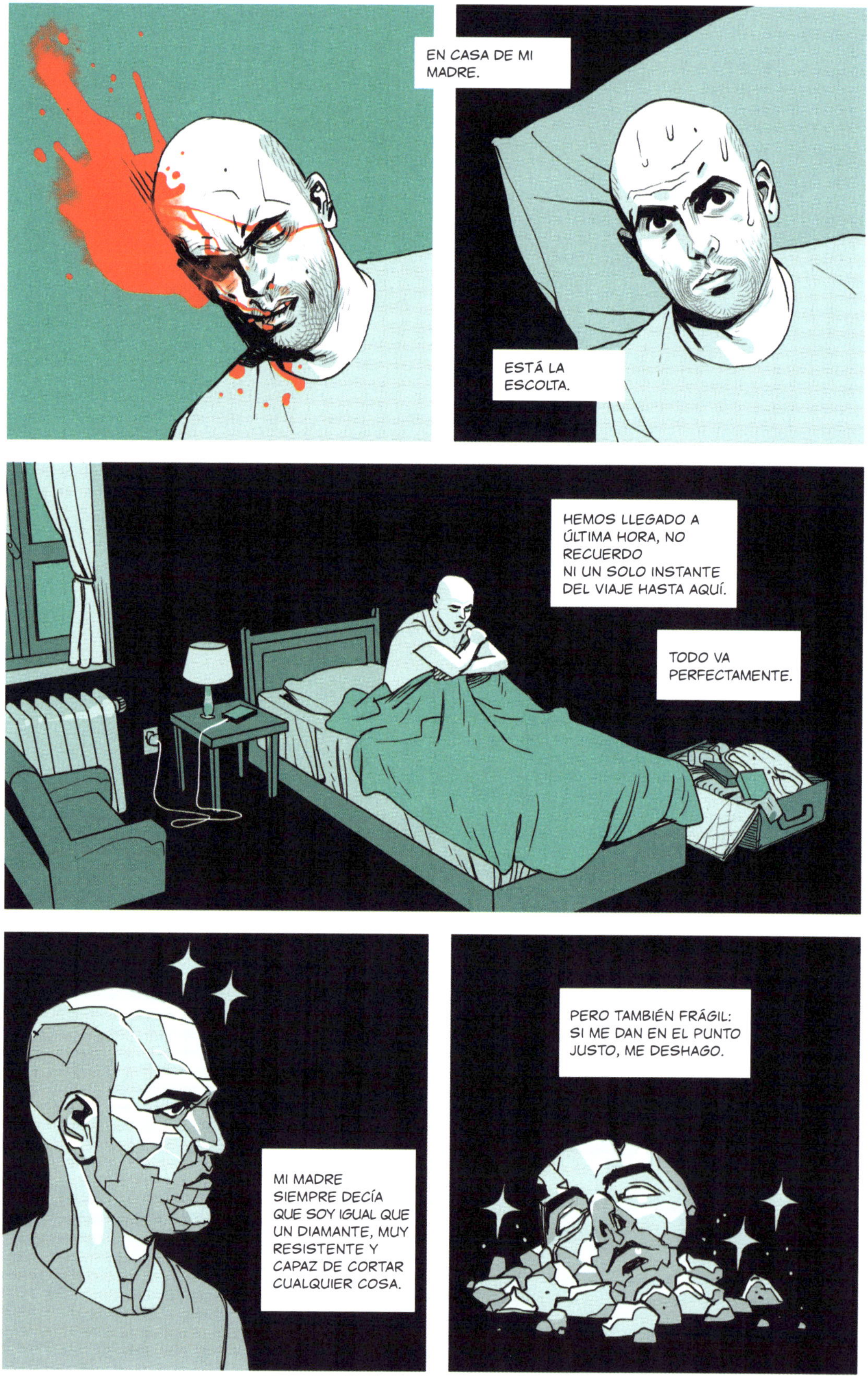
EN CASA DE MI MADRE.
ESTÁ LA ESCOLTA.
HEMOS LLEGADO A ÚLTIMA HORA, NO RECUERDO NI UN SOLO INSTANTE DEL VIAJE HASTA AQUÍ.
TODO VA PERFECTAMENTE.
MI MADRE SIEMPRE DECÍA QUE SOY IGUAL QUE UN DIAMANTE, MUY RESISTENTE Y CAPAZ DE CORTAR CUALQUIER COSA.
PERO TAMBIÉN FRÁGIL: SI ME DAN EN EL PUNTO JUSTO, ME DESHAGO.

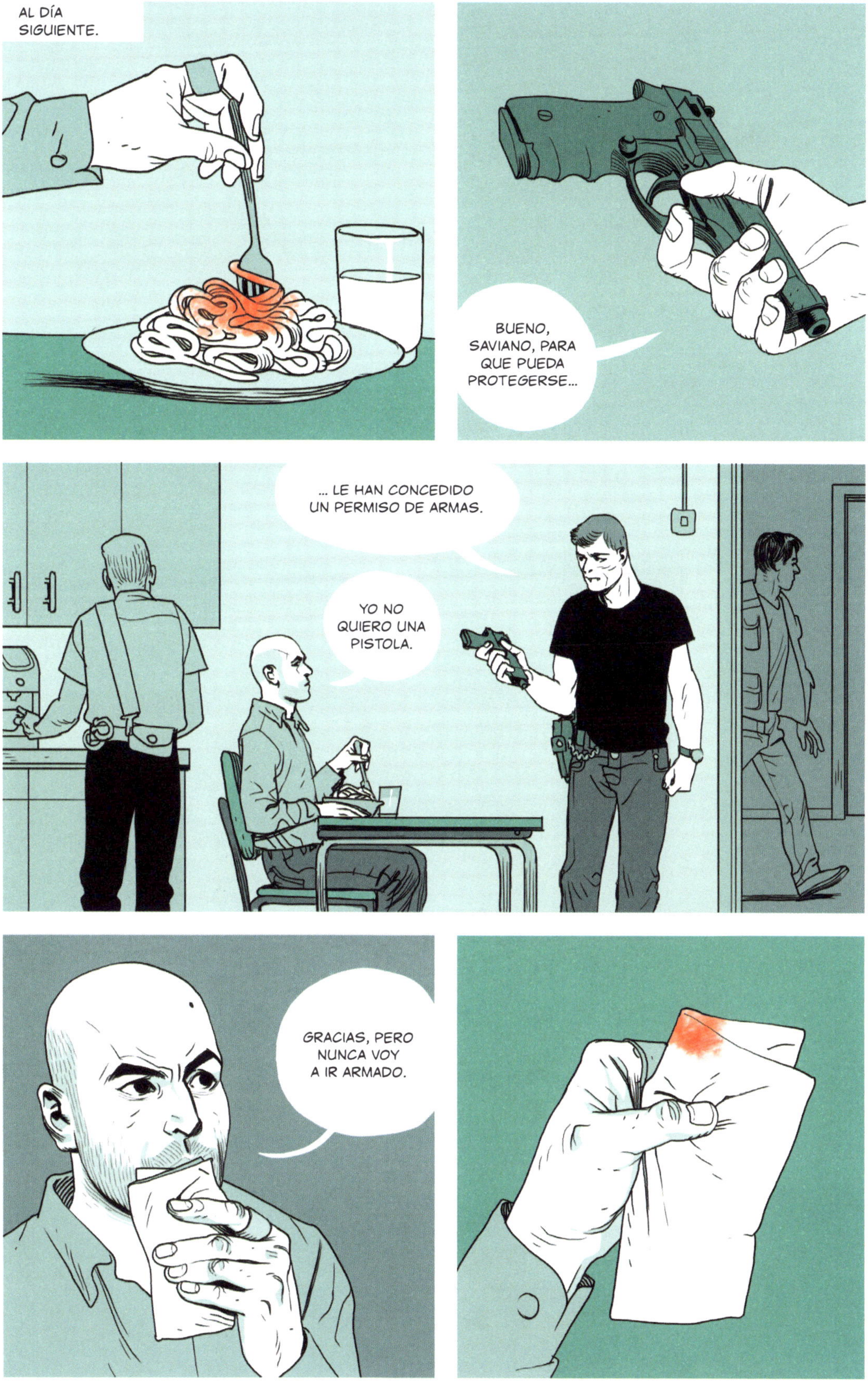
AL DÍA SIGUIENTE.
BUENO, SAVIANO, PARA QUE PUEDA PROTEGERSE...
... LE HAN CONCEDIDO UN PERMISO DE ARMAS.
YO NO QUIERO UNA PISTOLA.
GRACIAS, PERO NUNCA VOY A IR ARMADO.

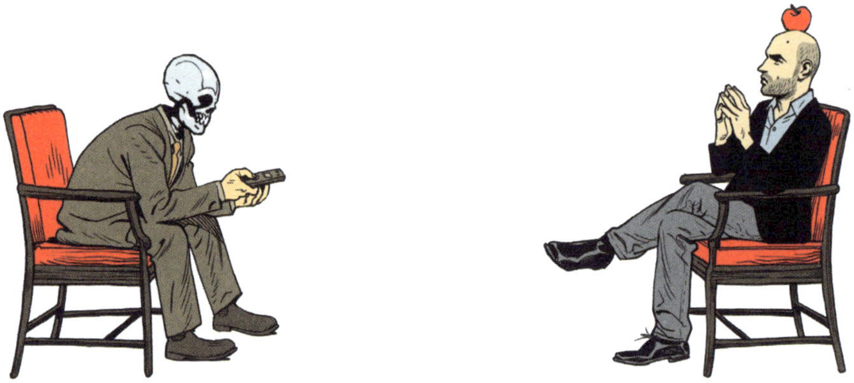

ENTREVISTA 3

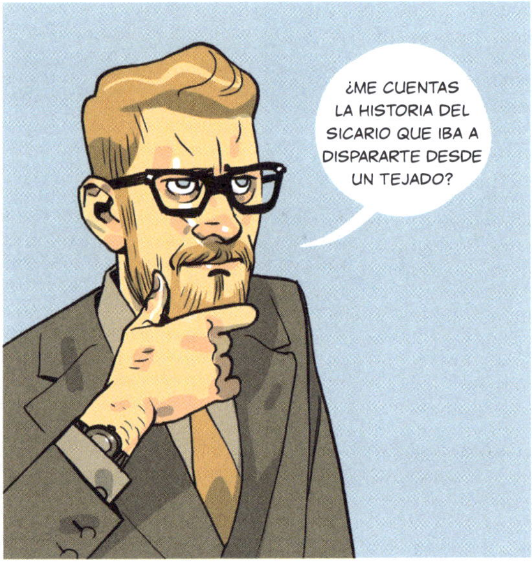
¿ME CUENTAS LA HISTORIA DEL SICARIO QUE IBA A DISPARARTE DESDE UN TEJADO?

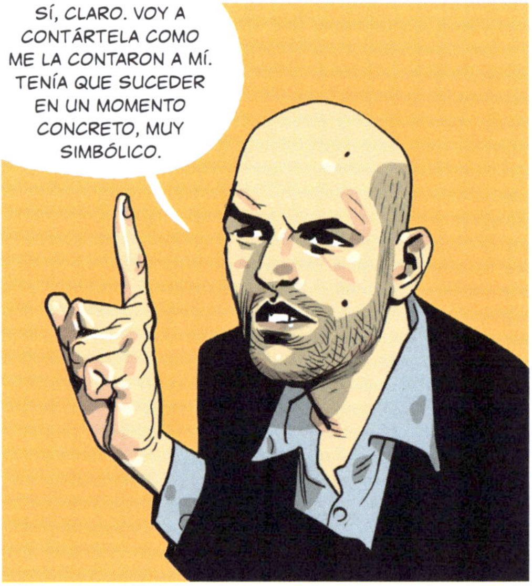
SÍ, CLARO. VOY A CONTÁRTELA COMO ME LA CONTARON A MÍ. TENÍA QUE SUCEDER EN UN MOMENTO CONCRETO, MUY SIMBÓLICO.

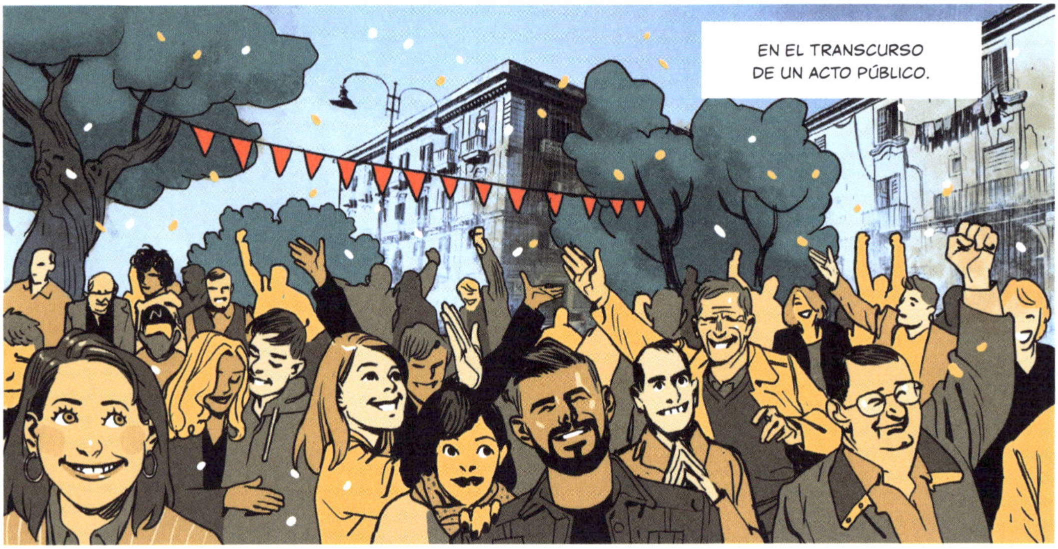
EN EL TRANSCURSO DE UN ACTO PÚBLICO.

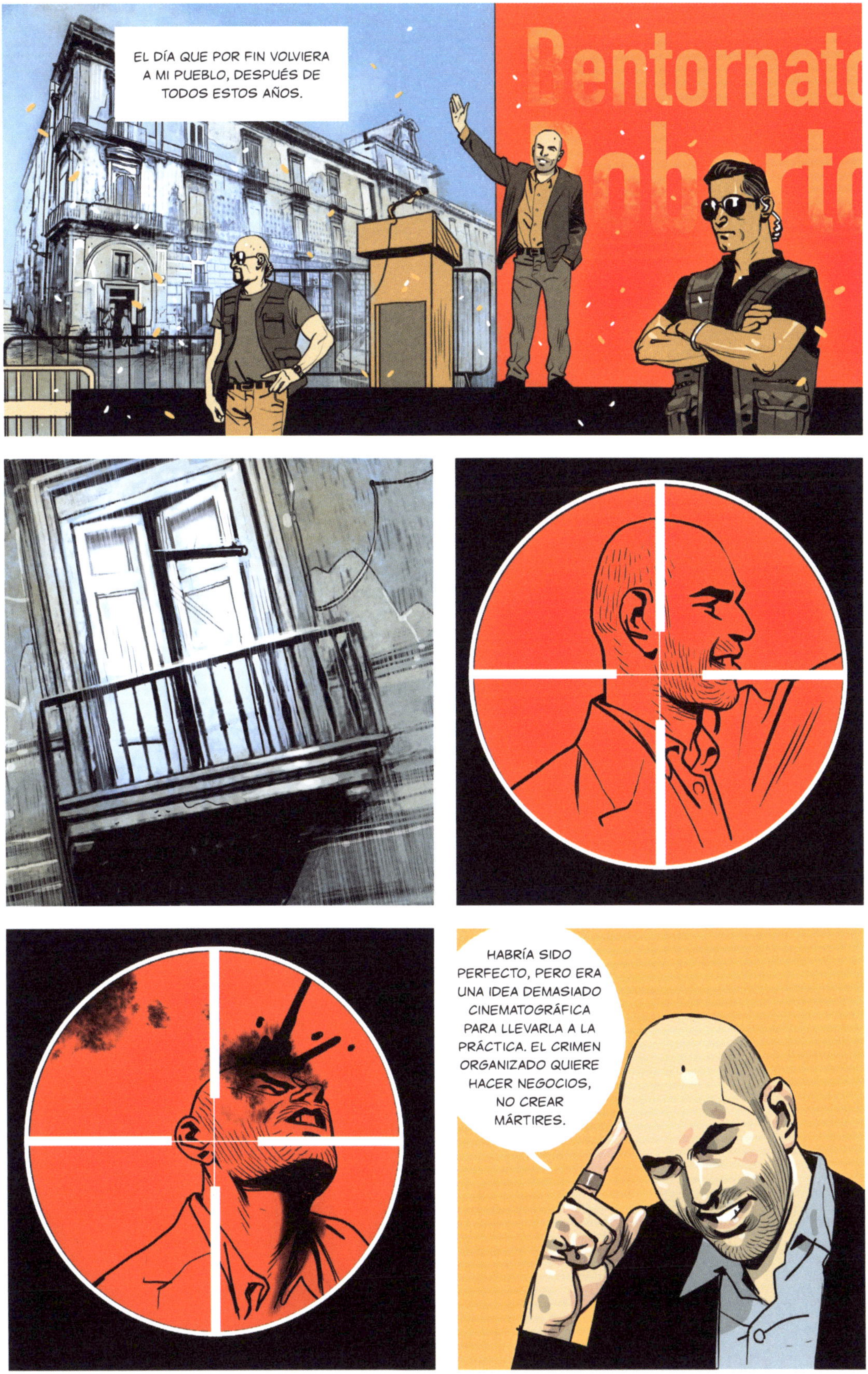
EL DÍA QUE POR FIN VOLVIERA A MI PUEBLO, DESPUÉS DE TODOS ESTOS AÑOS.
HABRÍA SIDO PERFECTO, PERO ERA UNA IDEA DEMASIADO CINEMATOGRÁFICA PARA LLEVARLA A LA PRÁCTICA. EL CRIMEN ORGANIZADO QUIERE HACER NEGOCIOS, NO CREAR MÁRTIRES.

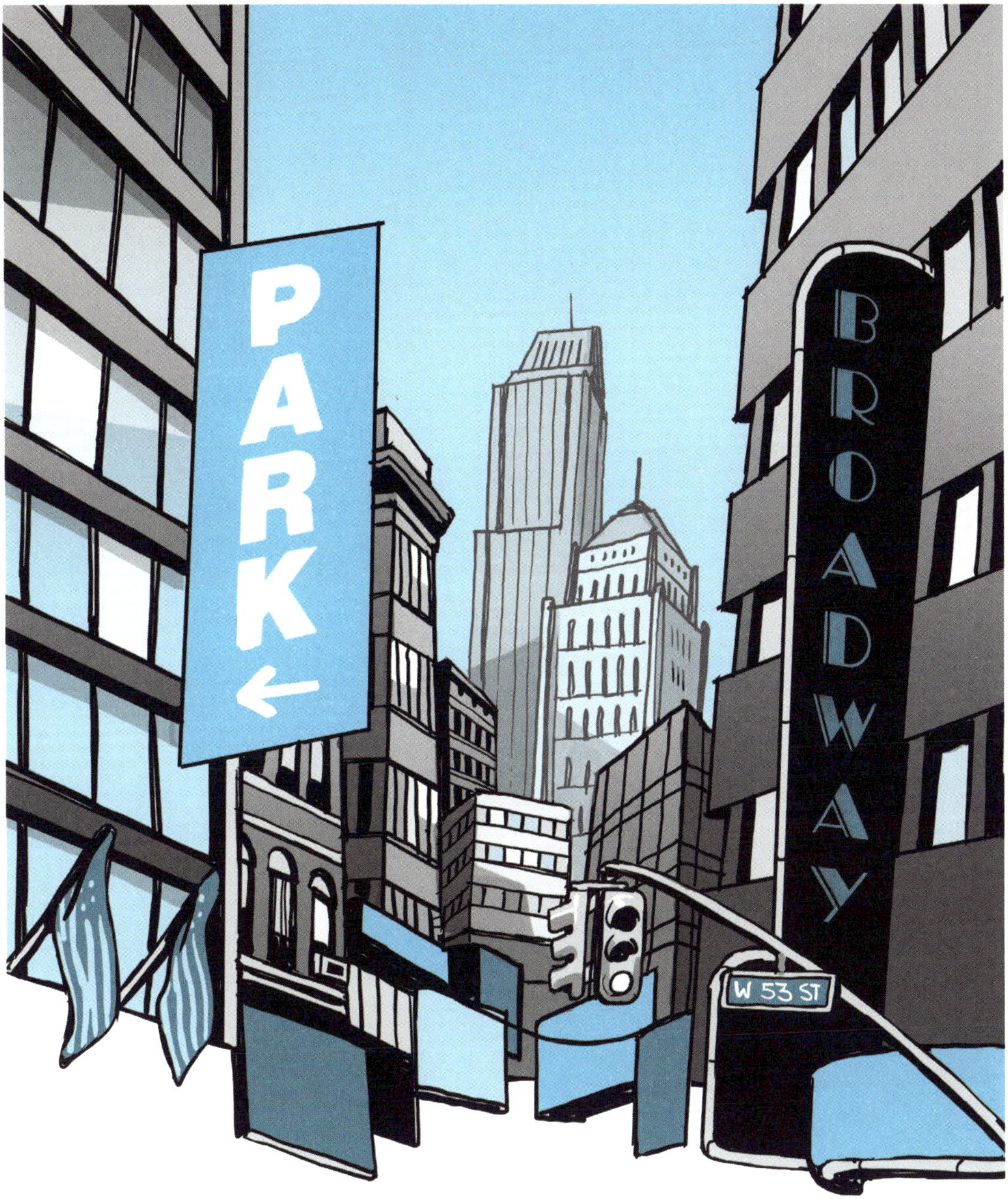
PARK
BROADWAY
W 53 ST

RESPIRAR

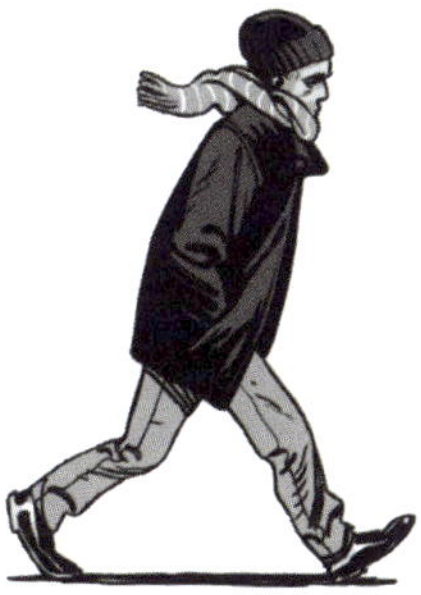

LLEGUÉ A NUEVA YORK EN MAYO DE 2011. EN MAYO TODAS LAS CIUDADES ESTÁN PRECIOSAS, INCLUIDA NUEVA YORK. PERO HACÍA UN FRÍO DE BIGOTES.

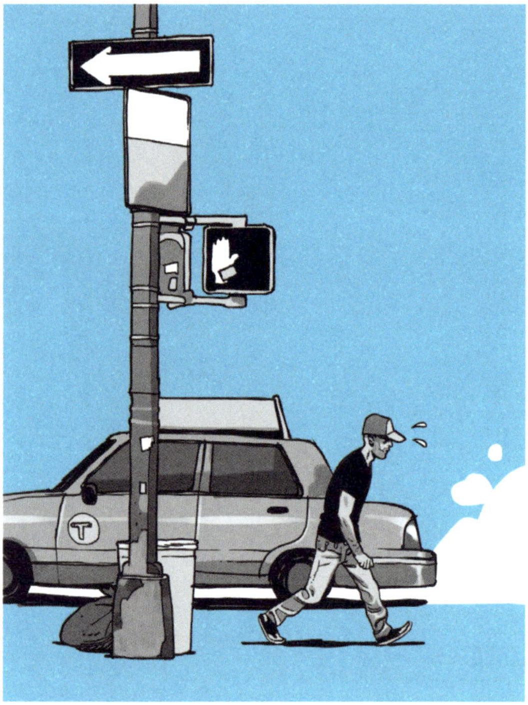

Y LUEGO, DE REPENTE, A PRINCIPIOS DE JUNIO, SE TRANSFORMÓ EN CALOR, UN CALOR QUE CASI CORTABA LA RESPIRACIÓN.

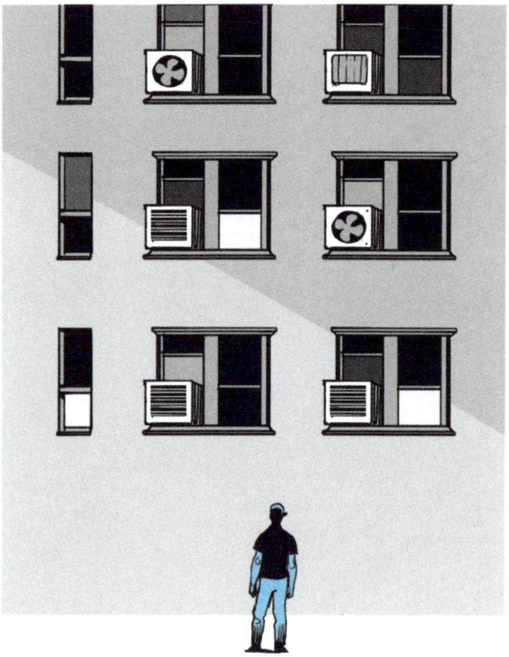

ME HABÍA MUDADO PARA DAR CLASES EN LA UNIVERSIDAD DE NUEVA YORK. ME HABÍAN ENCONTRADO UN PISITO EN UN EDIFICIO EN EL QUE VIVÍAN EN SECRETO VARIOS DISIDENTES O PERSONAS EN PELIGRO. CADA VEZ QUE VOLVÍA A CASA ME RECIBÍA EL MURMULLO DE LOS AIRES ACONDICIONADOS.

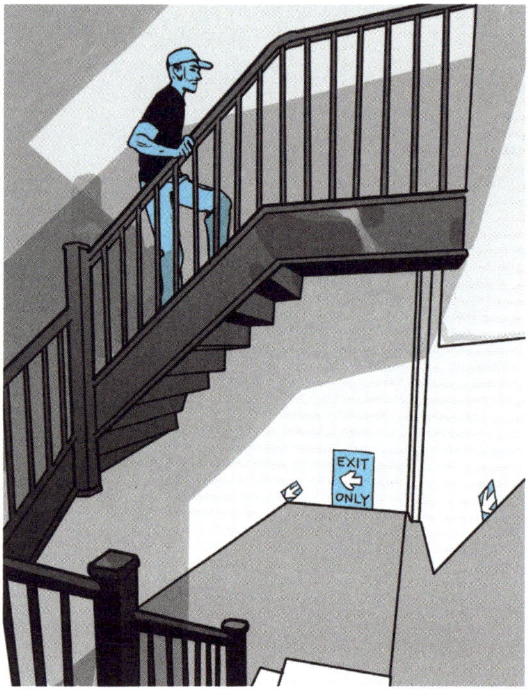
EXIT
ONLY

AL LLEGAR A NUEVA YORK ME SENTÍ COMO SI TRATARA DE ESCALAR UNA PIRÁMIDE DE ACERO CON LAS MANOS DESNUDAS.

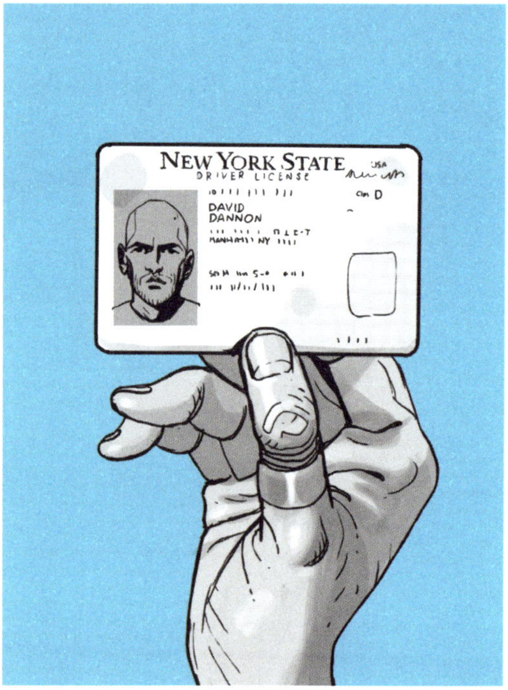
NEW YORK STATE
DRIVER LICENSE
USA
DAVID
DANNON

CUANDO HABLÉ CON LA POLICÍA, QUE ME HABÍA ADJUDICADO UNA NUEVA IDENTIDAD, DAVID DANNON...

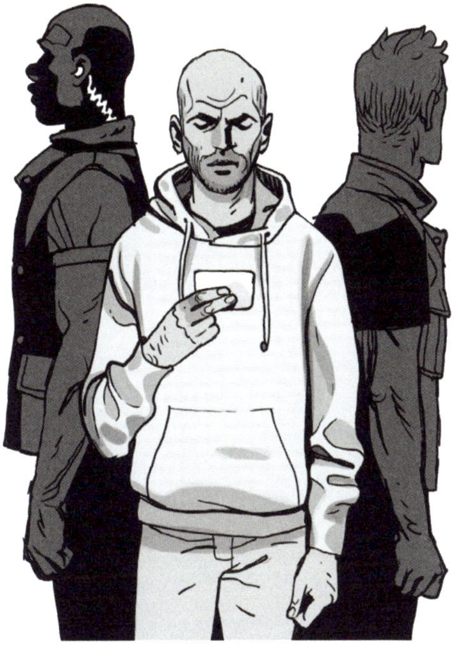

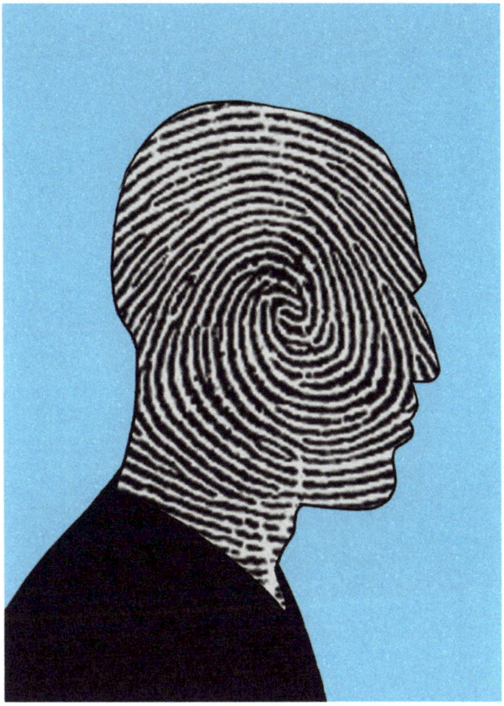

... ME DIJERON QUE IBA A TENER UNA PROTECCIÓN DISTINTA: EN LAS SITUACIONES PÚBLICAS ME PROTEGERÍAN AGENTES DE POLICÍA; EN LAS PRIVADAS, LAS IDENTIDADES FALSAS Y LA PRUDENCIA. TENÍA QUE COMUNICAR CUALQUIER DESPLAZAMIENTO, PUESTO QUE MI PRESENCIA PODÍA SUPONER UN PELIGRO PARA LA COMUNIDAD.

ME SENTÍA «EXPULSADO» DE ITALIA, PERO SIN QUE ME HUBIERAN ACOGIDO EN ESTADOS UNIDOS, DONDE ERA UN PELIGRO POTENCIAL PARA LOS DEMÁS, DONDE TODO SON TRÁMITES Y NADA RESULTA FÁCIL, PARA NADIE. TENÍA LA MORAL POR LOS SUELOS.

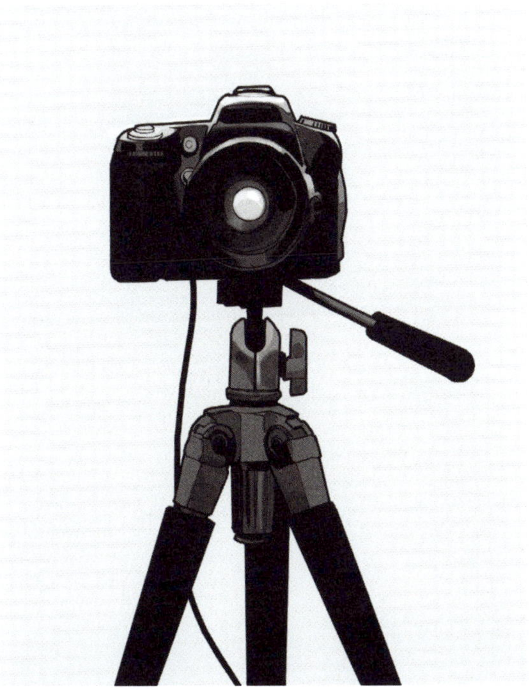

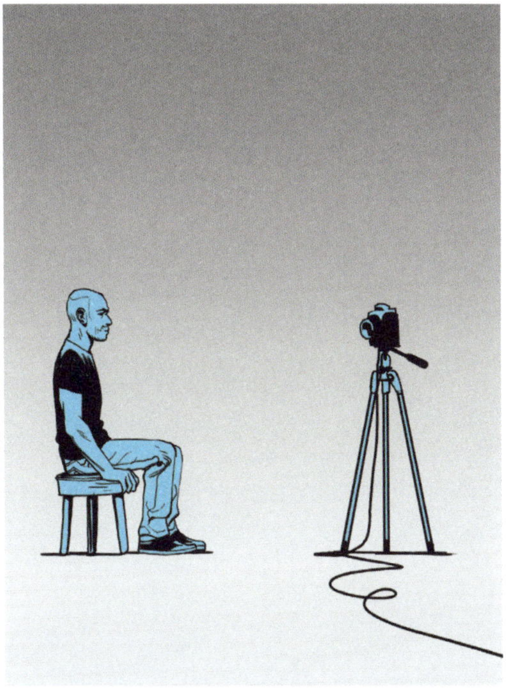

PERO NO HABÍA TIEMPO PARA LA TRISTEZA, LA BUROCRACIA ME MANTENÍA OCUPADO Y NO TENÍA EXACTAMENTE LA CARA DE DAVID DANNON, ASÍ QUE ME TOCABA DAR MUCHAS EXPLICACIONES.

TENÍA QUE SOLICITAR EL NÚMERO DE LA SEGURIDAD SOCIAL, SIN EL CUAL NO PODÍA HACER PRÁCTICAMENTE NADA, NI SIQUIERA COMPRARME UNA TARJETA PARA EL MÓVIL. Y NO ERA FÁCIL, YA QUE HABÍA QUE EXPLICAR POR QUÉ UTILIZABA OFICIALMENTE UN NOMBRE FALSO.

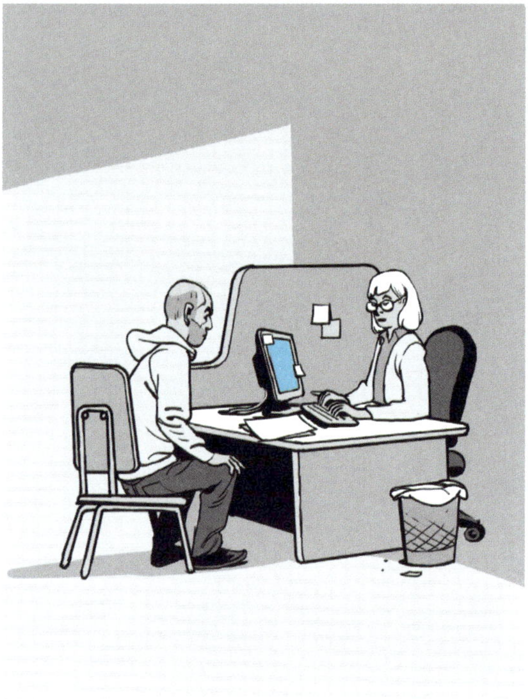

EMPEZABA UNA ENÉSIMA VIDA. ERA COMO TENER QUE REINVENTAR UNA NUEVA EXISTENCIA.

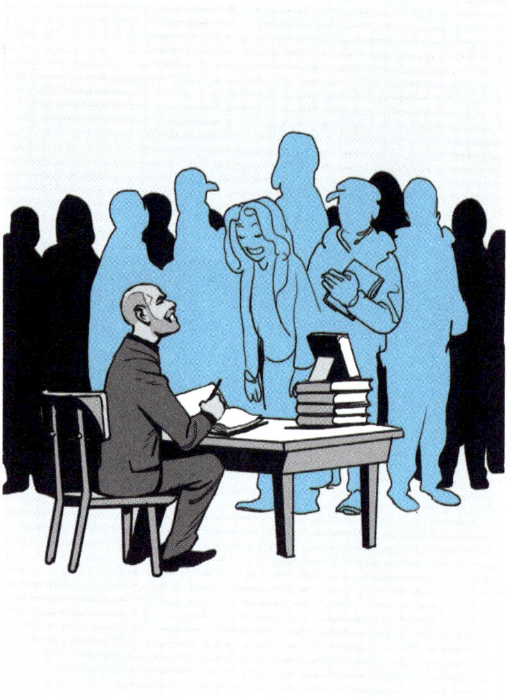

ERA INCREÍBLE. POR UN LADO, MILES DE PERSONAS HACÍAN COLA PARA ESCUCHARME, DARME LA MANO, QUE LES FIRMARA UN LIBRO; POR EL OTRO, VIVÍA EN LA SOLEDAD MÁS ABSOLUTA, SUMIDO EN LA COMPLEJIDAD BUROCRÁTICA MÁS HOSTIL.

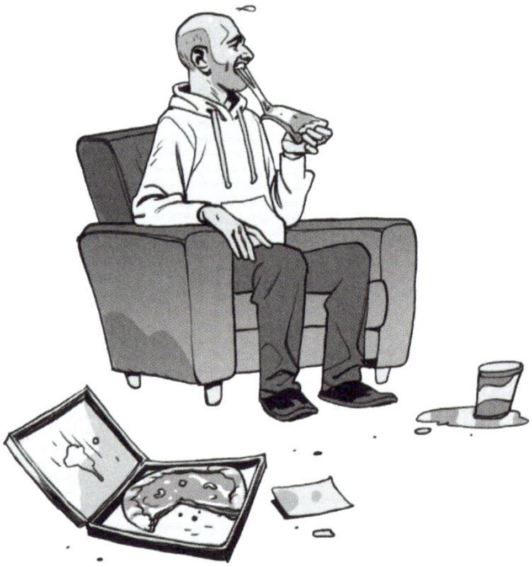

ESTABA LEJOS DE ITALIA, DE LAS CONTINUAS ACUSACIONES DE QUE DIFAMABA A MI PAÍS CON LO QUE CONTABA, DE LAS FIRMAS RECOGIDAS CONTRA MÍ POR HABER HABLADO DE LA INFILTRACIÓN DE LA 'NDRANGHETA EN EL NORTE DEL PAÍS... Y, SIN EMBARGO, TODAS MIS PALABRAS SE IBAN CONFIRMANDO CON LAS SENTENCIAS DE LOS TRIBUNALES, CON LAS CONDENAS DE LOS CAPOS, DE SUS HOMBRES, DE SUS INTERMEDIARIOS Y DE SUS REFERENTES POLÍTICOS.

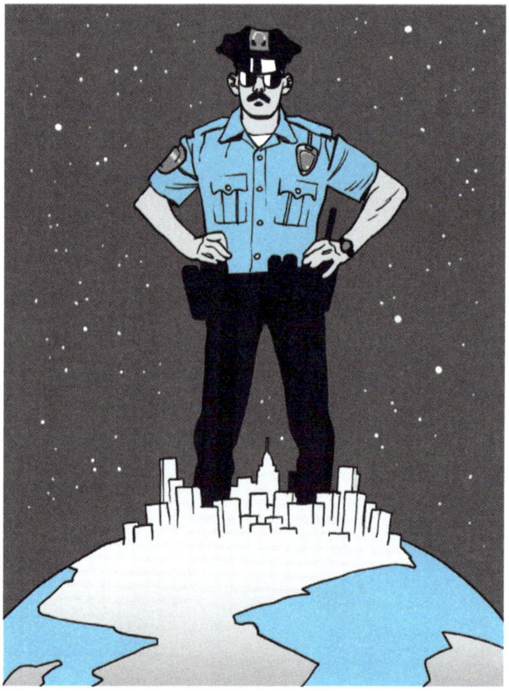

EN NUEVA YORK VIVÍAN VARIOS ESCRITORES PERSEGUIDOS: ORHAN PAMUK, SALMAN RUSHDIE O AYAAN HIRSI ALI. ERA UN LUGAR EN EL QUE, DURANTE UN TIEMPO, IBA A ESTAR A SALVO.

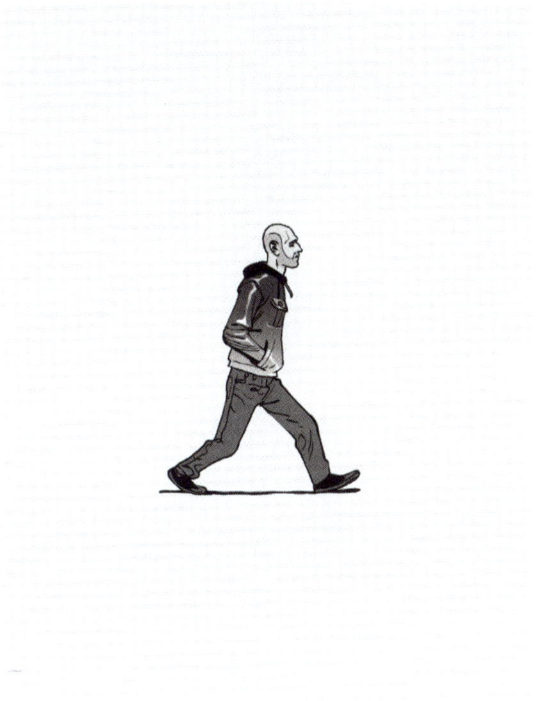

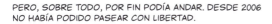

PERO, SOBRE TODO, POR FIN PODÍA ANDAR. DESDE 2006 NO HABÍA PODIDO PASEAR CON LIBERTAD.

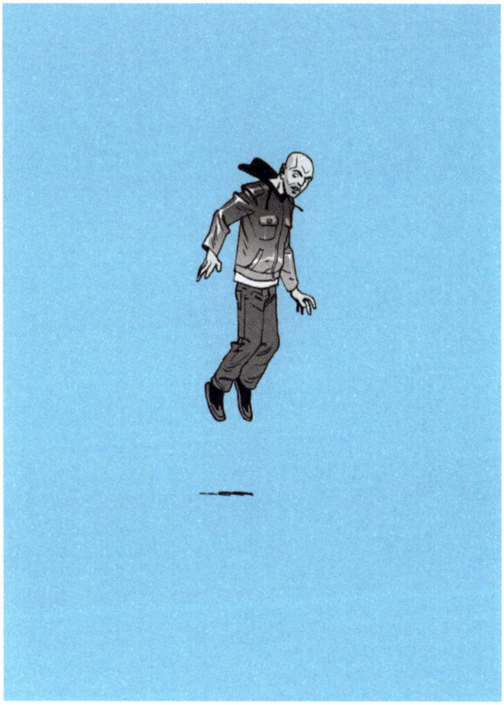

SALÍ Y ANDUVE UN DÍA ENTERO, CASI SIN DARME CUENTA. VOLVÍ A CASA AL AMANECER.

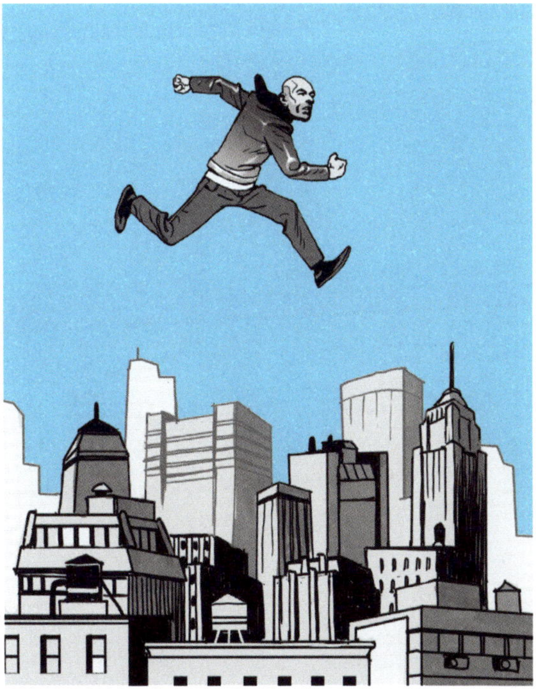

ANDABA, ANDABA, ANDABA...

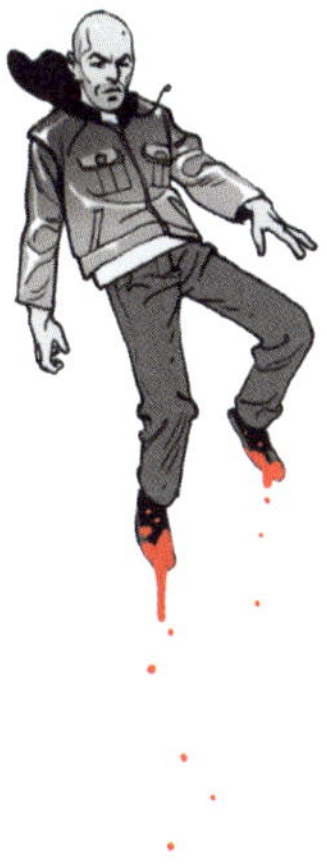

AL FINAL ACABÉ CON LAS PLANTAS DE LOS PIES LLENAS DE AMPOLLAS.

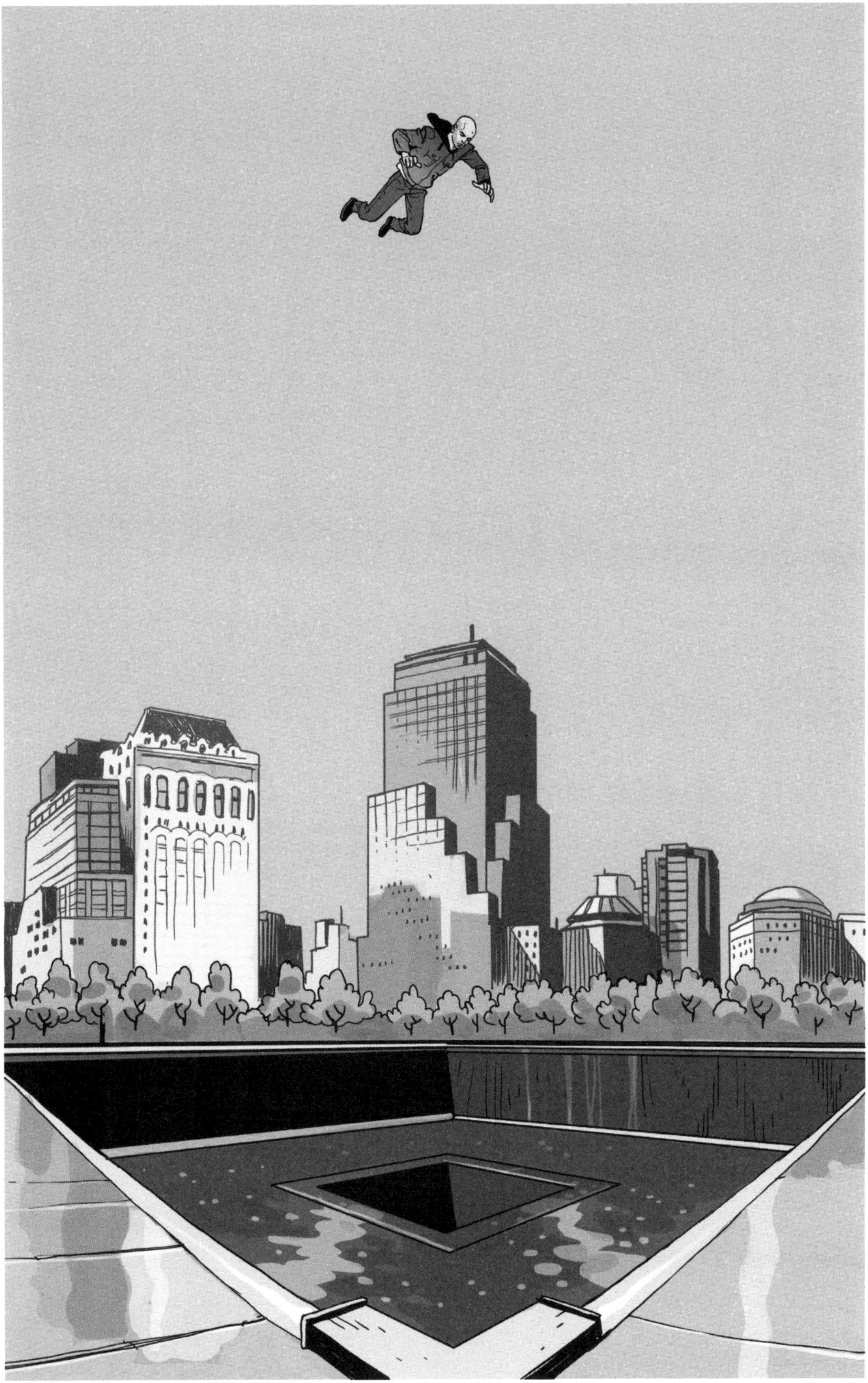

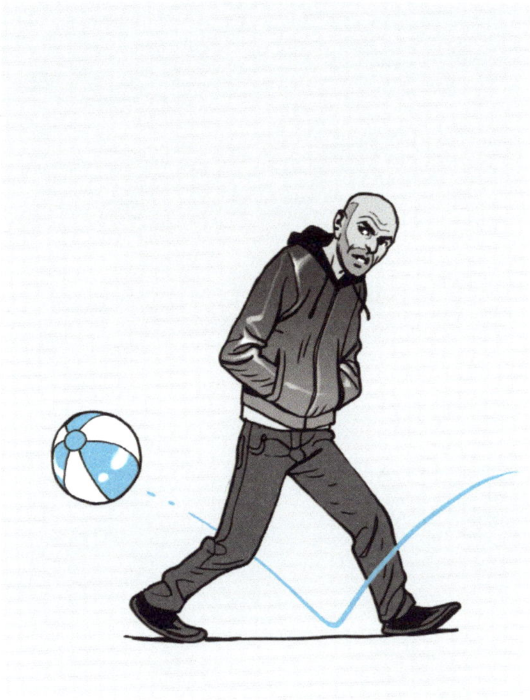

UN DÍA FUI AL ZOO DEL BRONX A VER A LOS GORILAS. EN CIERTO MODO, ME SIENTO PARTE DE SU MUNDO (AUNQUE ESA ES OTRA HISTORIA). IBA DISTRAÍDO Y DE REPENTE ME DIERON UN GOLPE. PEGUÉ UN RESPINGO. DURANTE AÑOS, A CUALQUIERA QUE HUBIERA INTENTADO TIRARME ALGO LO HABRÍAN PARADO DE INMEDIATO Y YO ME HABRÍA ECHADO CUERPO A TIERRA.

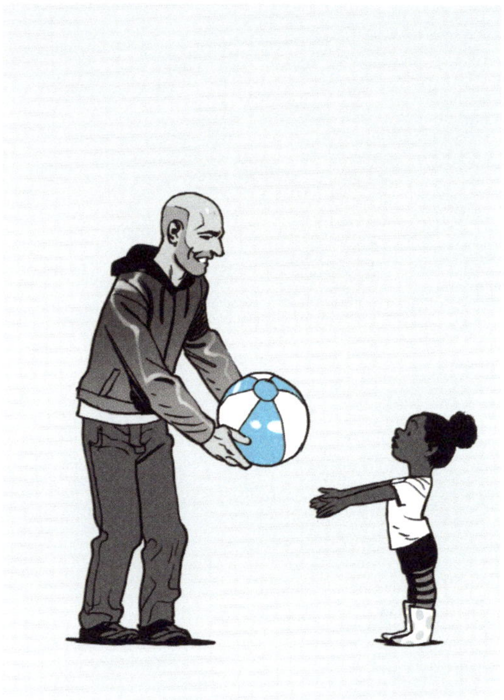

ERA UNA NIÑA. LE DEVOLVÍ LA PELOTA. NO SÉ SI MI MIRADA CONSIGUIÓ TRANSMITIRLE LO QUE PENSABA: «¡CUÁNTO ME HAS DEVUELTO, CON ESE GESTO, SIN DARTE CUENTA!».

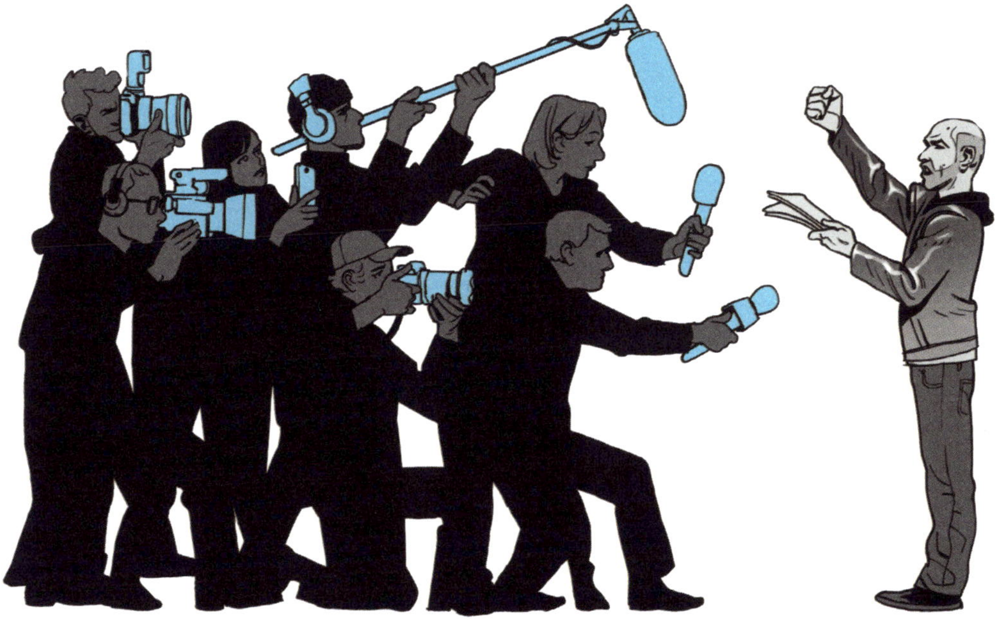

LUEGO, UN DÍA ME VI INMERSO EN UNA BATALLA AJENA. LA DE OCCUPY WALL STREET. LA DEL LEMA «SOMOS EL 99 %».

HABLÉ CON ELLOS. TRATÉ DE DARLES ÁNIMOS. Y LA SENSACIÓN DE QUE MI BATALLA PERSONAL TENÍA MUCHO QUE VER CON LAS BATALLAS DE LA HUMANIDAD CONTRA LOS ATROPELLOS DE LOS PODEROSOS Y LOS INMORALES ME DIO FUERZAS. AUN ESTANDO ALLÍ. LA RENDICIÓN ERA INIMAGINABLE.

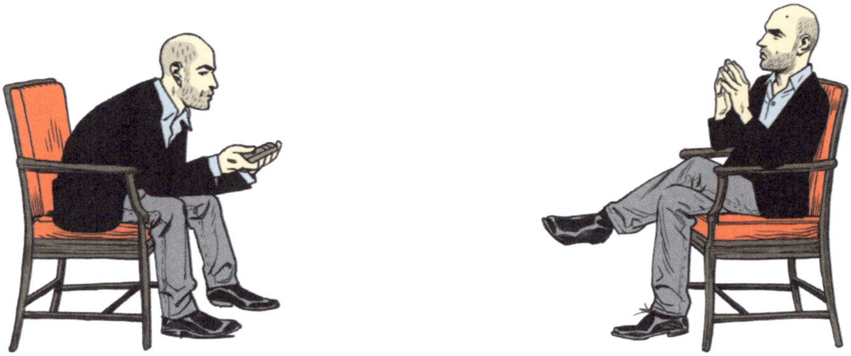

ENTREVISTA 4

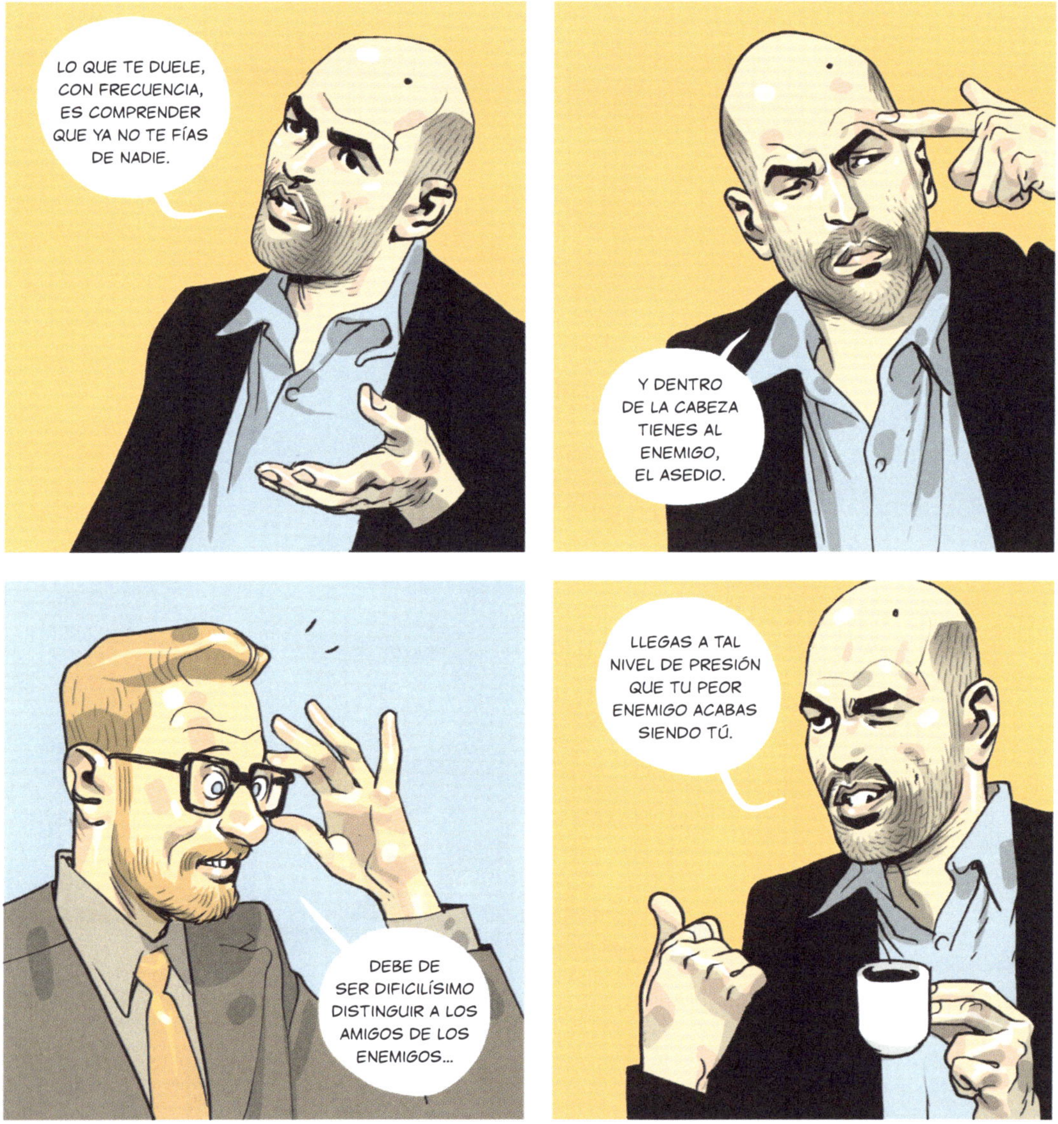
LO QUE TE DUELE, CON FRECUENCIA, ES COMPRENDER QUE YA NO TE FÍAS DE NADIE.
Y DENTRO DE LA CABEZA TIENES AL ENEMIGO, EL ASEDIO.
DEBE DE SER DIFICILÍSIMO DISTINGUIR A LOS AMIGOS DE LOS ENEMIGOS...
LLEGAS A TAL NIVEL DE PRESIÓN QUE TU PEOR ENEMIGO ACABAS SIENDO TÚ.

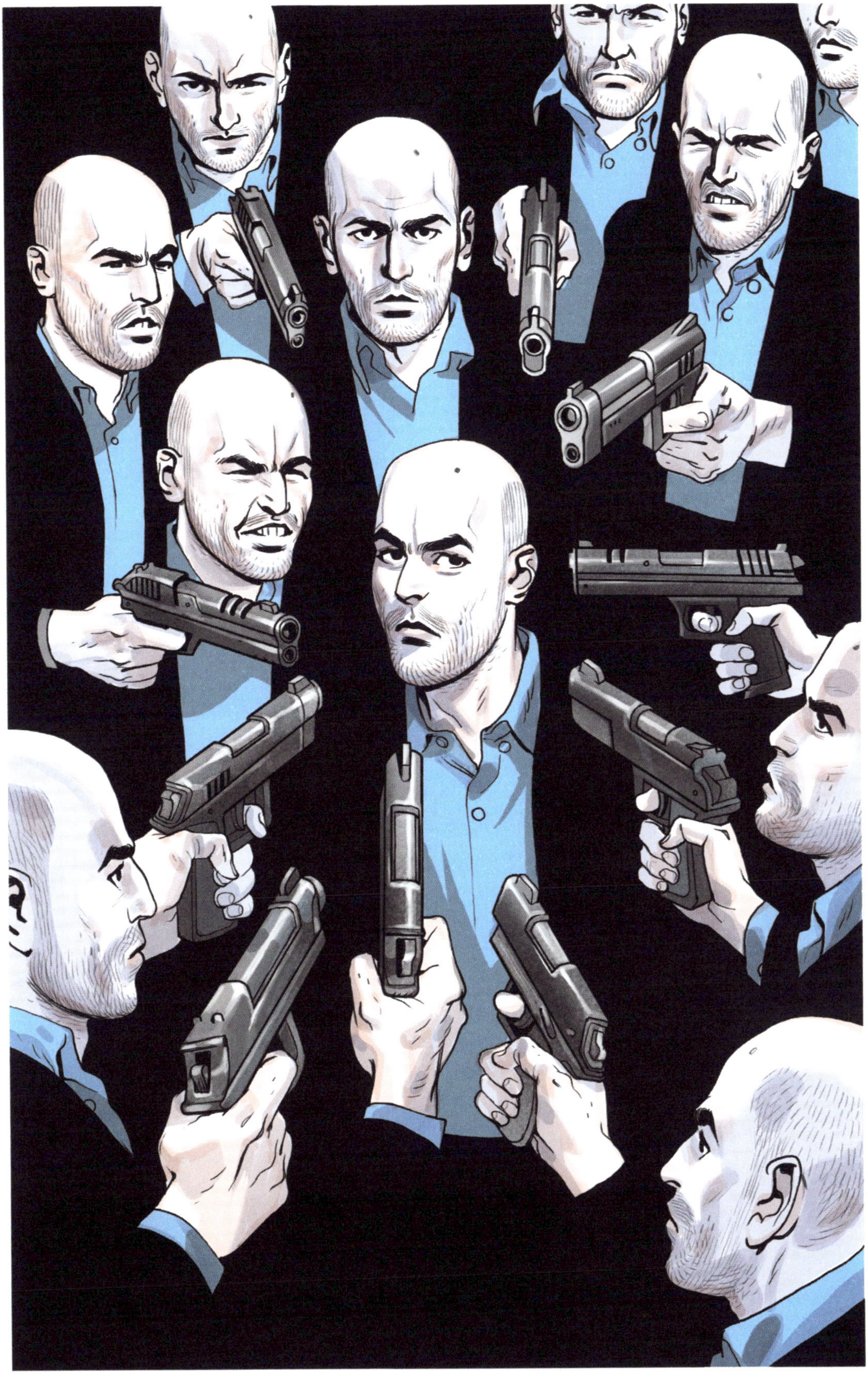

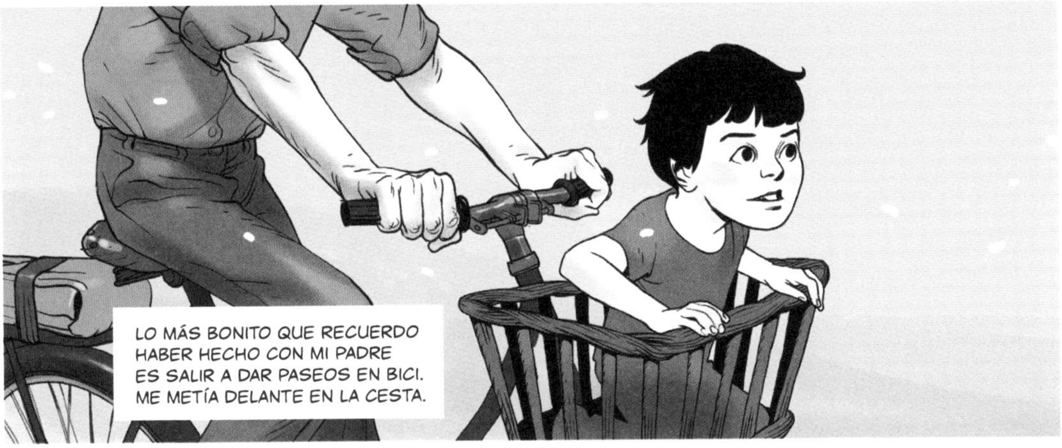
LO MÁS BONITO QUE RECUERDO HABER HECHO CON MI PADRE ES SALIR A DAR PASEOS EN BICI. ME METÍA DELANTE EN LA CESTA.

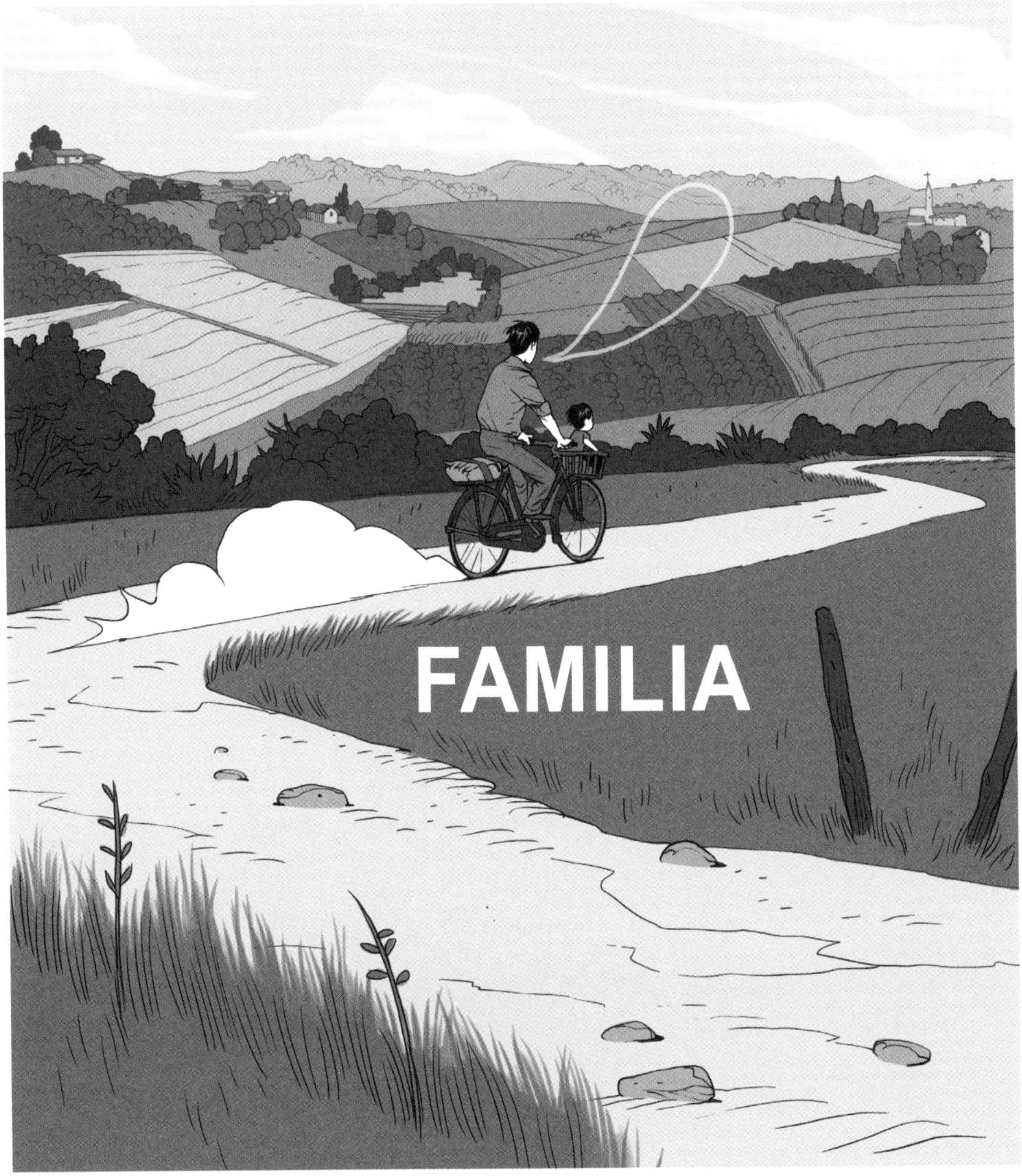
FAMILIA

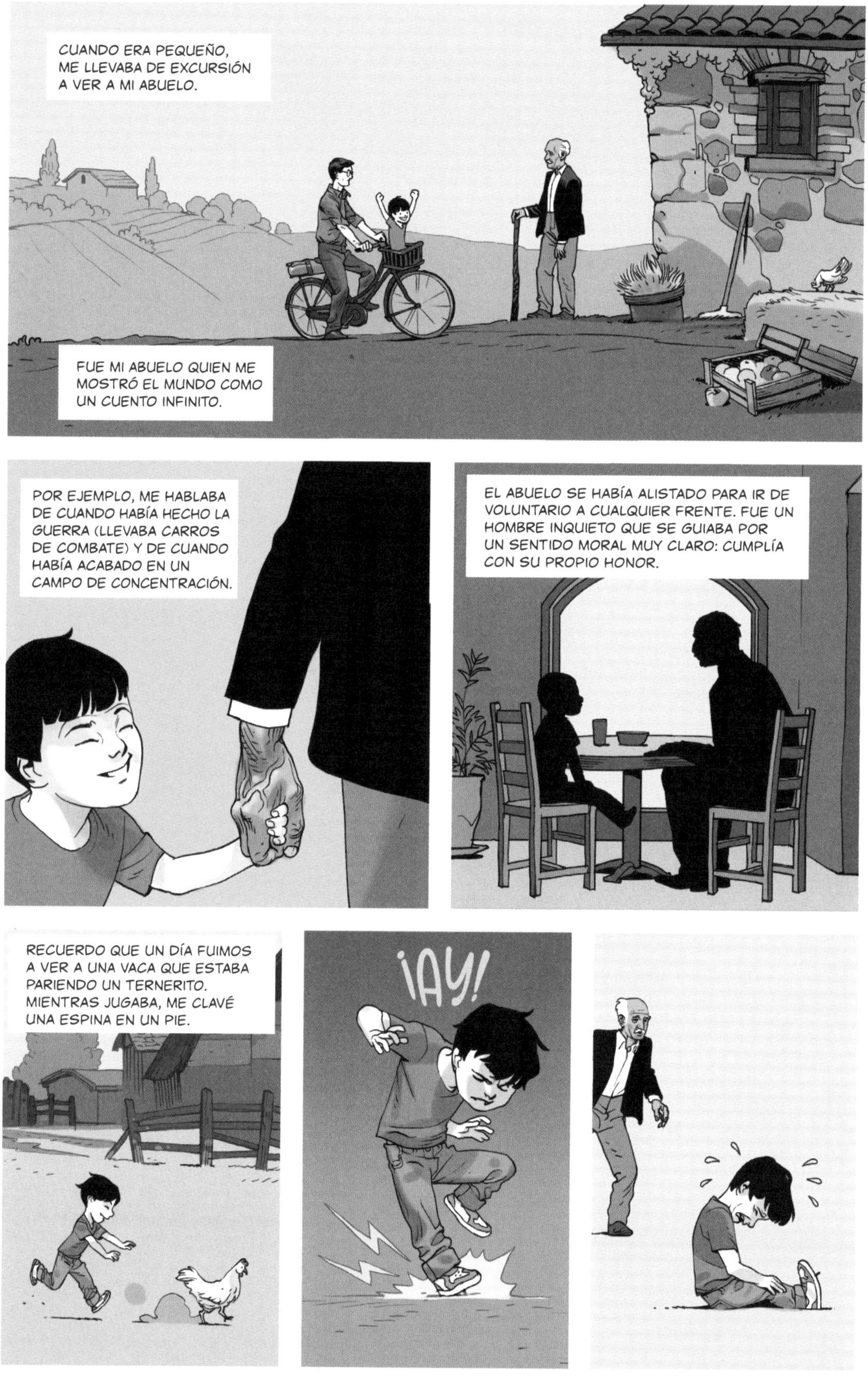
CUANDO ERA PEQUEÑO, ME LLEVABA DE EXCURSIÓN A VER A MI ABUELO.
FUE MI ABUELO QUIEN ME MOSTRÓ EL MUNDO COMO UN CUENTO INFINITO.
POR EJEMPLO, ME HABLABA DE CUANDO HABÍA HECHO LA GUERRA (LLEVABA CARROS DE COMBATE) Y DE CUANDO HABÍA ACABADO EN UN CAMPO DE CONCENTRACIÓN.
EL ABUELO SE HABÍA ALISTADO PARA IR DE VOLUNTARIO A CUALQUIER FRENTE. FUE UN HOMBRE INQUIETO QUE SE GUIABA POR UN SENTIDO MORAL MUY CLARO: CUMPLÍA CON SU PROPIO HONOR.
RECUERDO QUE UN DÍA FUIMOS A VER A UNA VACA QUE ESTABA PARIENDO UN TERNERITO. MIENTRAS JUGABA, ME CLAVÉ UNA ESPINA EN UN PIE.
¡AY!

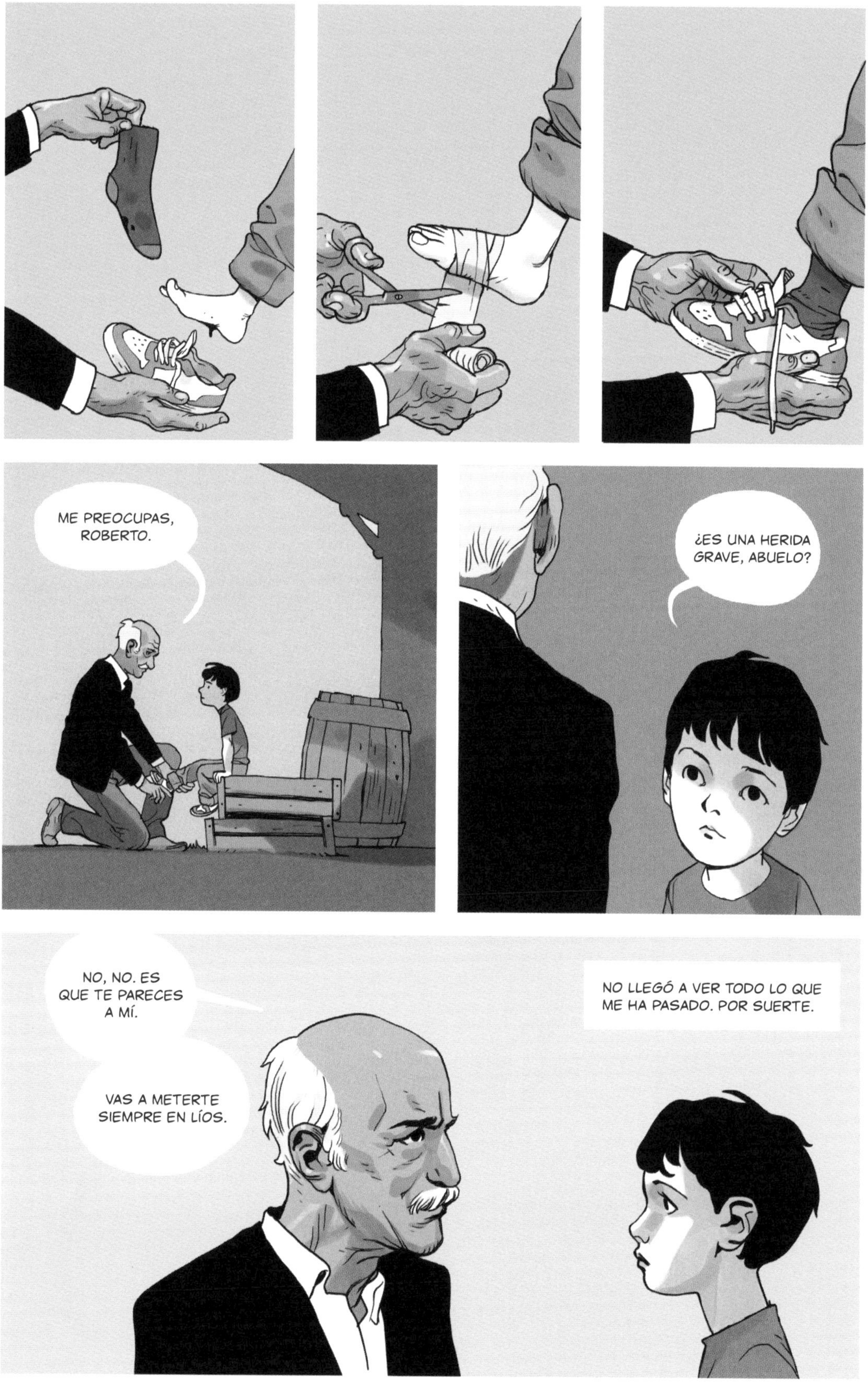
ME PREOCUPAS, ROBERTO.
¿ES UNA HERIDA GRAVE, ABUELO?
NO, NO. ES QUE TE PARECES A MÍ.
VAS A METERTE SIEMPRE EN LÍOS.
NO LLEGÓ A VER TODO LO QUE ME HA PASADO. POR SUERTE.

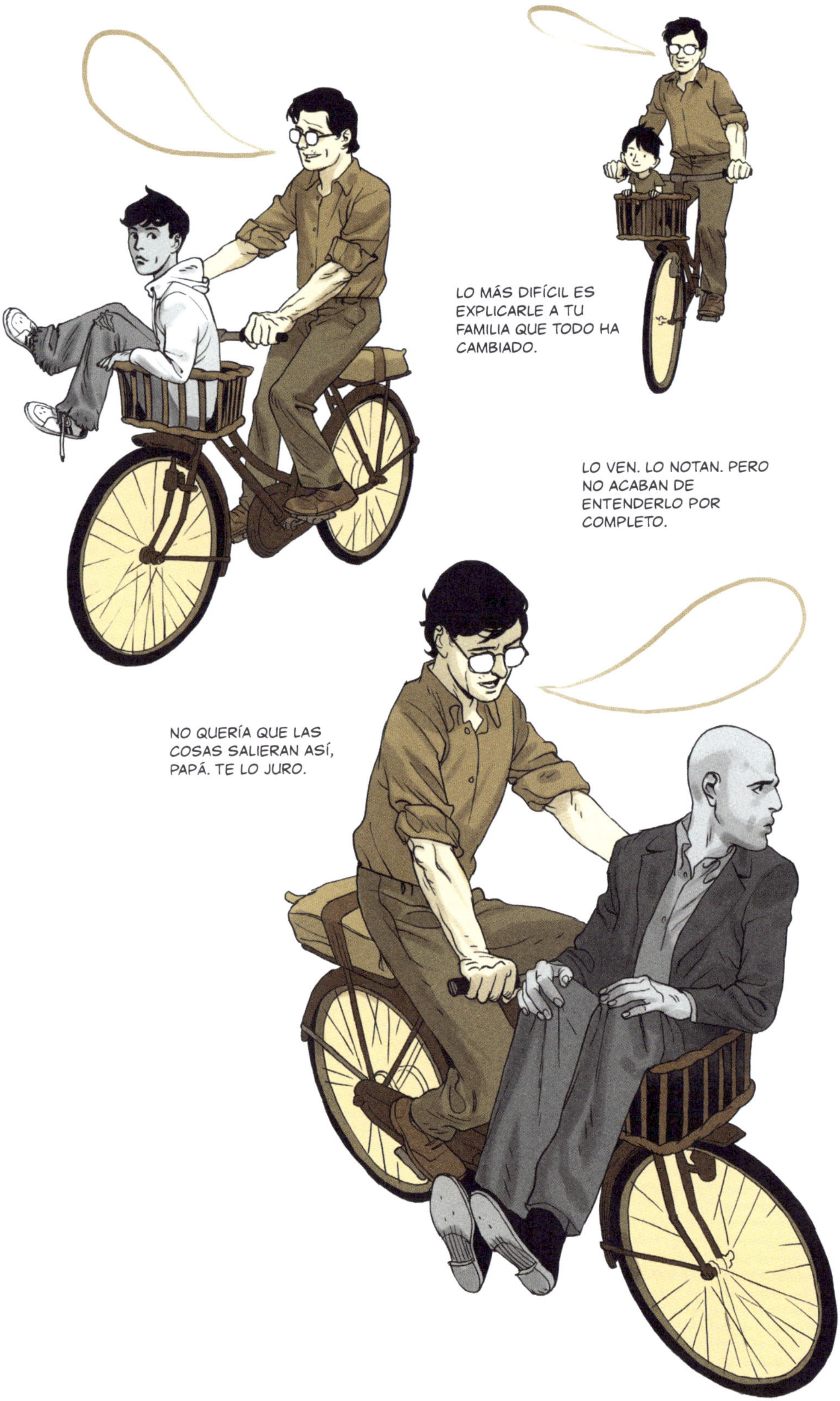
LO MÁS DIFÍCIL ES EXPLICARLE A TU FAMILIA QUE TODO HA CAMBIADO.
LO VEN. LO NOTAN. PERO NO ACABAN DE ENTENDERLO POR COMPLETO.
NO QUERÍA QUE LAS COSAS SALIERAN ASÍ, PAPÁ. TE LO JURO.

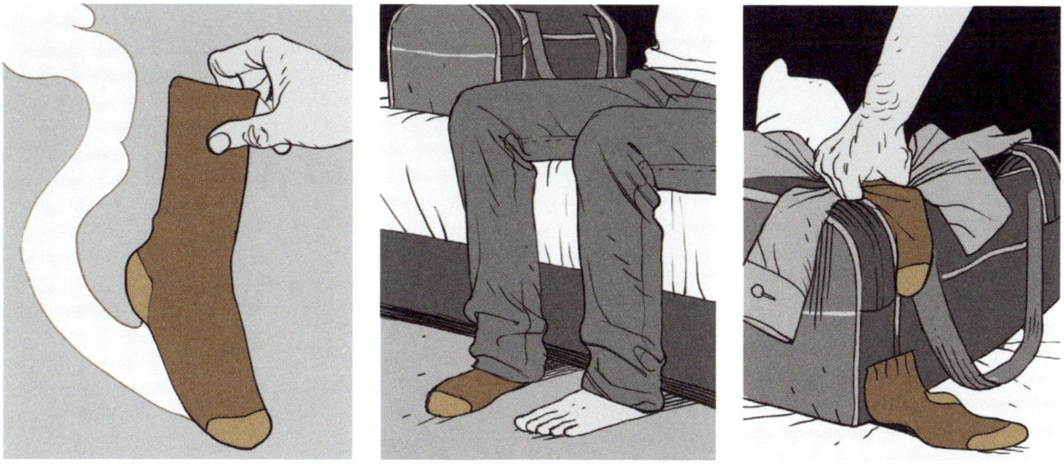

OJALÁ TODO FUERA NORMAL TODAVÍA.

PODER OLVIDARME DE HACER LA COLADA. NO PRESTAR ATENCIÓN AL DESORDEN.

CUÁNTAS VECES LO HE ANHELADO.

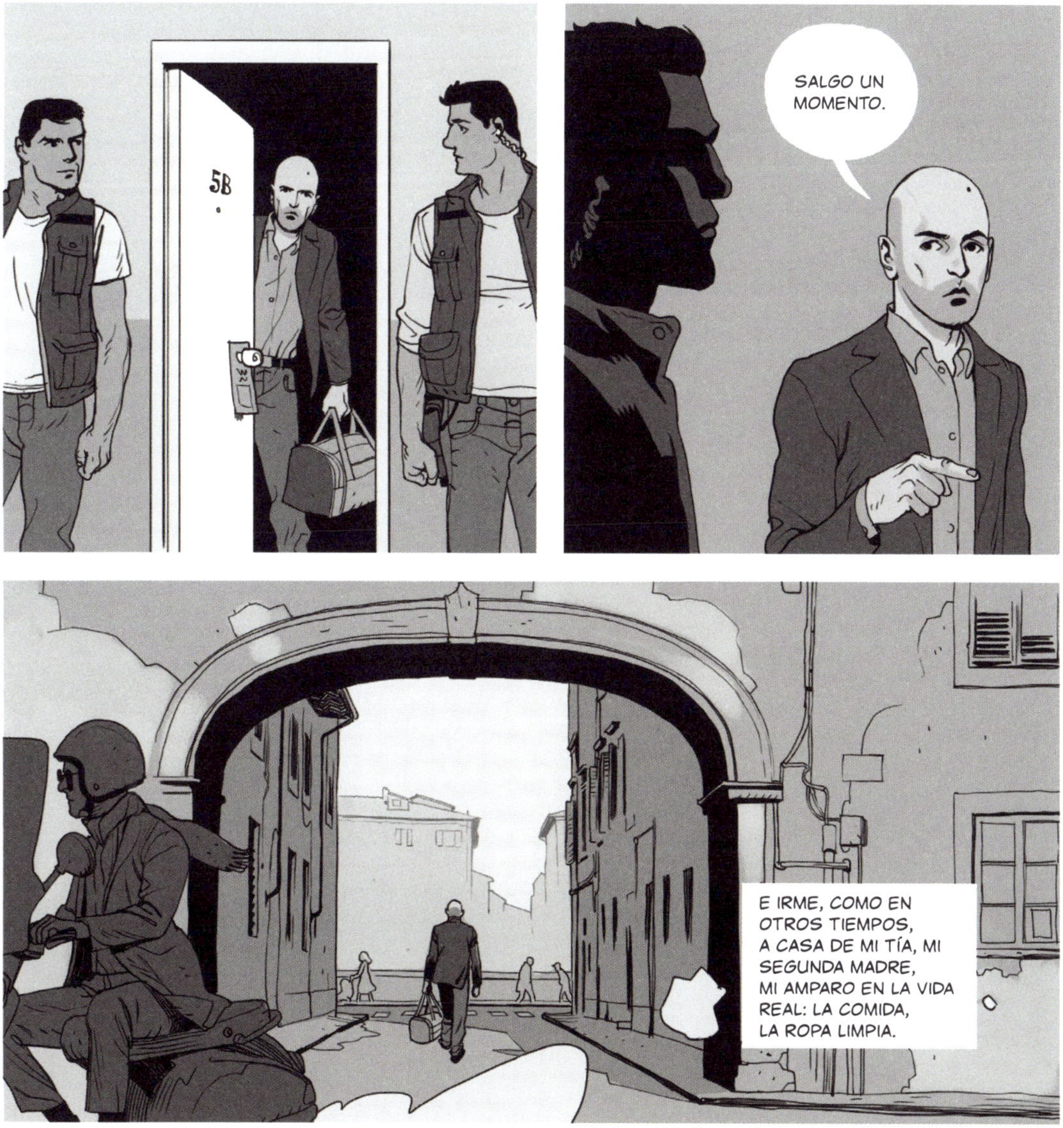
5B
SALGO UN MOMENTO.
E IRME, COMO EN OTROS TIEMPOS, A CASA DE MI TÍA, MI SEGUNDA MADRE, MI AMPARO EN LA VIDA REAL: LA COMIDA, LA ROPA LIMPIA.

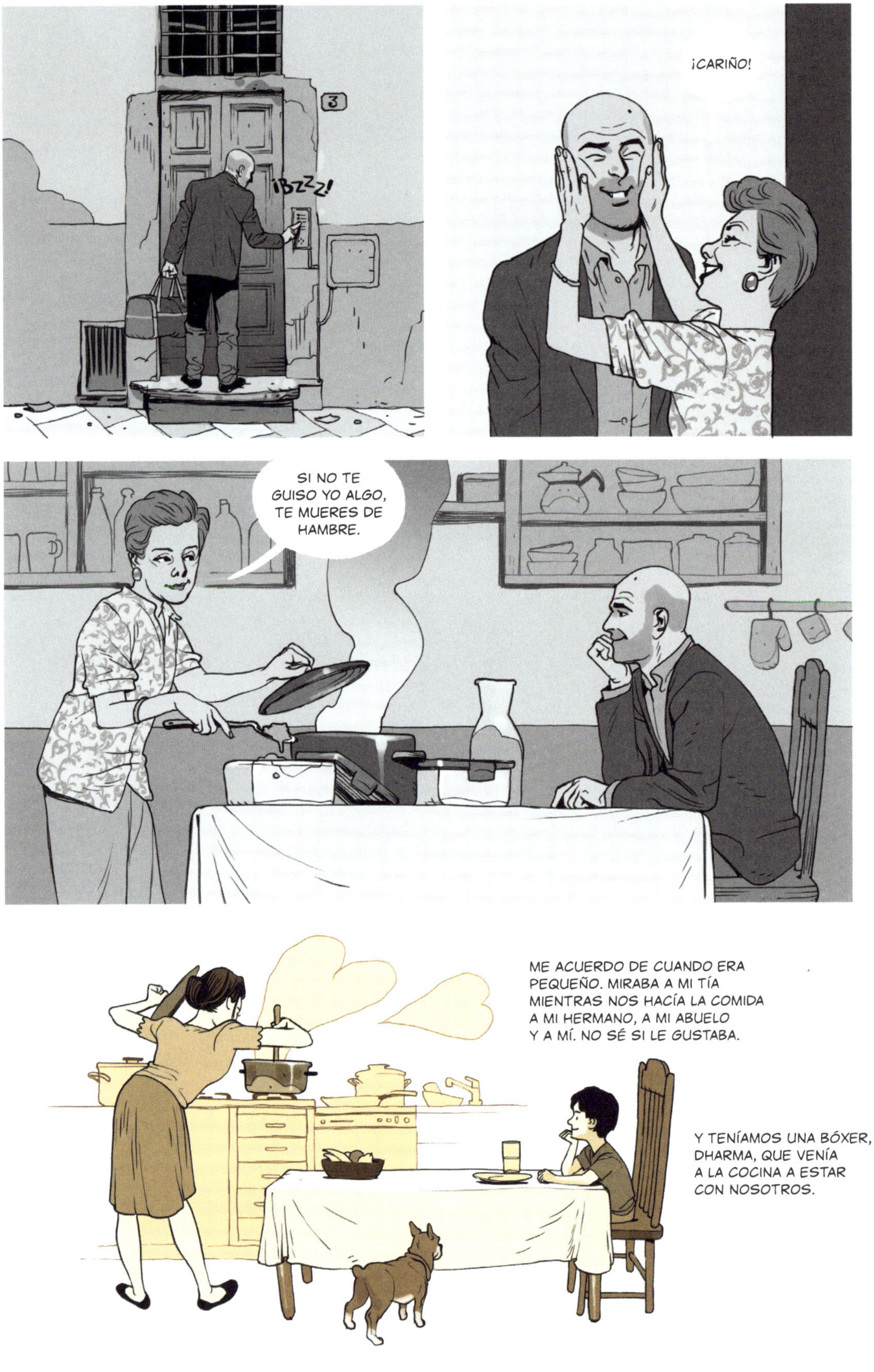
¡BZZZ!
¡CARIÑO!
SI NO TE GUISO YO ALGO, TE MUERES DE HAMBRE.
ME ACUERDO DE CUANDO ERA PEQUEÑO. MIRABA A MI TÍA MIENTRAS NOS HACÍA LA COMIDA A MI HERMANO, A MI ABUELO Y A MÍ. NO SÉ SI LE GUSTABA.
Y TENÍAMOS UNA BÓXER, DHARMA, QUE VENÍA A LA COCINA A ESTAR CON NOSOTROS.

UNA VEZ PARIÓ DIEZ CACHORROS, PERO UNO MURIÓ CASI DE INMEDIATO.

¿YO CUÁNDO ME MORIRÉ?

«TÚ NO TE MORIRÁS», ME DIJO MI TÍA, COMO PARA PROTEGERME DE AQUEL PENSAMIENTO. AUNQUE A CONTINUACIÓN AÑADIÓ: «TÚ TE MORIRÁS MUY VIEJO».

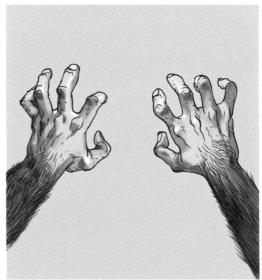

A VECES ES COMO SI TU FAMILIA TE TRATARA TODAVÍA COMO A UN HOMBRE NORMAL, COMO A UN HIJO NORMAL.

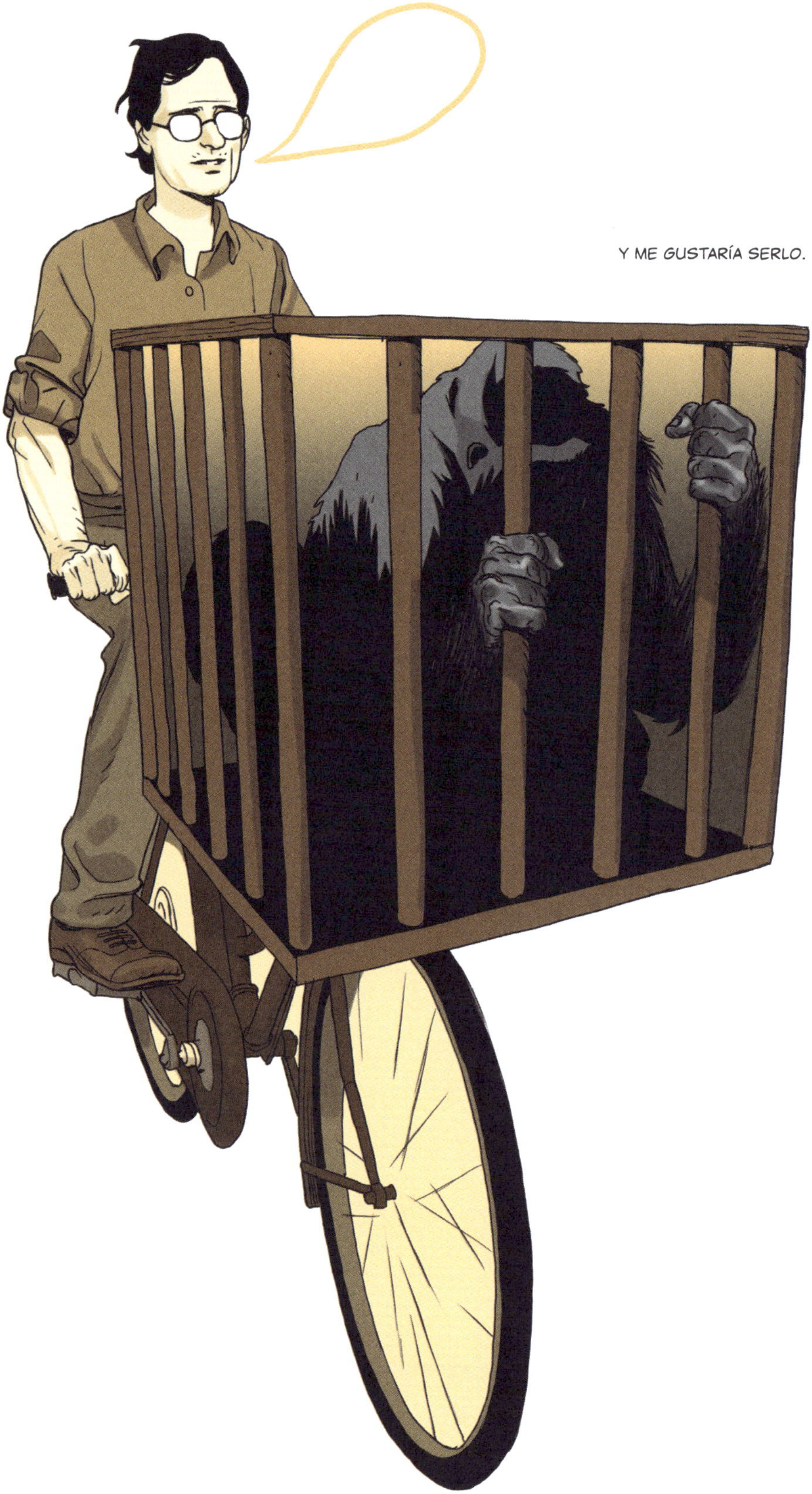
Y ME GUSTARÍA SERLO.

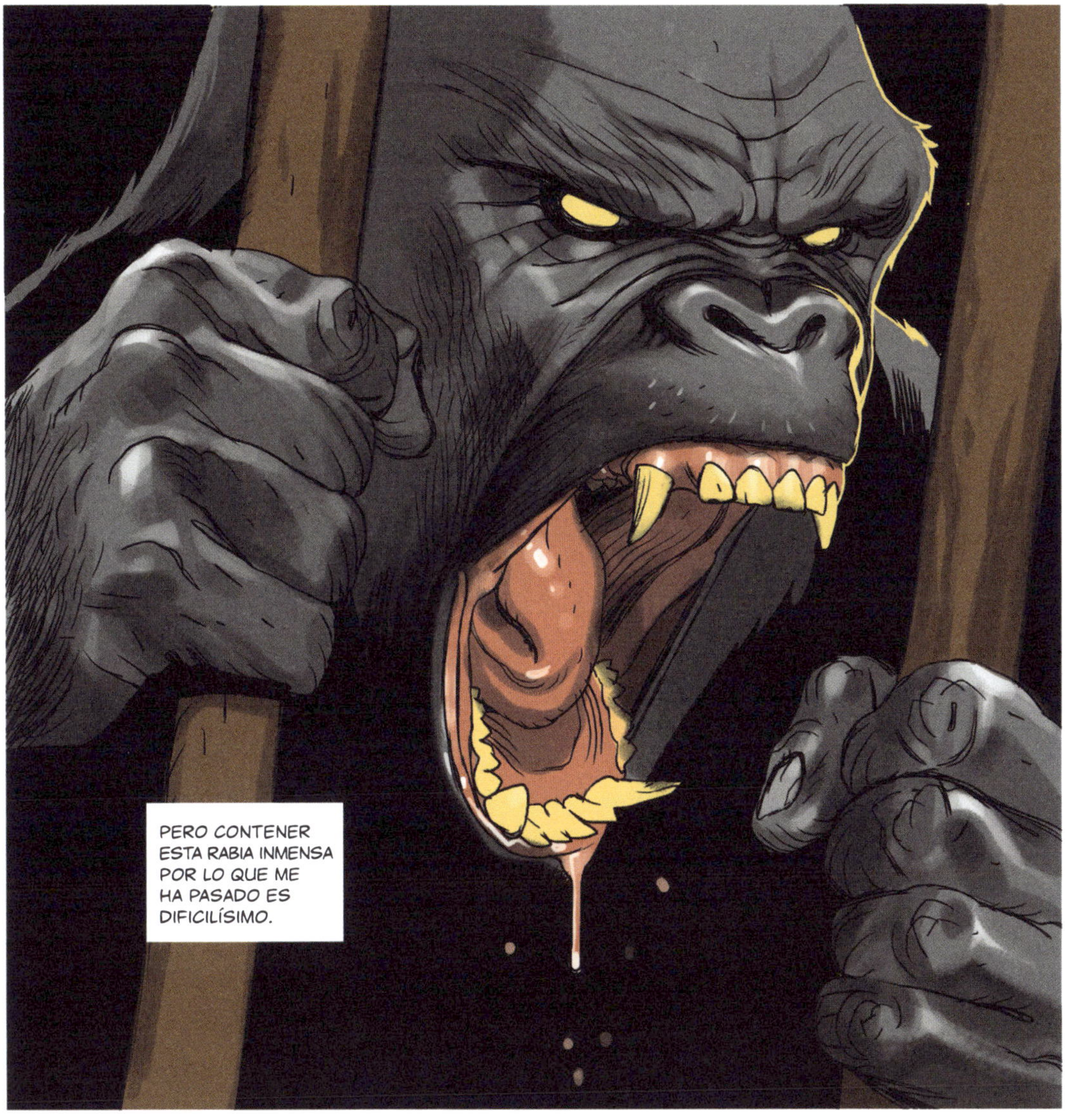
PERO CONTENER ESTA RABIA INMENSA POR LO QUE ME HA PASADO ES DIFICILÍSIMO.

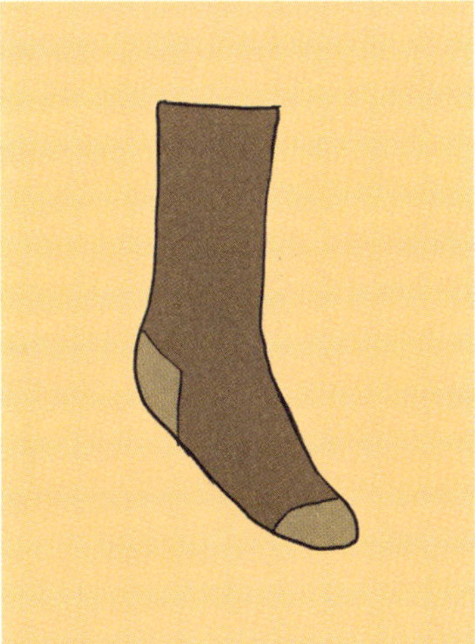

MUCHAS VECES LA GENTE ME HABLA DE COSAS NORMALES.

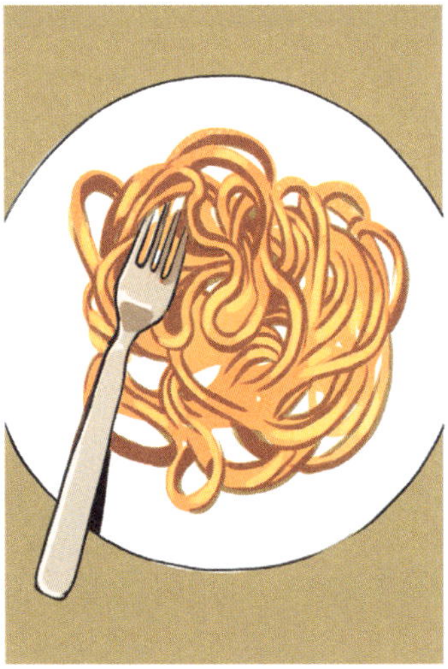

Y QUIZÁ DEBERÍA AGRADECÉRSELO.

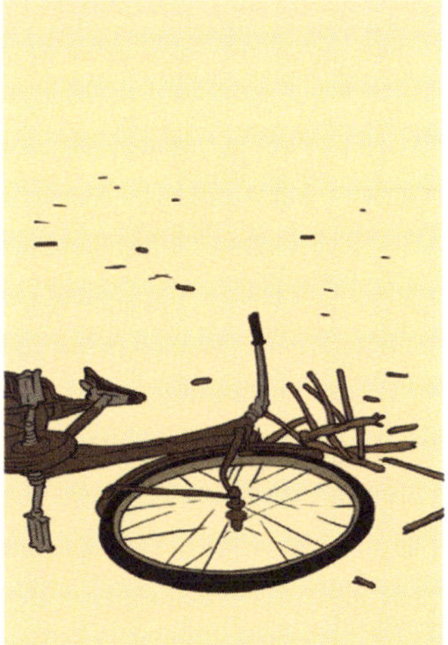

LO QUE PASA ES QUE YO YA NO PUEDO HACER LAS COSAS QUE SUCEDEN EN UNA VIDA NORMAL...

MI MADRE ERA INVESTIGADORA. DIRIGIÓ DURANTE MUCHOS AÑOS EL MUSEO DE MINERALOGÍA DE NÁPOLES. AQUEL LUGAR ERA UN AUTÉNTICO COFRE DEL TESORO.

MAMÁ

EL MUSEO ESTABA EN UNA ANTIGUA BIBLIOTECA JESUITA DEL SIGLO XVI. DENTRO HABÍA PIEDRAS MARAVILLOSAS CON NOMBRES QUE SIEMPRE ME APETECÍA MEMORIZAR.

DABA VUELTAS POR LAS SALAS, LLENAS DE AQUELLOS MINERALES ESTUPENDOS.

AQUELLAS PIEDRAS ERAN LA HISTORIA MILENARIA DE NUESTRO PLANETA.

Yeso

Cuarzo

Topacio

TENGO LA SENSACIÓN DE QUE DE MI MADRE HE HEREDADO LO MEJOR Y LO PEOR: LA ANSIEDAD, EL CONTROL OBSESIVO, EL MIEDO A QUE TODO EL MUNDO SE APROVECHE DE MÍ.

EL AMOR ABSOLUTO POR EL SABER, LO MÁS IMPORTANTE DE LA VIDA DE UNA PERSONA. EL CONOCIMIENTO COMO ÚNICA POSIBILIDAD DE METERTE EN ESA CADENA INFINITA QUE ES LA HISTORIA DE LA HUMANIDAD.

Y TAMBIÉN ESA SENSACIÓN DE DESENGAÑO PERENNE EN LA QUE ME VEO REFLEJADO. SI ME REGALABA DOS CORBATAS Y ME PONÍA LA NEGRA, ME DECÍA: «¿QUÉ TENÍA DE MALO LA ROJA?». YO HAGO LO MISMO.

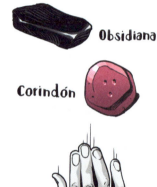

Obsidiana

Corindón

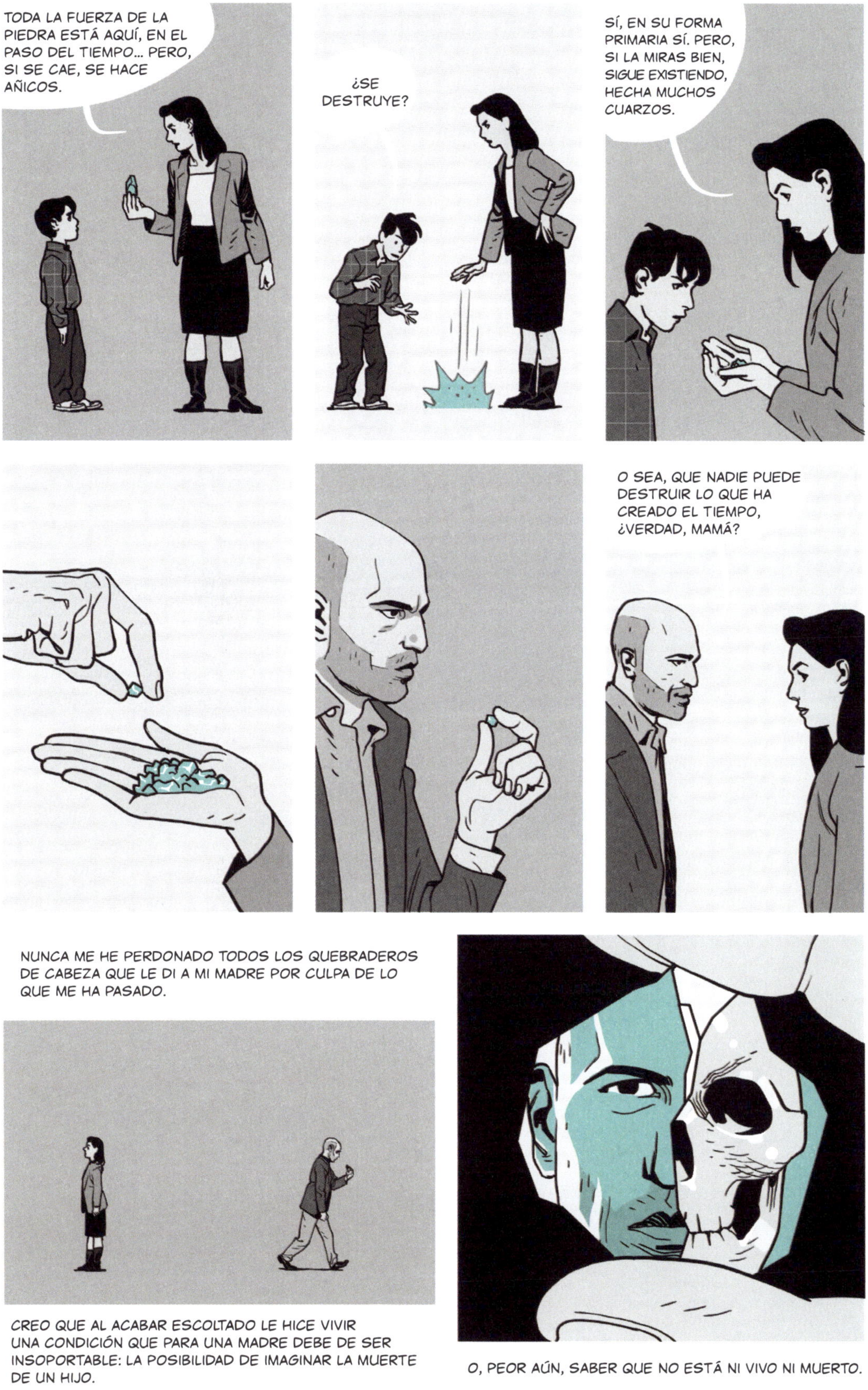
TODA LA FUERZA DE LA PIEDRA ESTÁ AQUÍ, EN EL PASO DEL TIEMPO... PERO, SI SE CAE, SE HACE AÑICOS.
¿SE DESTRUYE?
SÍ, EN SU FORMA PRIMARIA SÍ. PERO, SI LA MIRAS BIEN, SIGUE EXISTIENDO, HECHA MUCHOS CUARZOS.
O SEA, QUE NADIE PUEDE DESTRUIR LO QUE HA CREADO EL TIEMPO, ¿VERDAD, MAMÁ?
NUNCA ME HE PERDONADO TODOS LOS QUEBRADEROS DE CABEZA QUE LE DI A MI MADRE POR CULPA DE LO QUE ME HA PASADO.
CREO QUE AL ACABAR ESCOLTADO LE HICE VIVIR UNA CONDICIÓN QUE PARA UNA MADRE DEBE DE SER INSOPORTABLE: LA POSIBILIDAD DE IMAGINAR LA MUERTE DE UN HIJO.
O, PEOR AÚN, SABER QUE NO ESTÁ NI VIVO NI MUERTO.

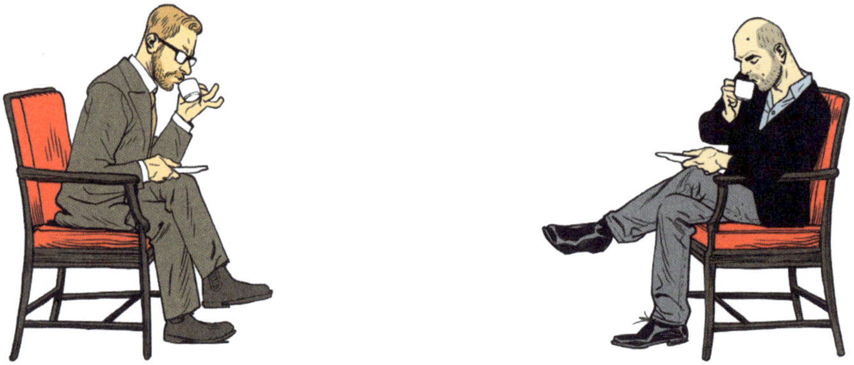

ENTREVISTA 5

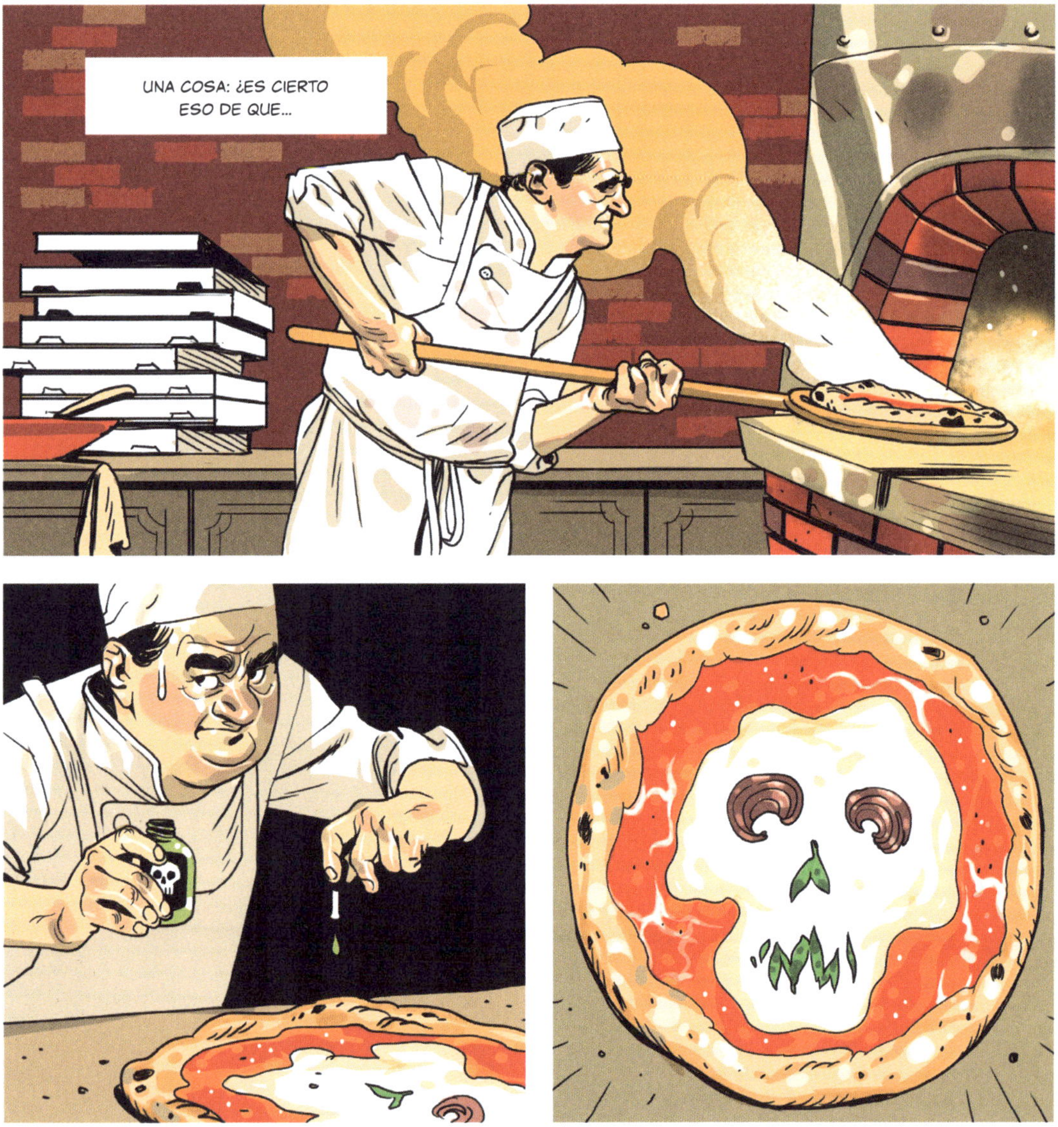
UNA COSA: ¿ES CIERTO
ESO DE QUE...

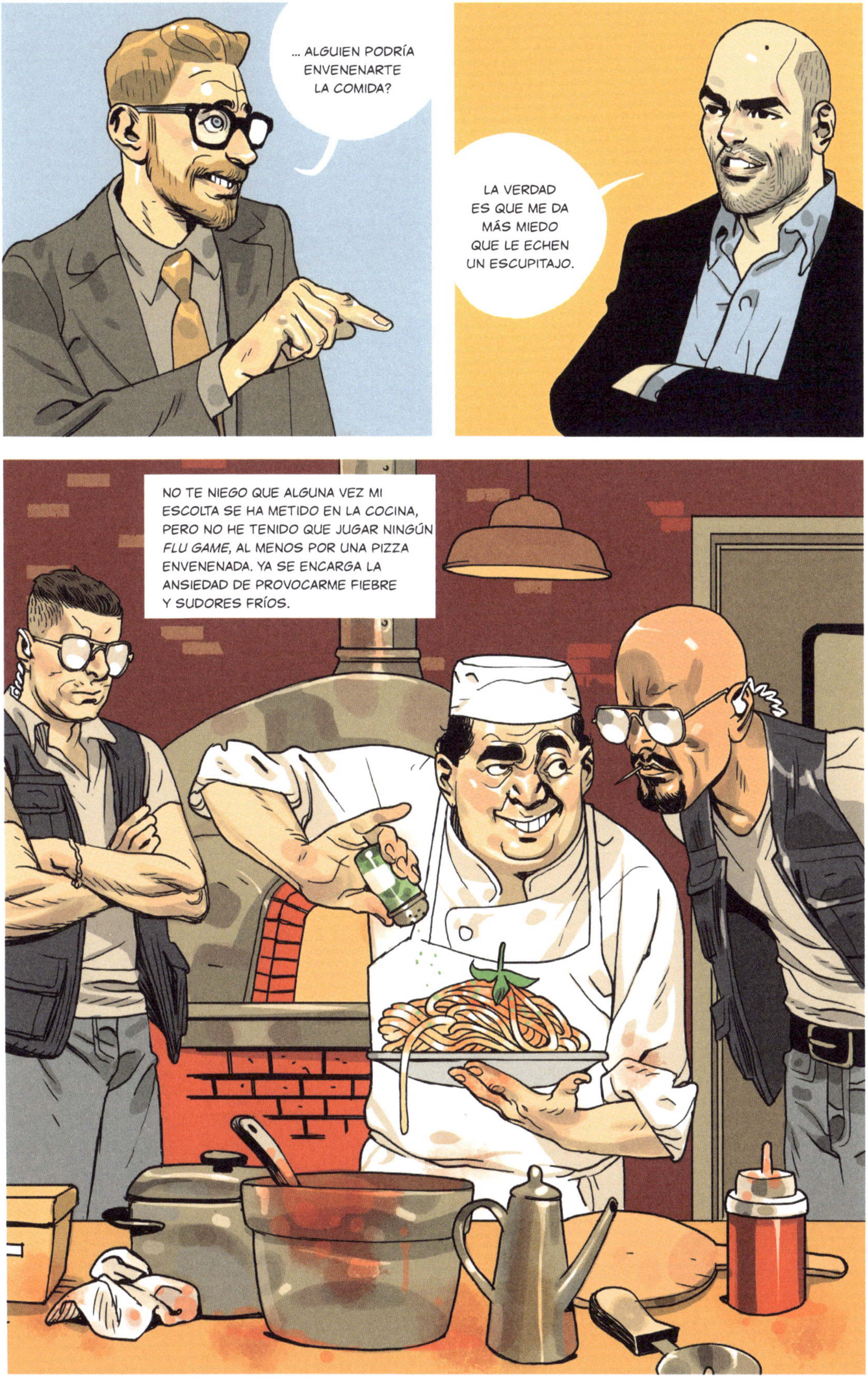

... ALGUIEN PODRÍA ENVENENARTE LA COMIDA?
LA VERDAD ES QUE ME DA MÁS MIEDO QUE LE ECHEN UN ESCUPITAJO.
NO TE NIEGO QUE ALGUNA VEZ MI ESCOLTA SE HA METIDO EN LA COCINA, PERO NO HE TENIDO QUE JUGAR NINGÚN *FLU GAME*, AL MENOS POR UNA PIZZA ENVENENADA. YA SE ENCARGA LA ANSIEDAD DE PROVOCARME FIEBRE Y SUDORES FRÍOS.

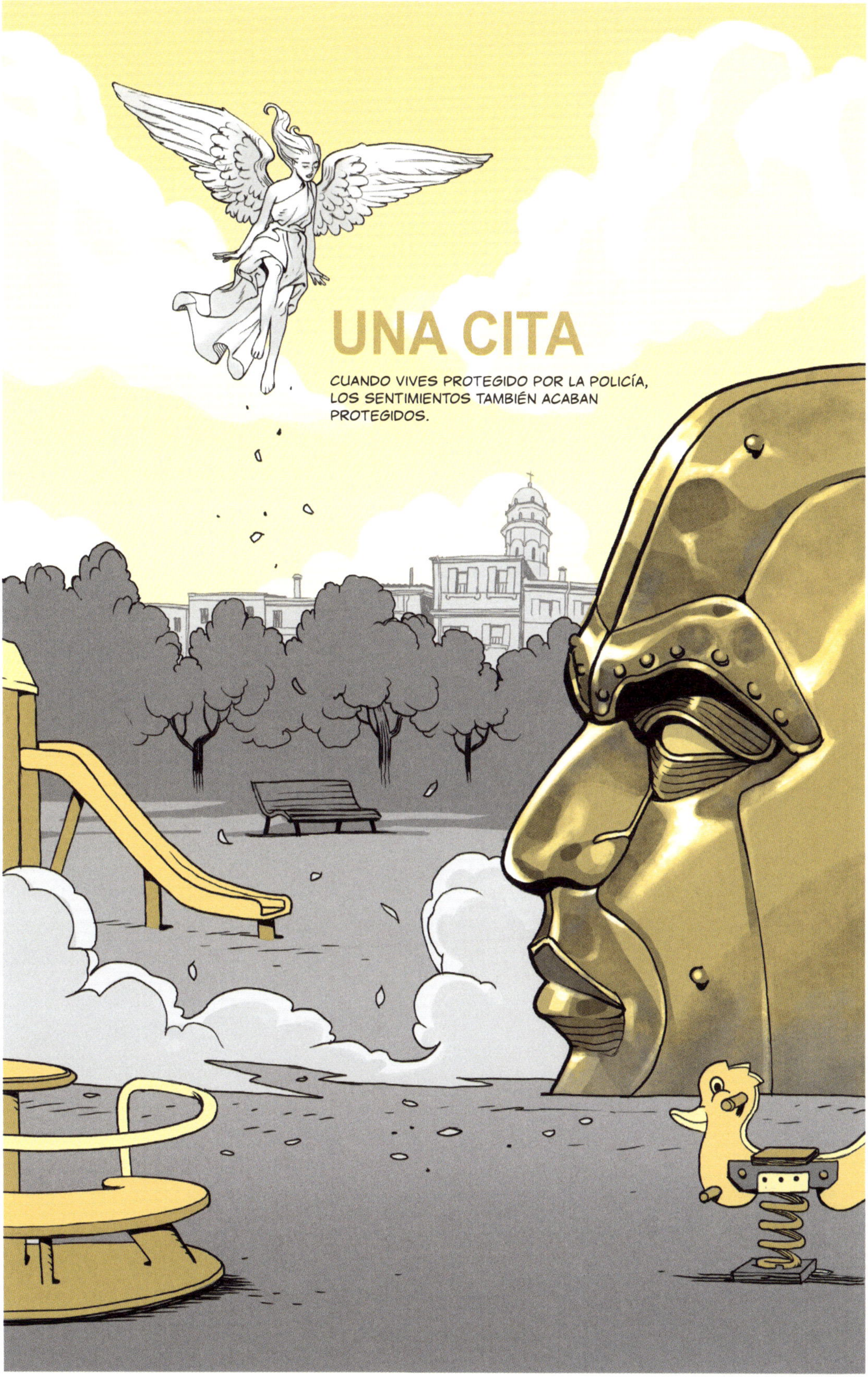
UNA CITA
CUANDO VIVES PROTEGIDO POR LA POLICÍA, LOS SENTIMIENTOS TAMBIÉN ACABAN PROTEGIDOS.

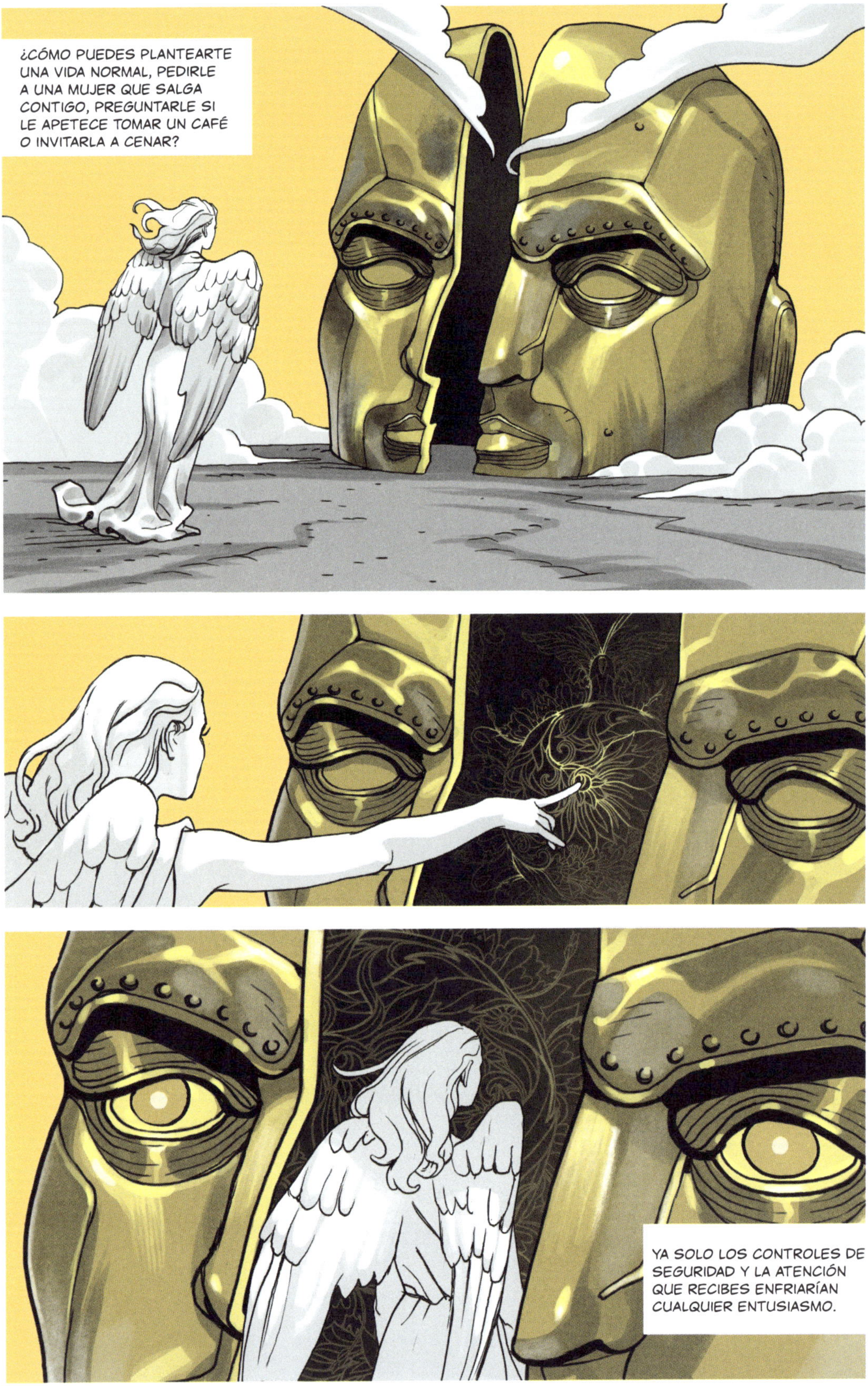
¿CÓMO PUEDES PLANTEARTE UNA VIDA NORMAL, PEDIRLE A UNA MUJER QUE SALGA CONTIGO, PREGUNTARLE SI LE APETECE TOMAR UN CAFÉ O INVITARLA A CENAR?
YA SOLO LOS CONTROLES DE SEGURIDAD Y LA ATENCIÓN QUE RECIBES ENFRIARÍAN CUALQUIER ENTUSIASMO.

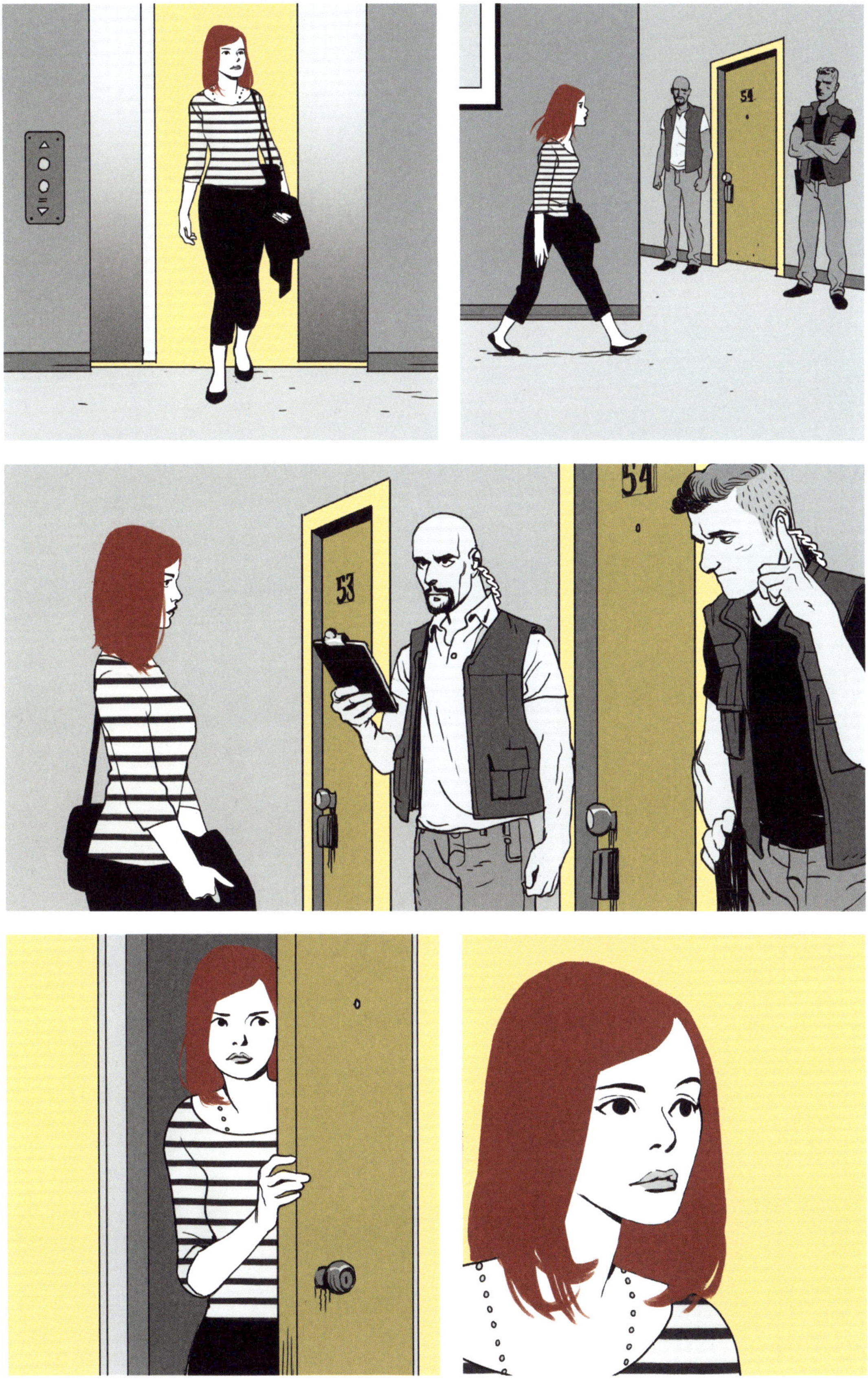
54
53
54

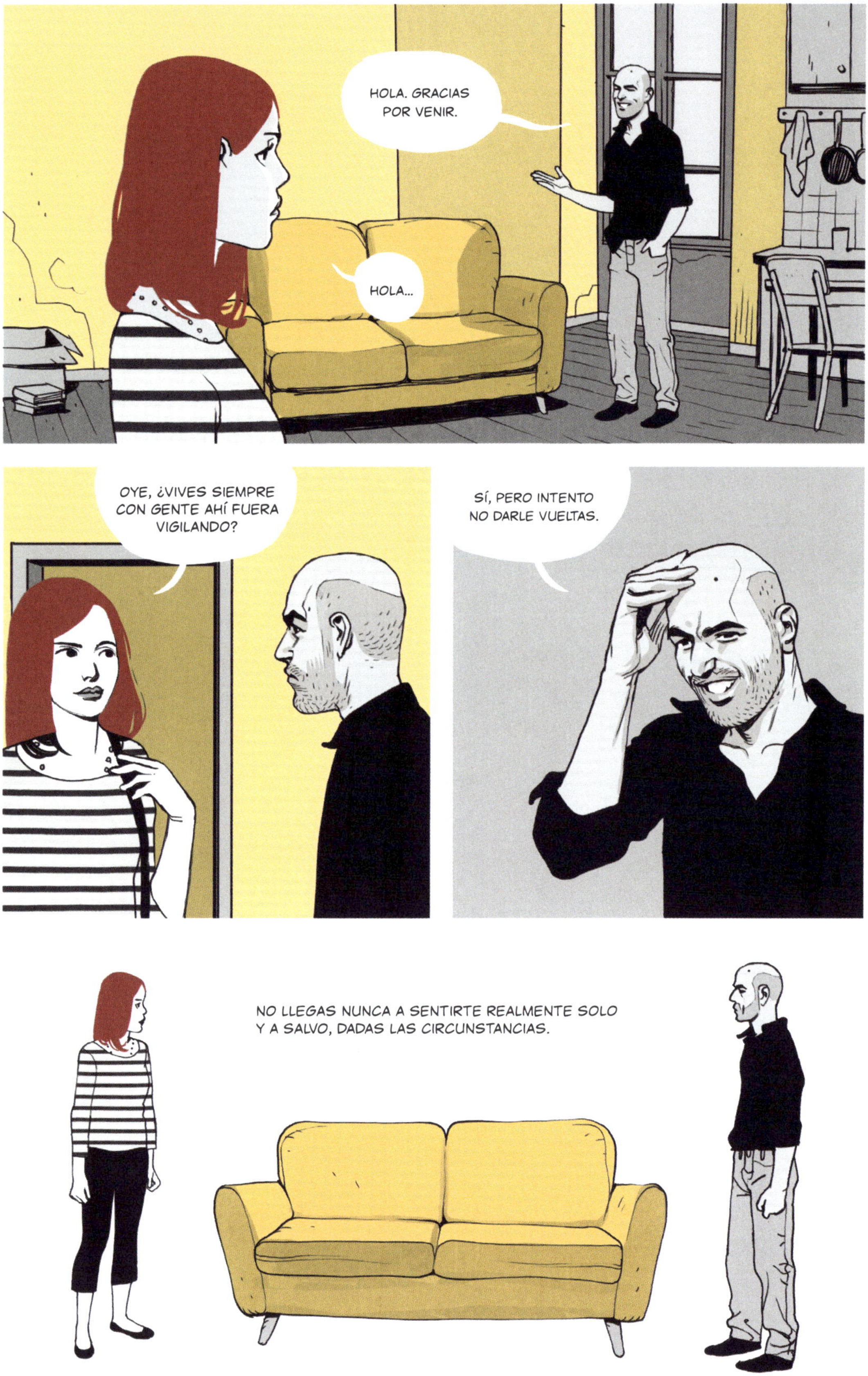
HOLA. GRACIAS POR VENIR.
HOLA...
OYE, ¿VIVES SIEMPRE CON GENTE AHÍ FUERA VIGILANDO?
SÍ, PERO INTENTO NO DARLE VUELTAS.
NO LLEGAS NUNCA A SENTIRTE REALMENTE SOLO Y A SALVO, DADAS LAS CIRCUNSTANCIAS.

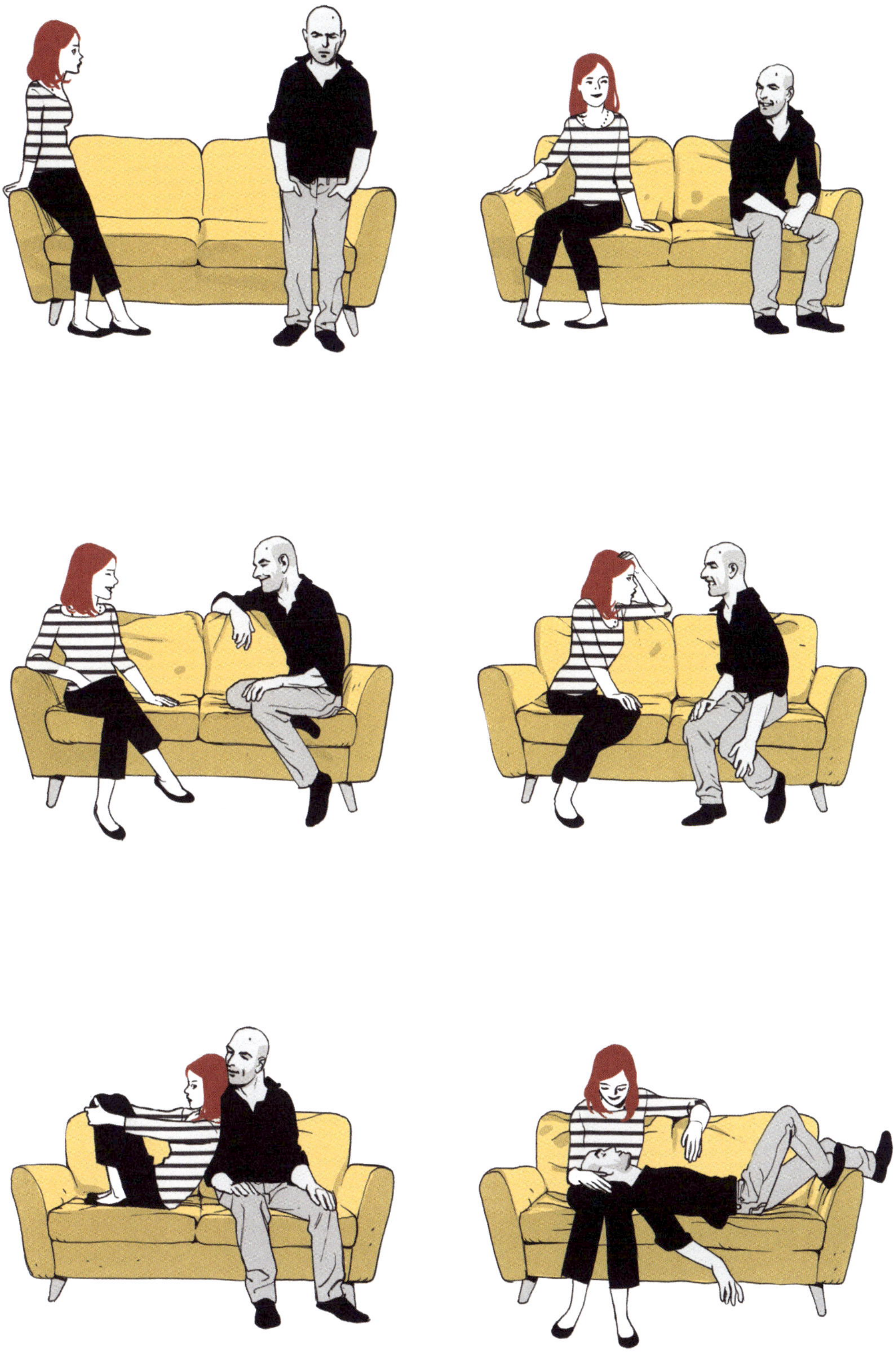

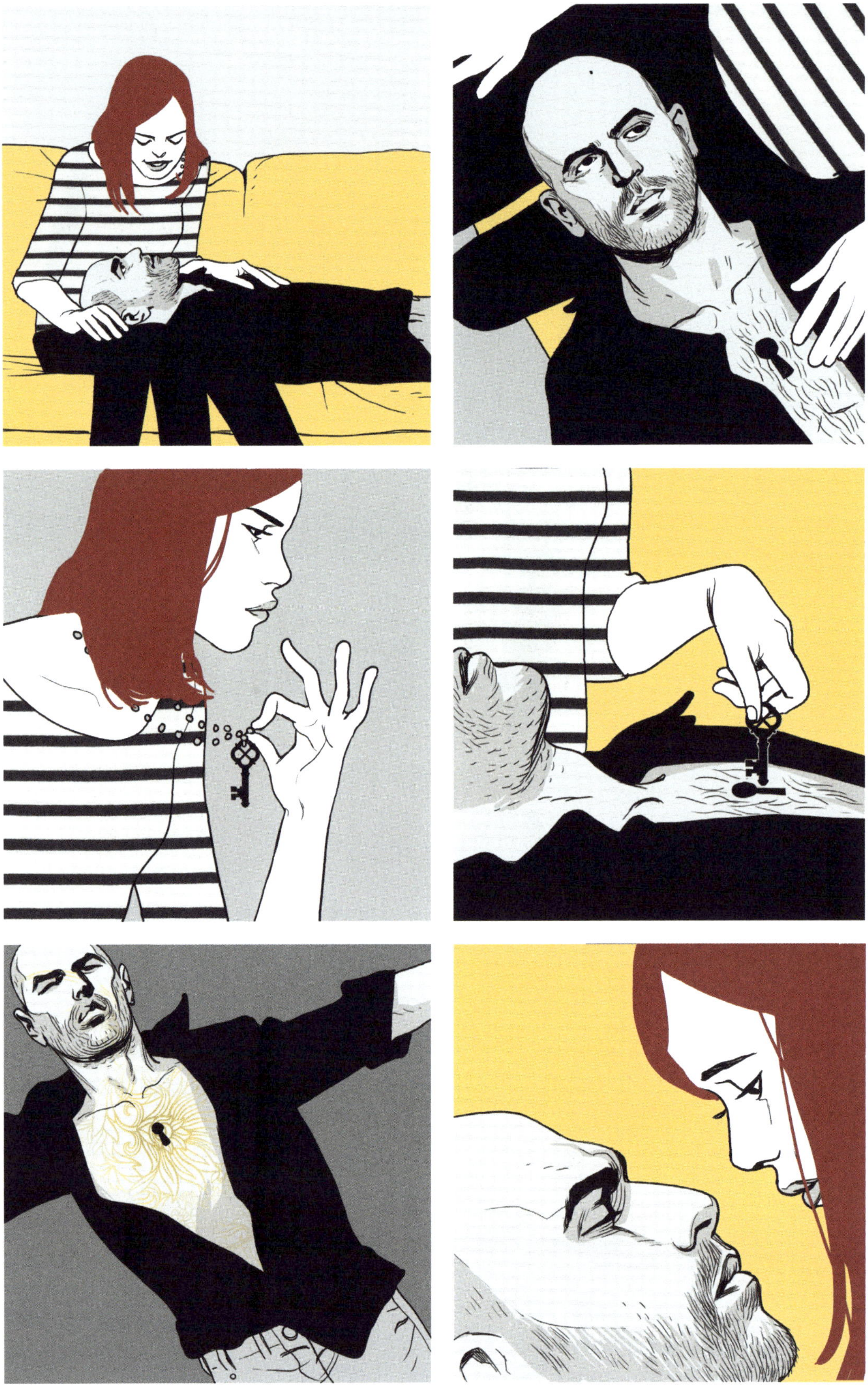

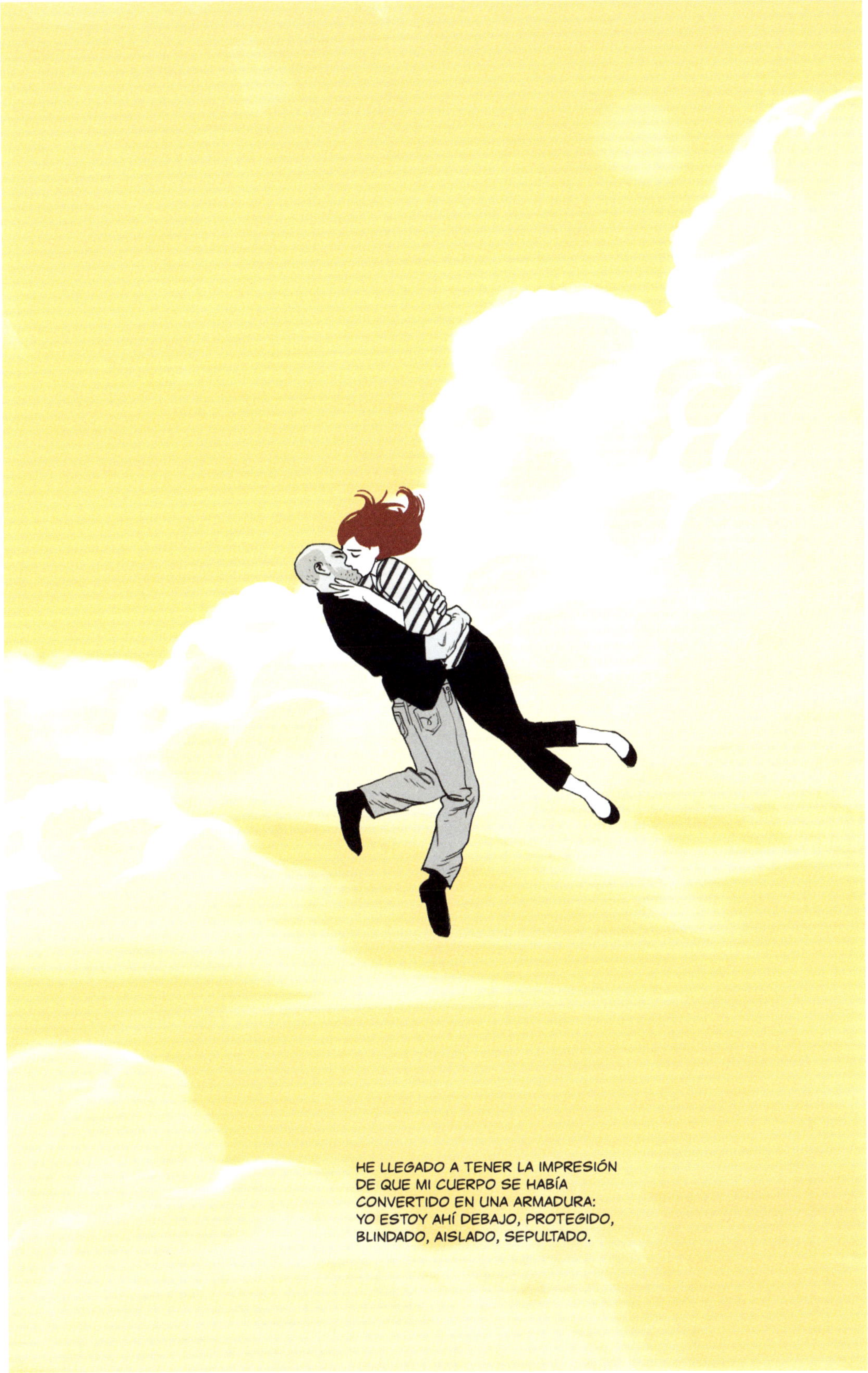
HE LLEGADO A TENER LA IMPRESIÓN DE QUE MI CUERPO SE HABÍA CONVERTIDO EN UNA ARMADURA: YO ESTOY AHÍ DEBAJO, PROTEGIDO, BLINDADO, AISLADO, SEPULTADO.

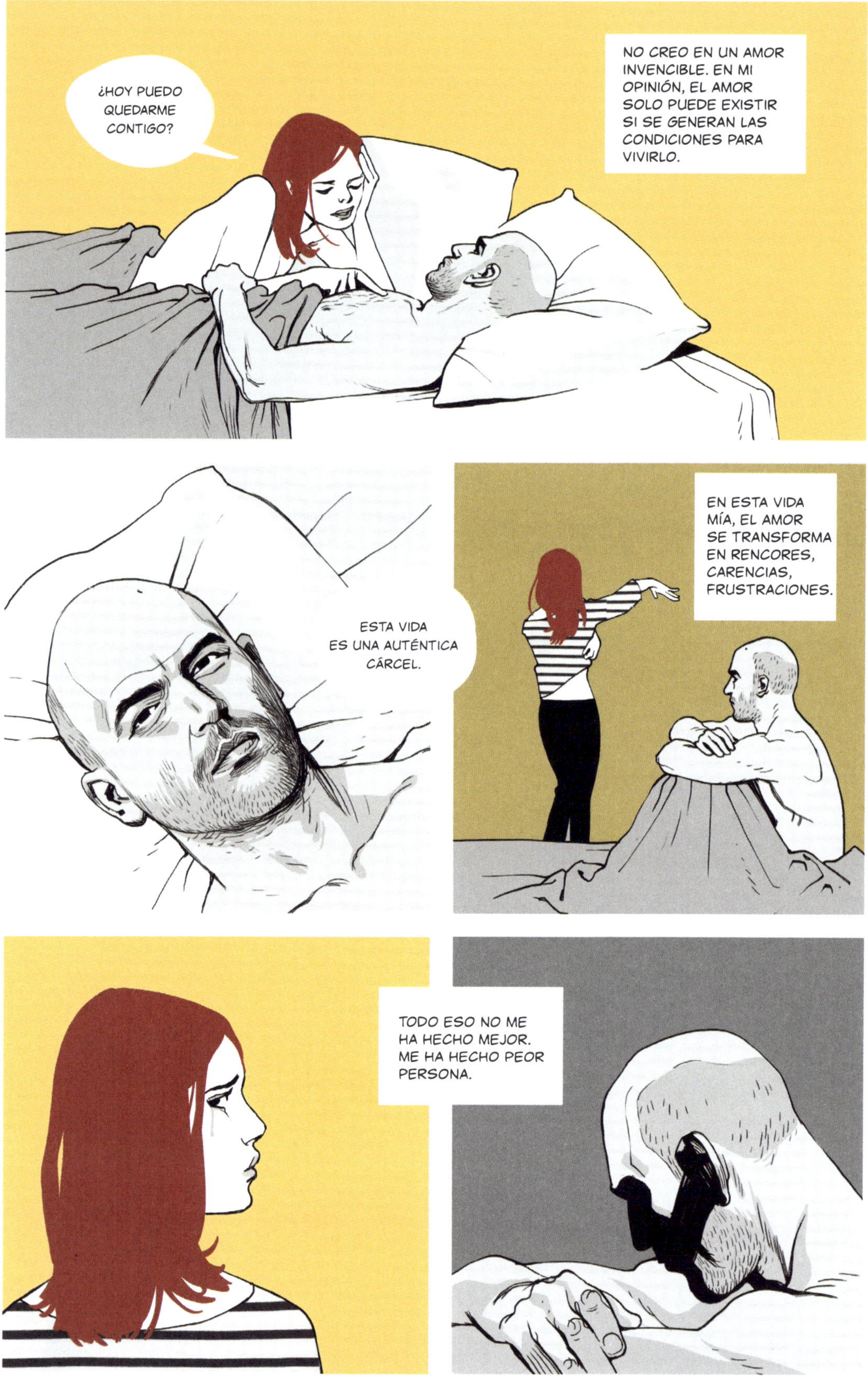
¿HOY PUEDO QUEDARME CONTIGO?
NO CREO EN UN AMOR INVENCIBLE. EN MI OPINIÓN, EL AMOR SOLO PUEDE EXISTIR SI SE GENERAN LAS CONDICIONES PARA VIVIRLO.
ESTA VIDA ES UNA AUTÉNTICA CÁRCEL.
EN ESTA VIDA MÍA, EL AMOR SE TRANSFORMA EN RENCORES, CARENCIAS, FRUSTRACIONES.
TODO ESO NO ME HA HECHO MEJOR. ME HA HECHO PEOR PERSONA.

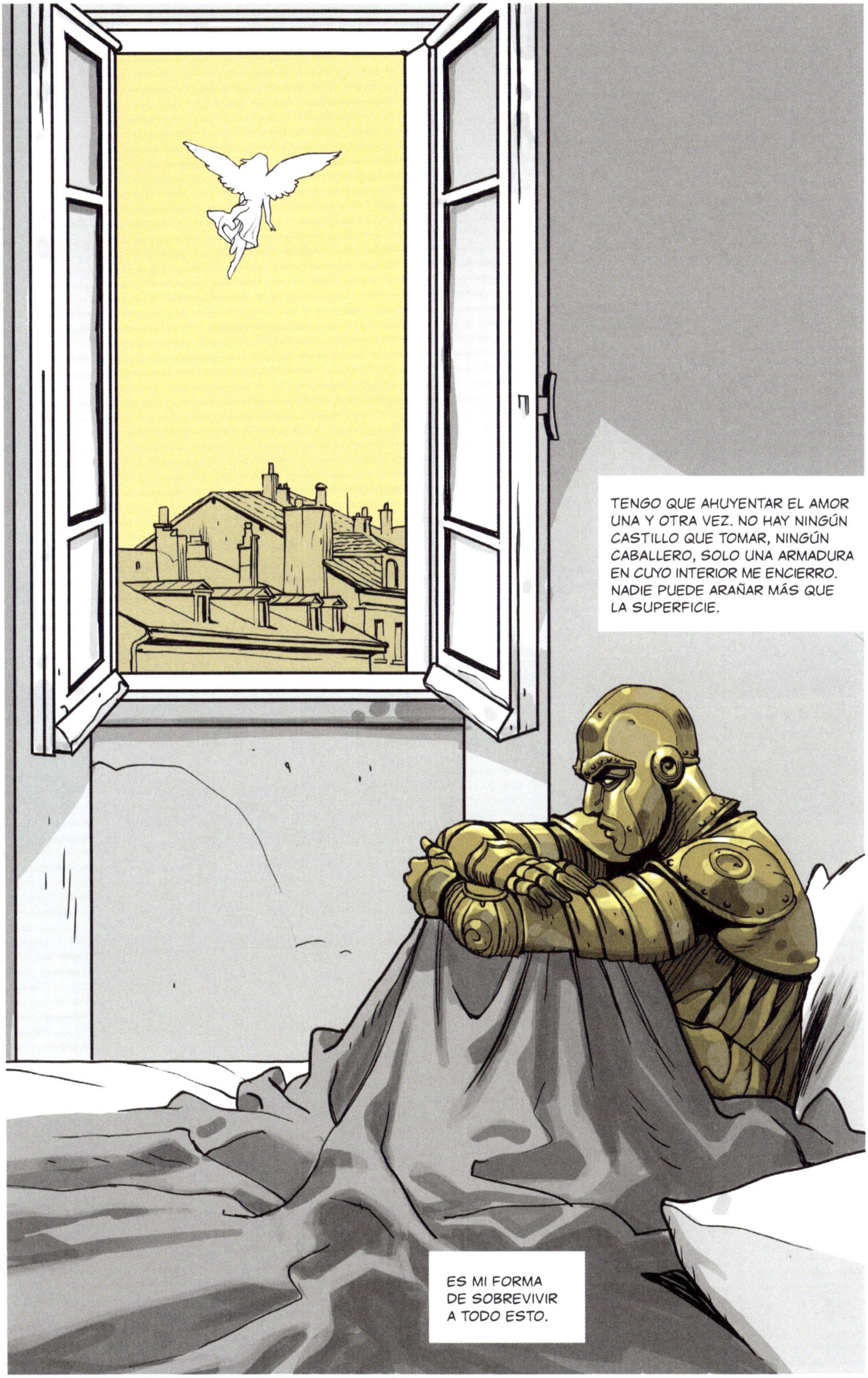
TENGO QUE AHUYENTAR EL AMOR UNA Y OTRA VEZ. NO HAY NINGÚN CASTILLO QUE TOMAR, NINGÚN CABALLERO, SOLO UNA ARMADURA EN CUYO INTERIOR ME ENCIERRO. NADIE PUEDE ARAÑAR MÁS QUE LA SUPERFICIE.
ES MI FORMA DE SOBREVIVIR A TODO ESTO.

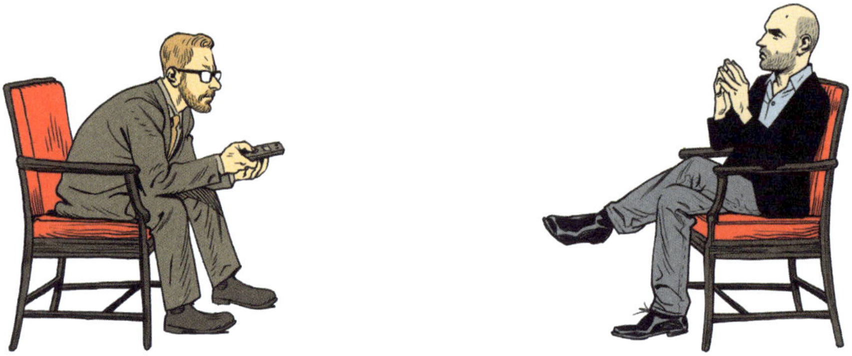

ENTREVISTA 6

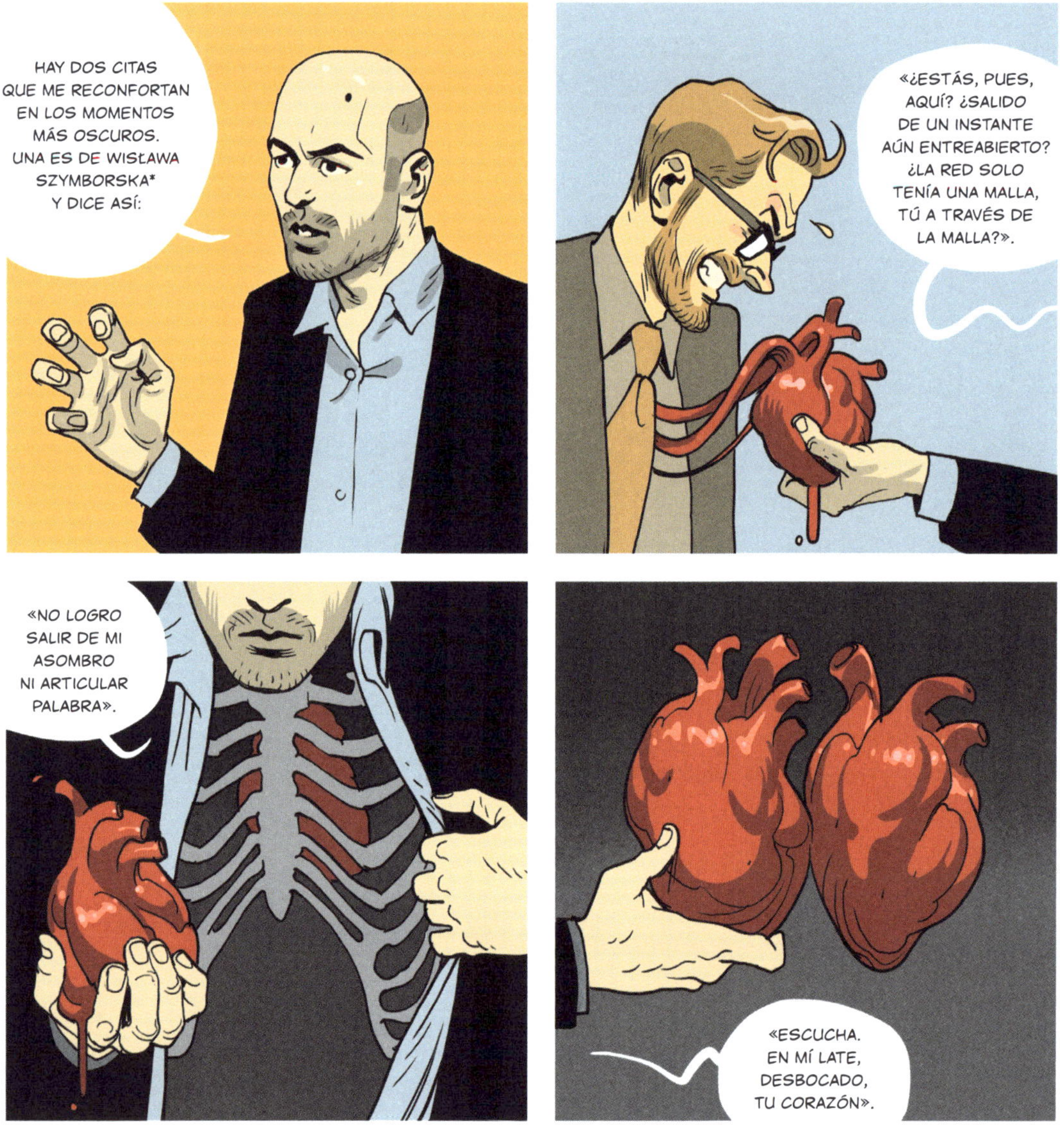
HAY DOS CITAS QUE ME RECONFORTAN EN LOS MOMENTOS MÁS OSCUROS. UNA ES DE WISŁAWA SZYMBORSKA* Y DICE ASÍ:
«¿ESTÁS, PUES, AQUÍ? ¿SALIDO DE UN INSTANTE AÚN ENTREABIERTO? ¿LA RED SOLO TENÍA UNA MALLA, TÚ A TRAVÉS DE LA MALLA?».
«NO LOGRO SALIR DE MI ASOMBRO NI ARTICULAR PALABRA».
«ESCUCHA. EN MÍ LATE, DESBOCADO, TU CORAZÓN».

* Poeta polaca, Premio Nobel de Literatura 1996.

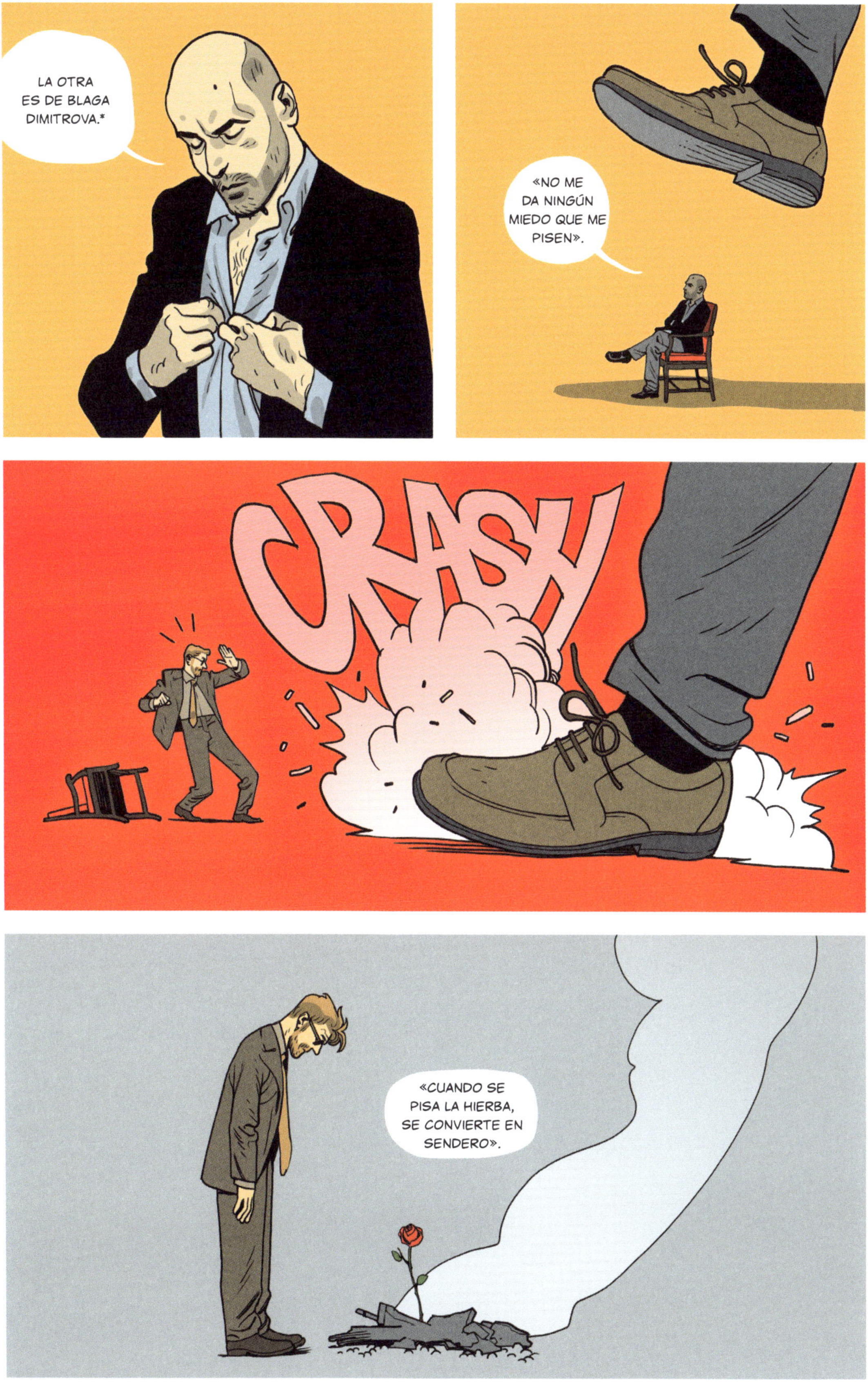
LA OTRA ES DE BLAGA DIMITROVA.*
«NO ME DA NINGÚN MIEDO QUE ME PISEN».
CRASH
«CUANDO SE PISA LA HIERBA, SE CONVIERTE EN SENDERO».

* Poeta, traductora y política búlgara.

DOS VIDAS EN UN INSTANTE

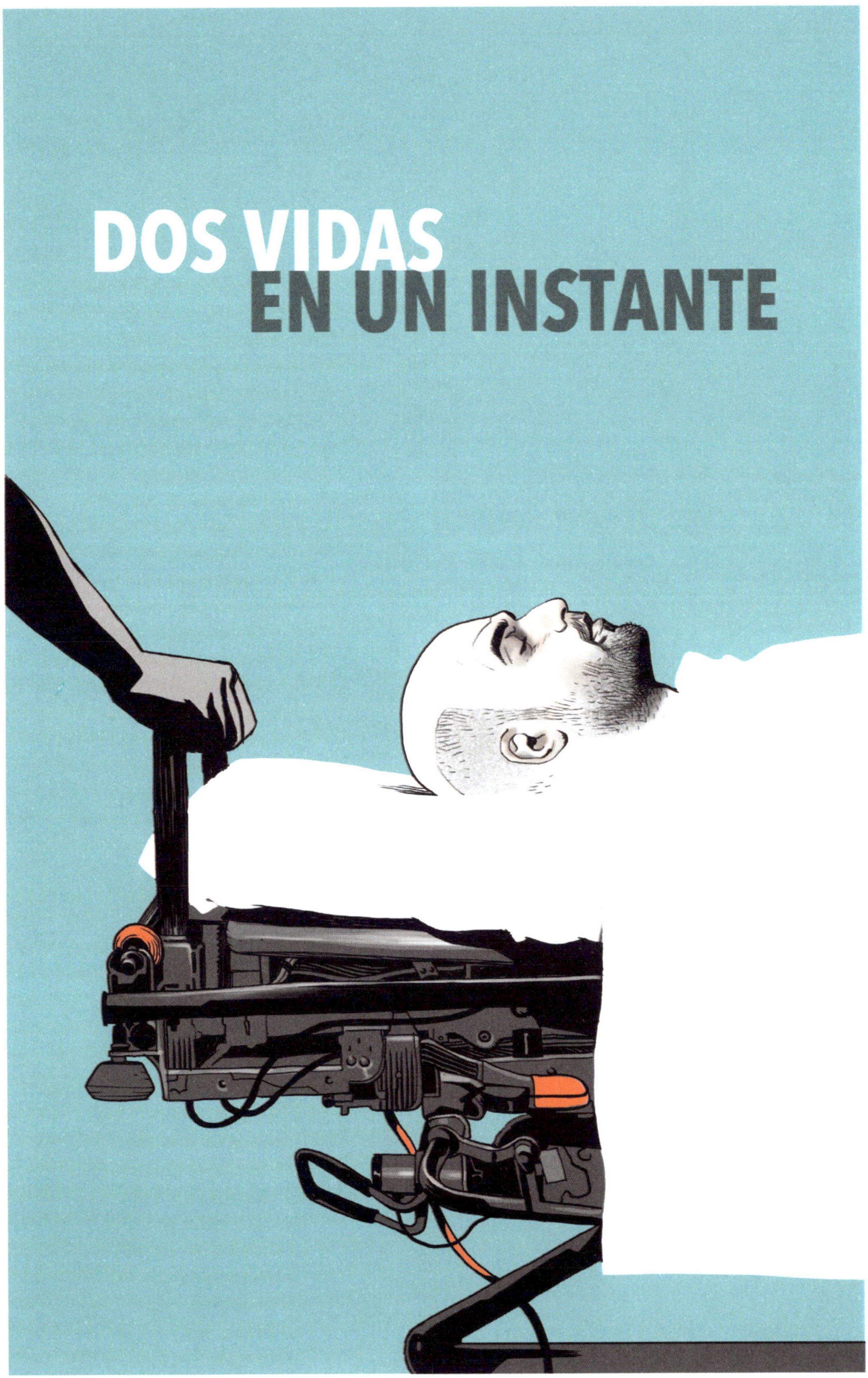

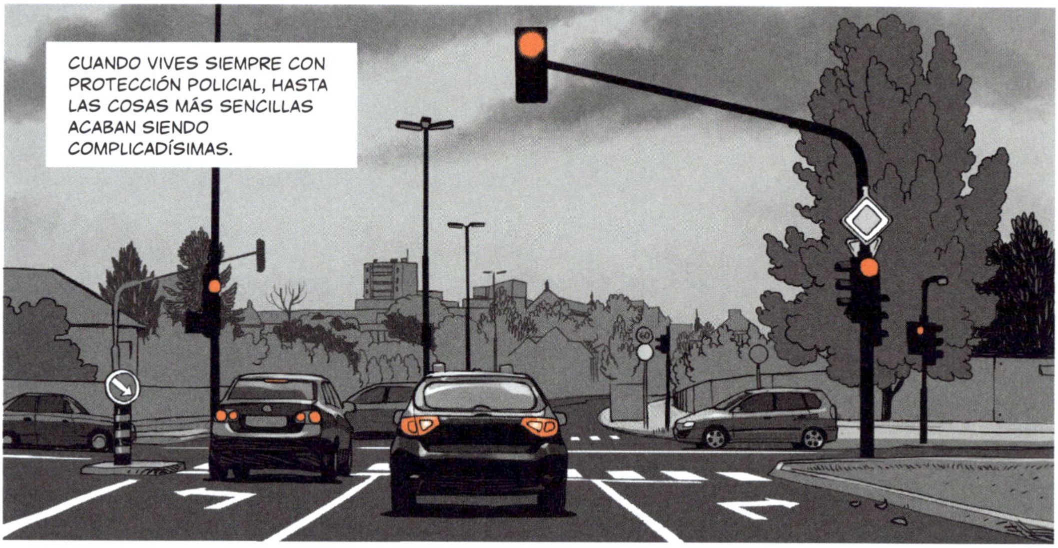
CUANDO VIVES SIEMPRE CON PROTECCIÓN POLICIAL, HASTA LAS COSAS MÁS SENCILLAS ACABAN SIENDO COMPLICADÍSIMAS.

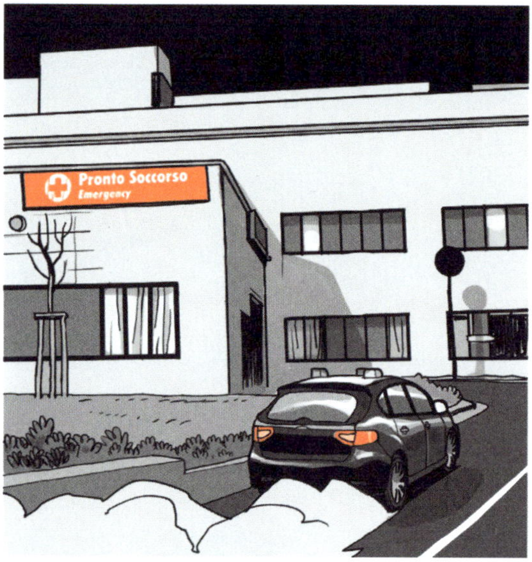
Pronto Soccorso
Emergency

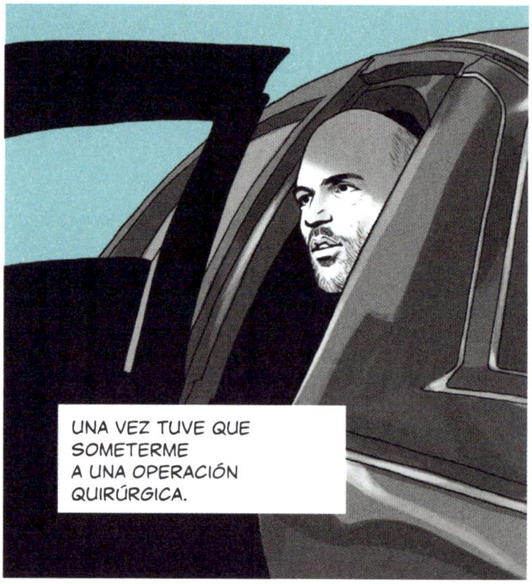
UNA VEZ TUVE QUE SOMETERME A UNA OPERACIÓN QUIRÚRGICA.

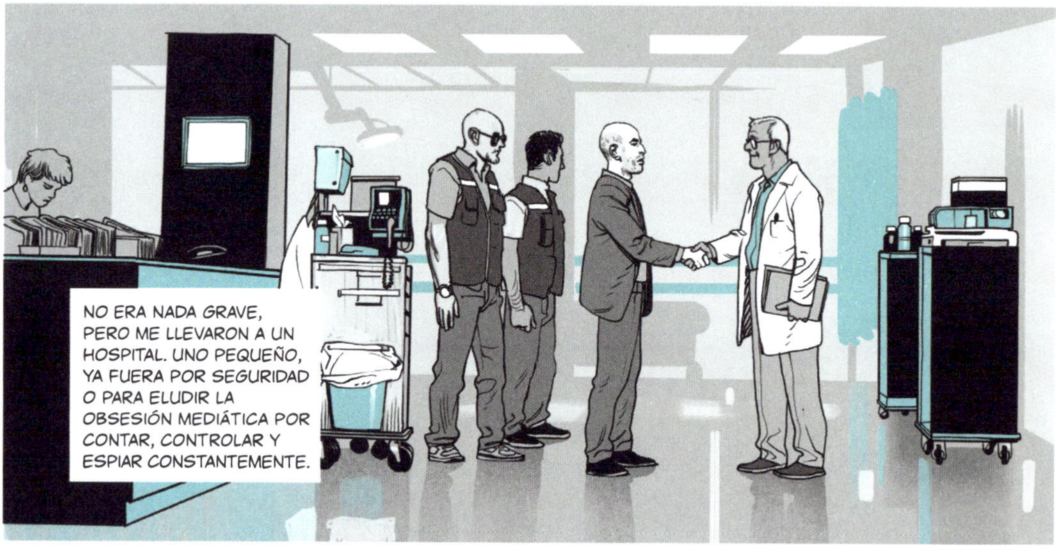
NO ERA NADA GRAVE, PERO ME LLEVARON A UN HOSPITAL. UNO PEQUEÑO, YA FUERA POR SEGURIDAD O PARA ELUDIR LA OBSESIÓN MEDIÁTICA POR CONTAR, CONTROLAR Y ESPIAR CONSTANTEMENTE.

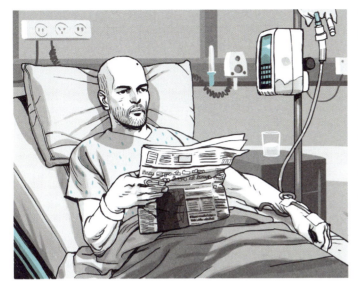

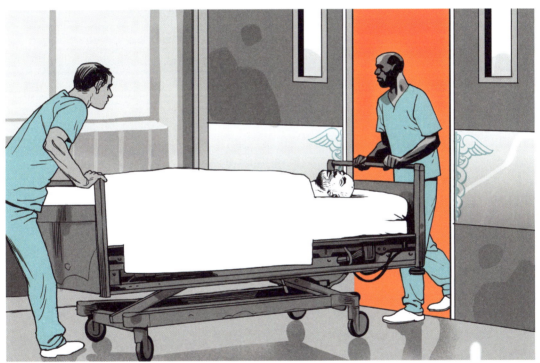
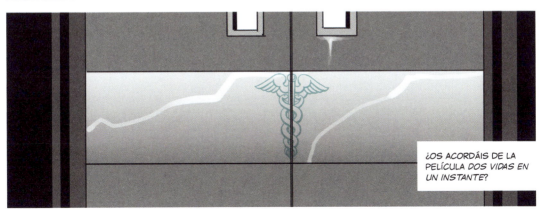

¿OS ACORDÁIS DE LA PELÍCULA *DOS VIDAS EN UN INSTANTE*?

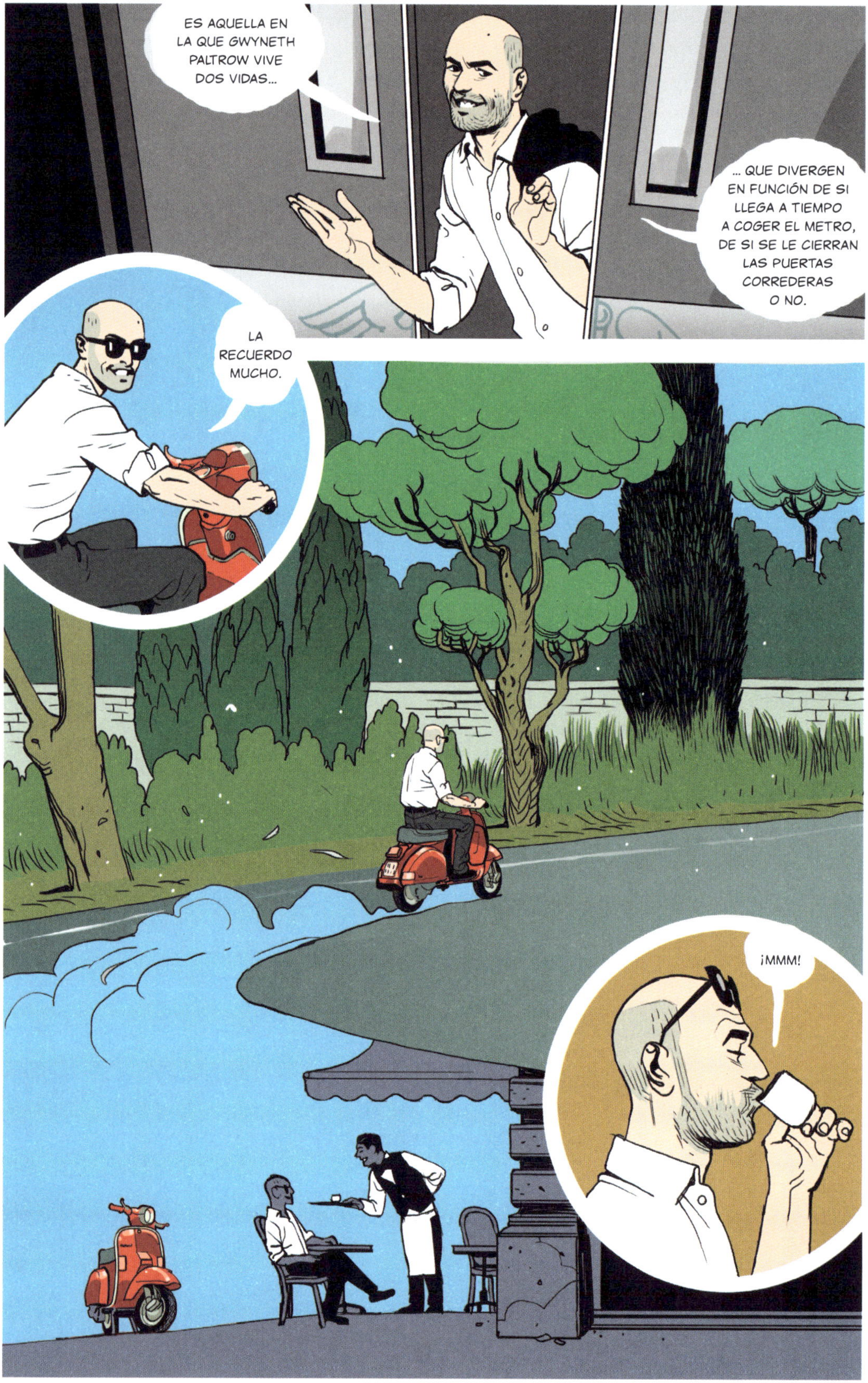
ES AQUELLA EN LA QUE GWYNETH PALTROW VIVE DOS VIDAS...
... QUE DIVERGEN EN FUNCIÓN DE SI LLEGA A TIEMPO A COGER EL METRO, DE SI SE LE CIERRAN LAS PUERTAS CORREDERAS O NO.
LA RECUERDO MUCHO.
¡MMM!

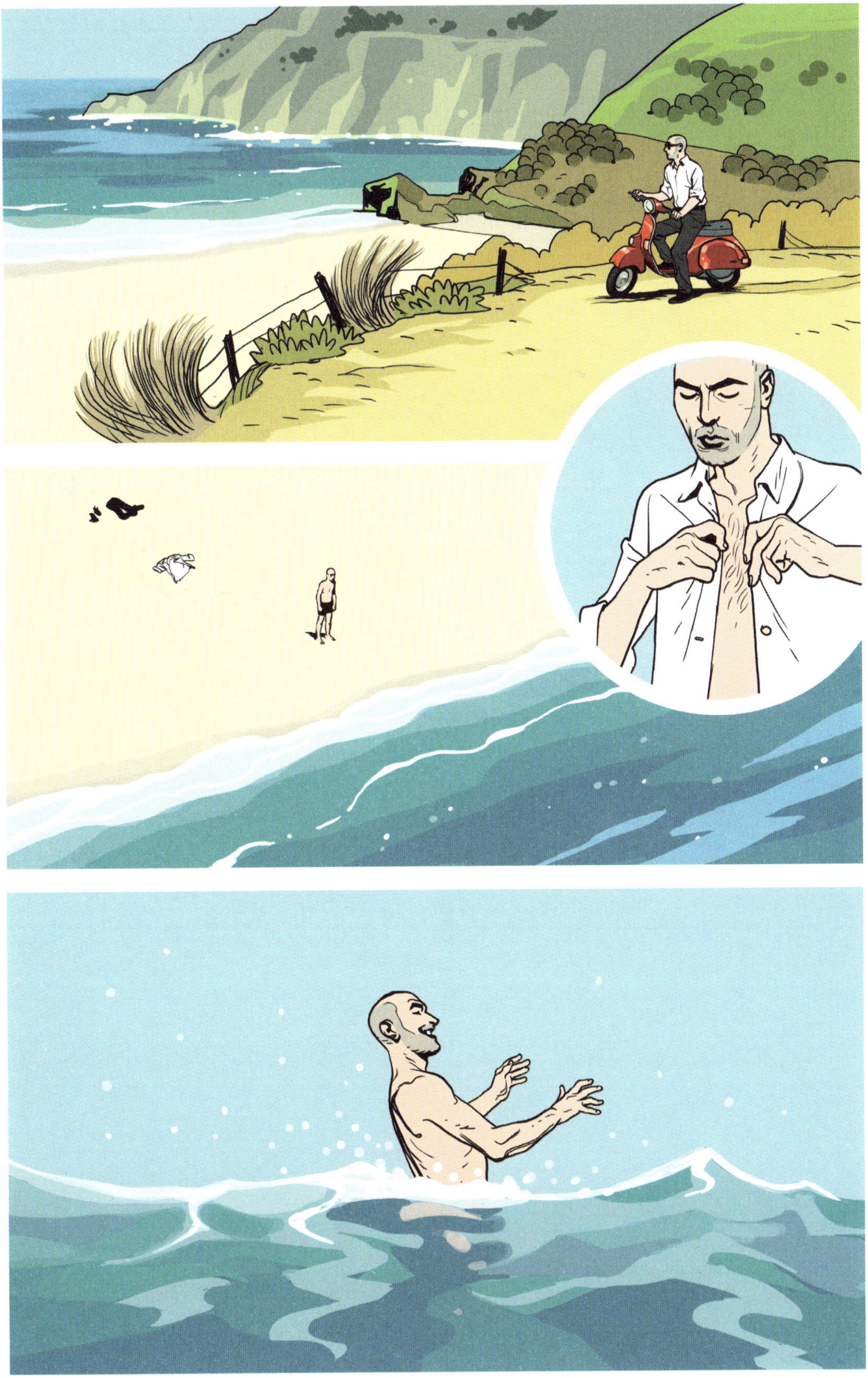

CUANDO ME DESPERTÉ DE LA ANESTESIA, ME DI CUENTA DE QUE EN LA SALA DE REANIMACIÓN HABÍA VARIOS PRESOS.
Y ME DIJE: «LLEVO LA MISMA VIDA QUE QUIEN TIENE UNA DEUDA CON LA SOCIEDAD».
«¿A QUIÉN HE MATADO? ¿QUÉ DELITO HE COMETIDO PARA MERECER TODO ESTO?»
CRUCÉ LA FRONTERA DE UN TERRENO QUE NO HABÍA QUE PISAR.

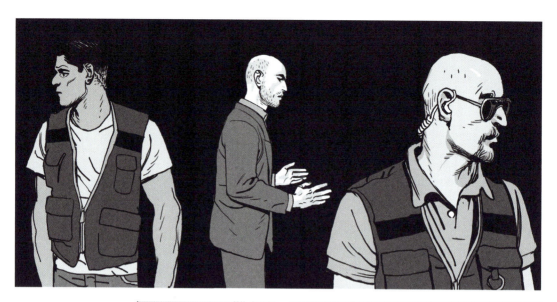

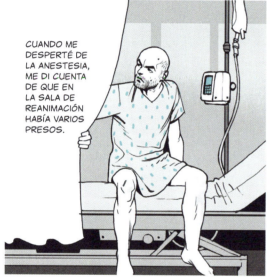

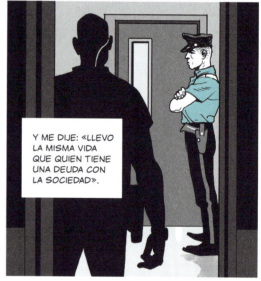

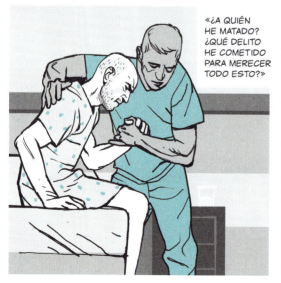

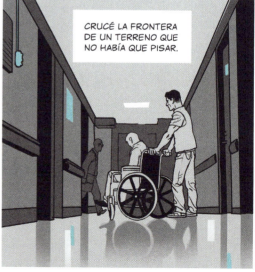

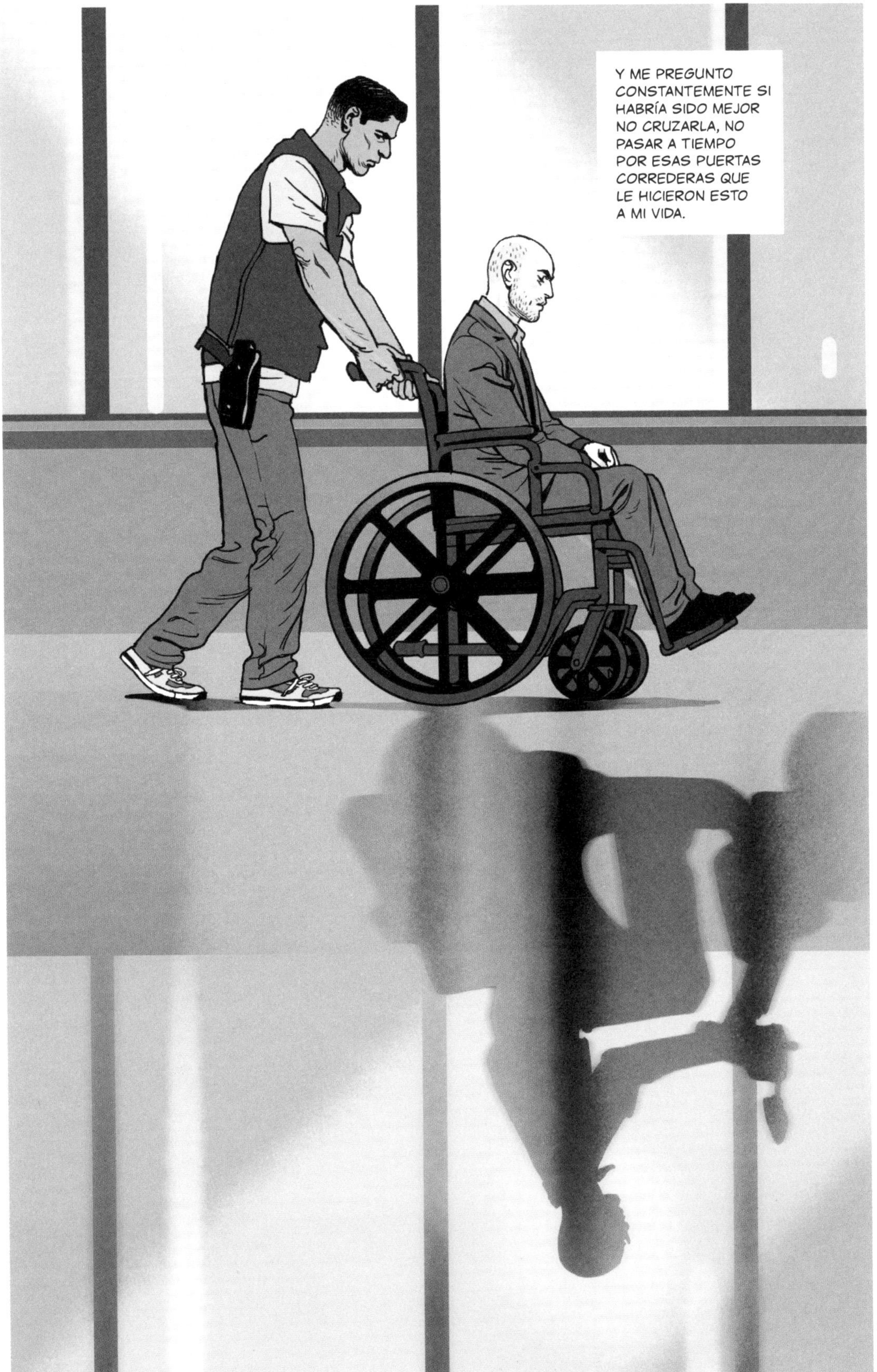
Y ME PREGUNTO CONSTANTEMENTE SI HABRÍA SIDO MEJOR NO CRUZARLA, NO PASAR A TIEMPO POR ESAS PUERTAS CORREDERAS QUE LE HICIERON ESTO A MI VIDA.

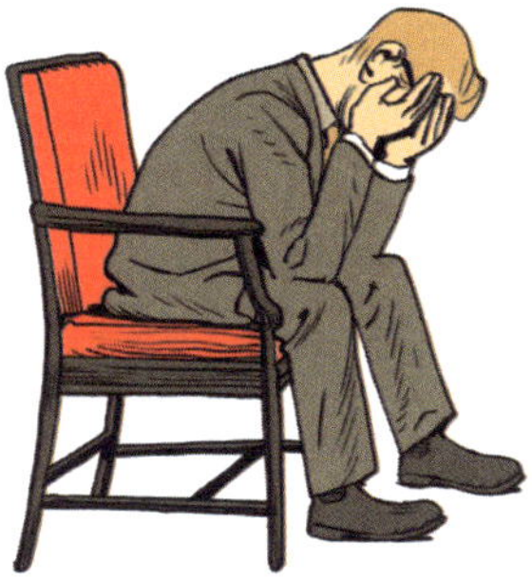

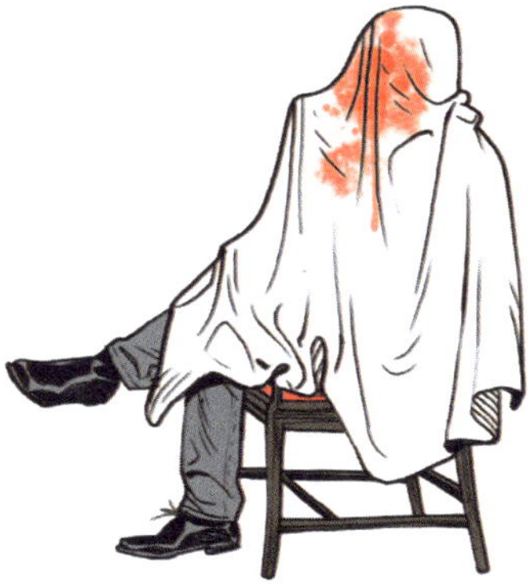

ENTREVISTA 7

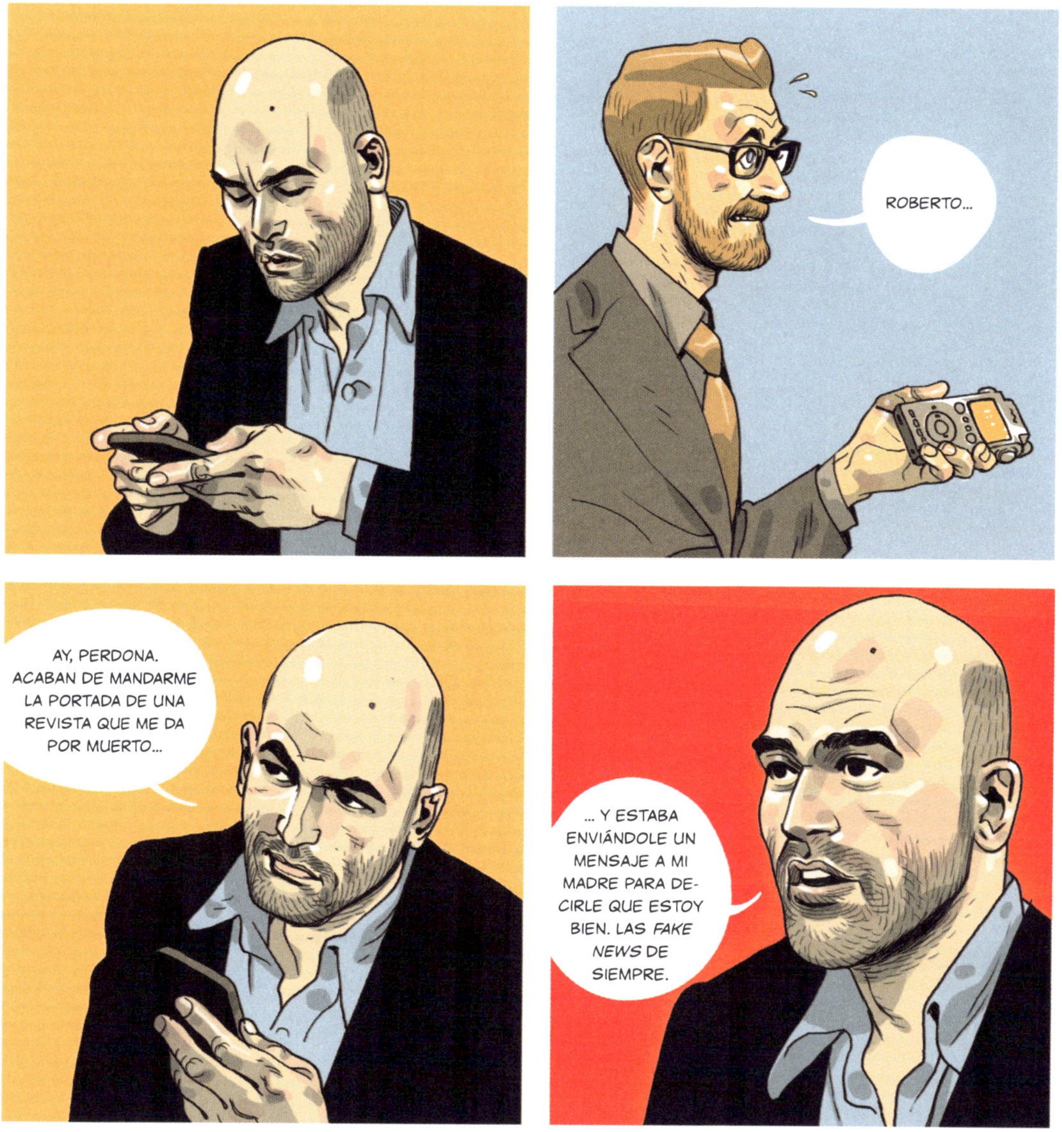
ROBERTO...
AY, PERDONA. ACABAN DE MANDARME LA PORTADA DE UNA REVISTA QUE ME DA POR MUERTO...
... Y ESTABA ENVIÁNDOLE UN MENSAJE A MI MADRE PARA DECIRLE QUE ESTOY BIEN. LAS *FAKE NEWS* DE SIEMPRE.

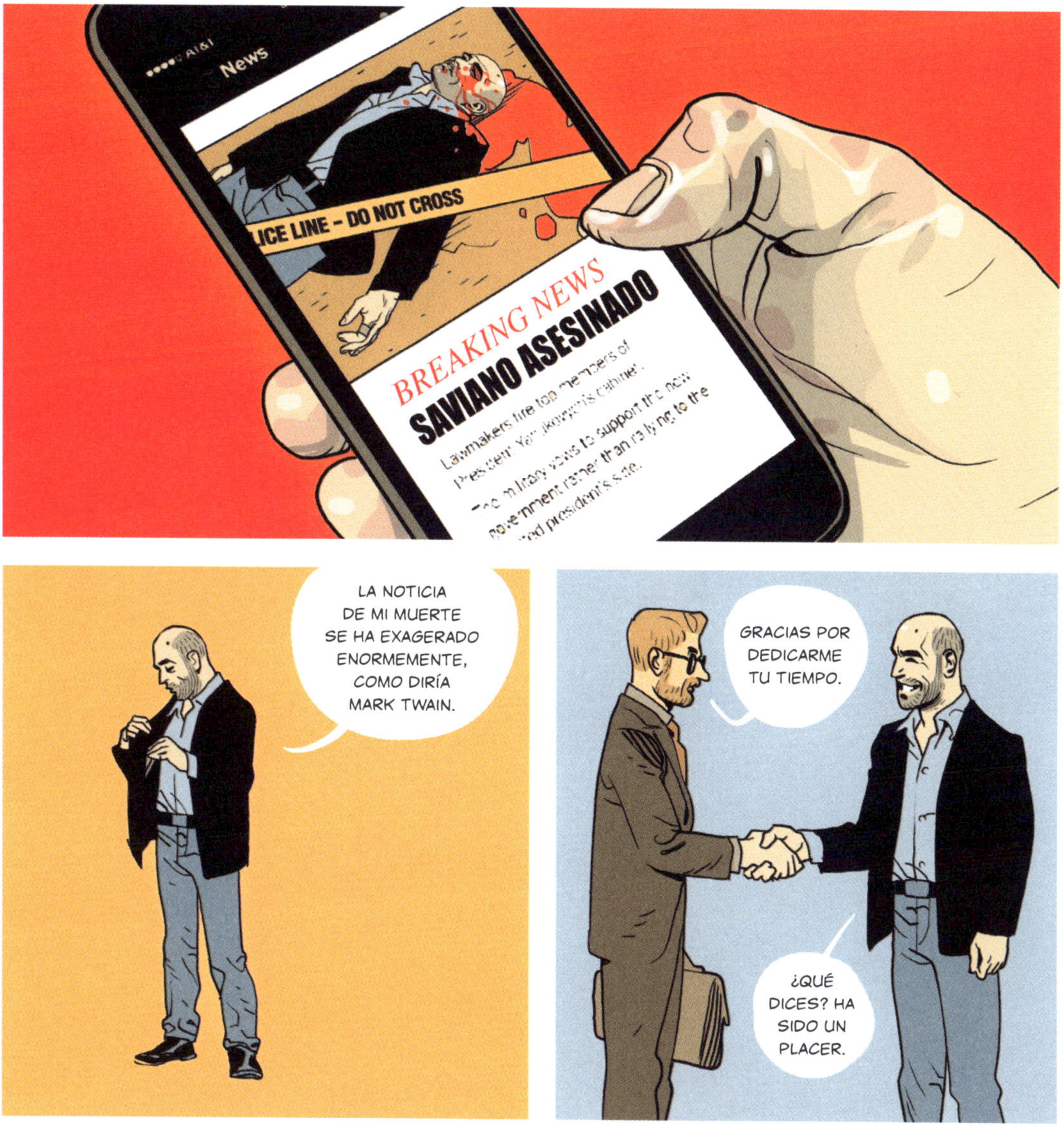
News
LICE LINE – DO NOT CROSS
BREAKING NEWS
SAVIANO ASESINADO
LA NOTICIA DE MI MUERTE SE HA EXAGERADO ENORMEMENTE, COMO DIRÍA MARK TWAIN.
GRACIAS POR DEDICARME TU TIEMPO.
¿QUÉ DICES? HA SIDO UN PLACER.

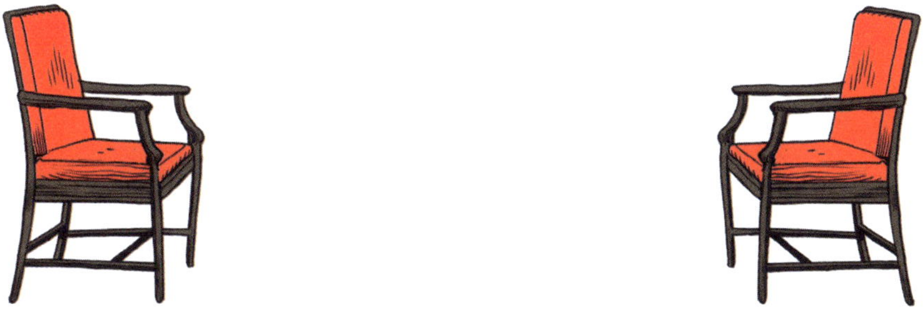

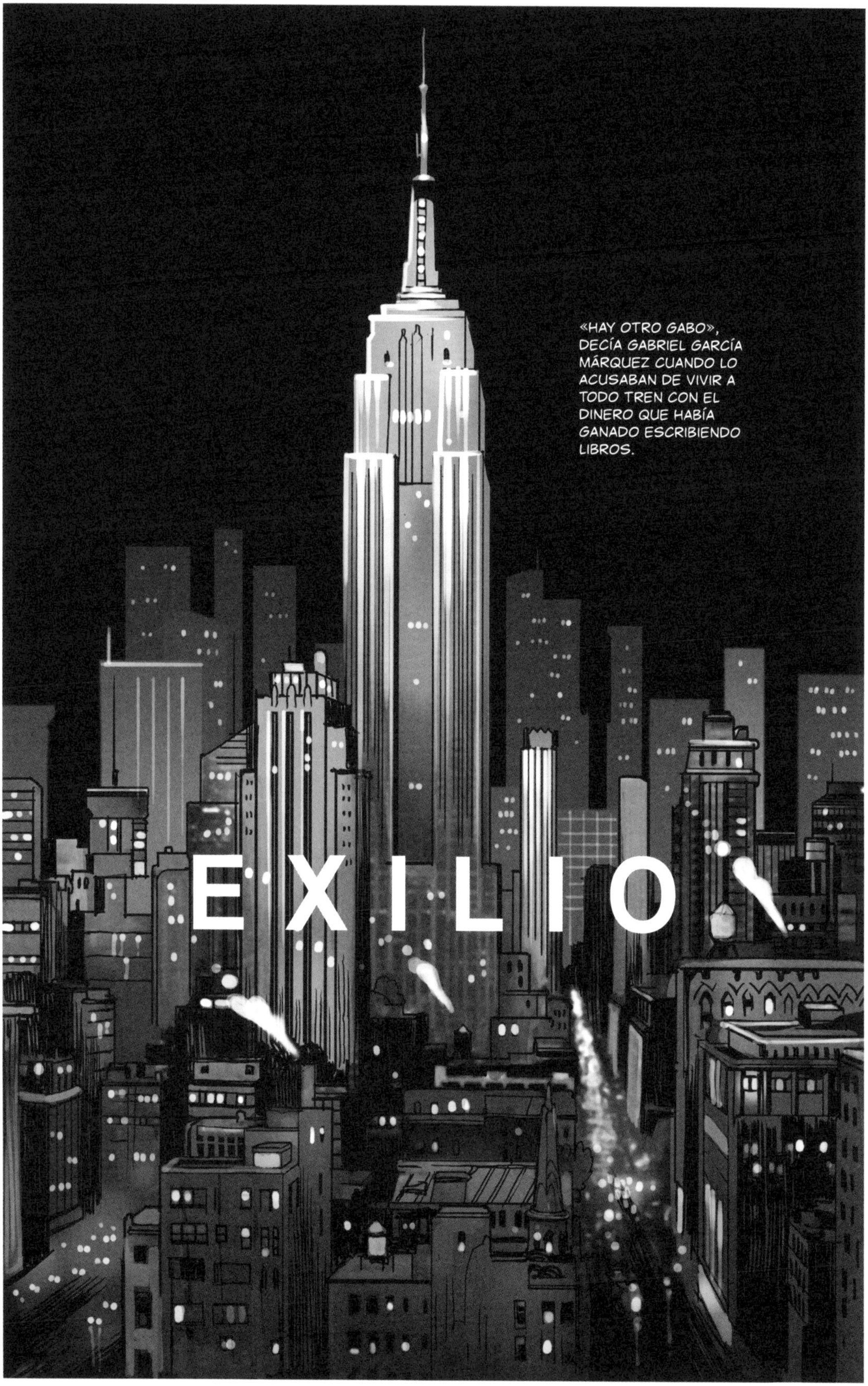
«HAY OTRO GABO», DECÍA GABRIEL GARCÍA MÁRQUEZ CUANDO LO ACUSABAN DE VIVIR A TODO TREN CON EL DINERO QUE HABÍA GANADO ESCRIBIENDO LIBROS.
EXILIO

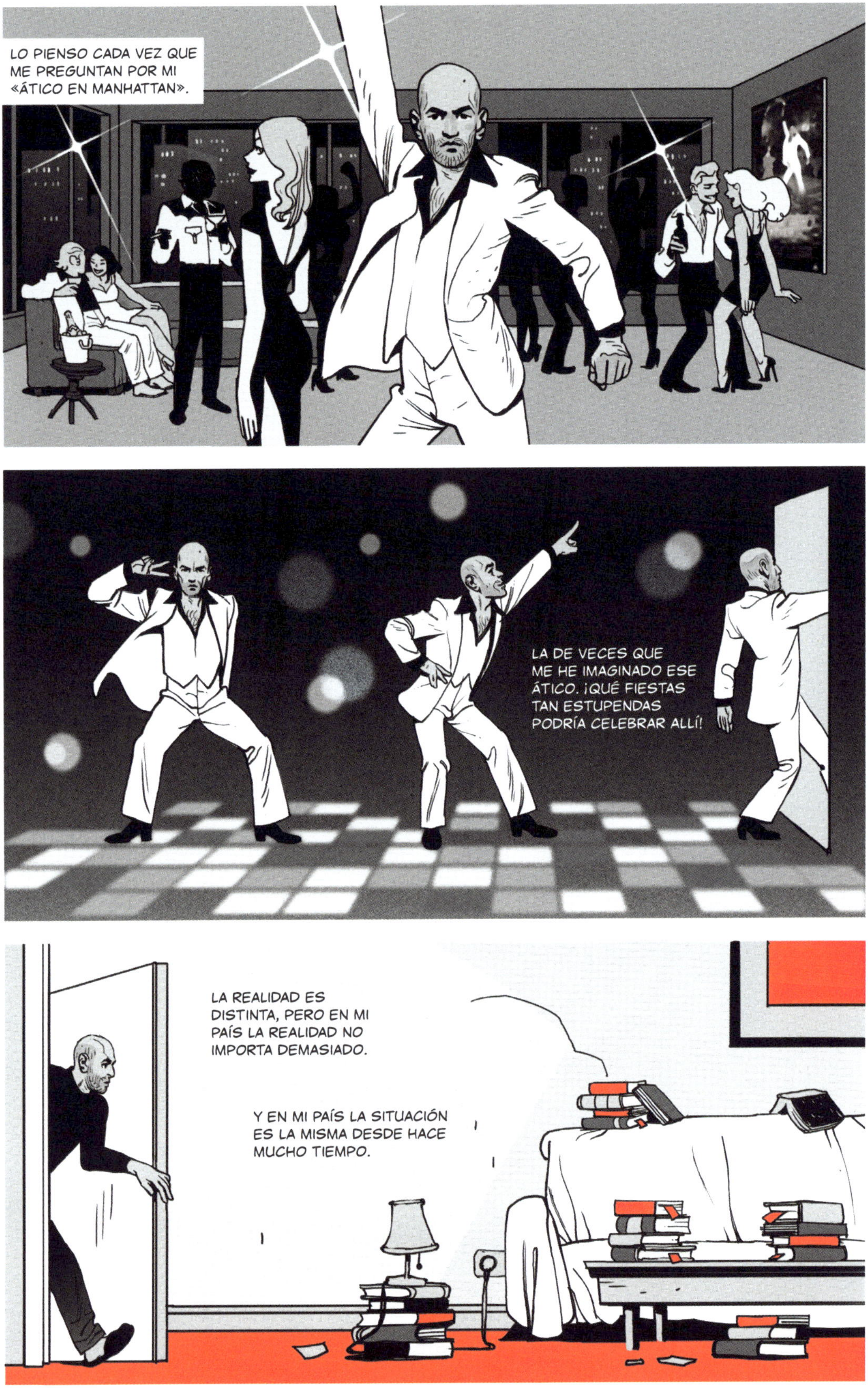
LO PIENSO CADA VEZ QUE ME PREGUNTAN POR MI «ÁTICO EN MANHATTAN».
LA DE VECES QUE ME HE IMAGINADO ESE ÁTICO. ¡QUÉ FIESTAS TAN ESTUPENDAS PODRÍA CELEBRAR ALLÍ!
LA REALIDAD ES DISTINTA, PERO EN MI PAÍS LA REALIDAD NO IMPORTA DEMASIADO.
Y EN MI PAÍS LA SITUACIÓN ES LA MISMA DESDE HACE MUCHO TIEMPO.

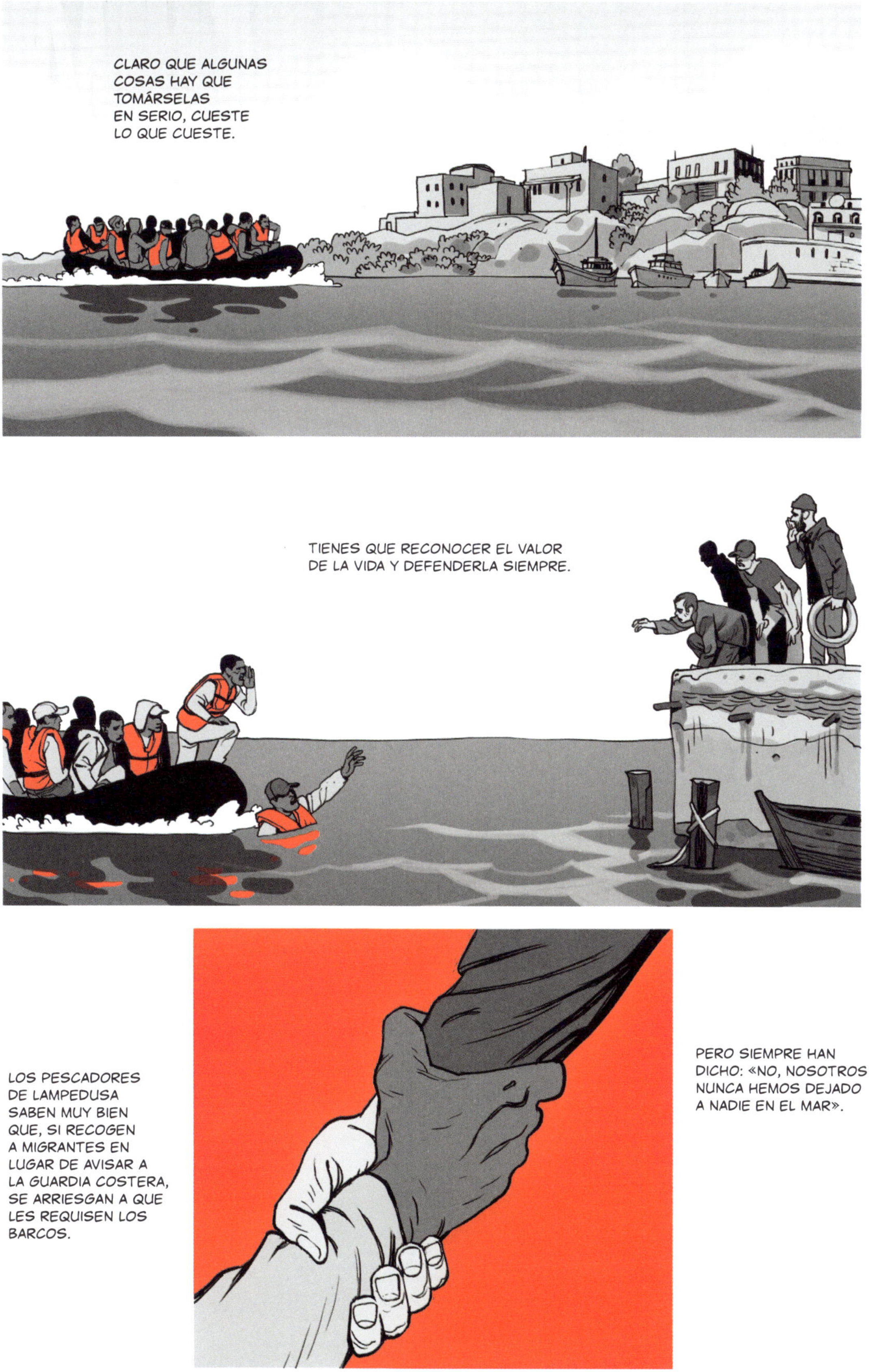
CLARO QUE ALGUNAS COSAS HAY QUE TOMÁRSELAS EN SERIO, CUESTE LO QUE CUESTE.
TIENES QUE RECONOCER EL VALOR DE LA VIDA Y DEFENDERLA SIEMPRE.
LOS PESCADORES DE LAMPEDUSA SABEN MUY BIEN QUE, SI RECOGEN A MIGRANTES EN LUGAR DE AVISAR A LA GUARDIA COSTERA, SE ARRIESGAN A QUE LES REQUISEN LOS BARCOS.
PERO SIEMPRE HAN DICHO: «NO, NOSOTROS NUNCA HEMOS DEJADO A NADIE EN EL MAR».

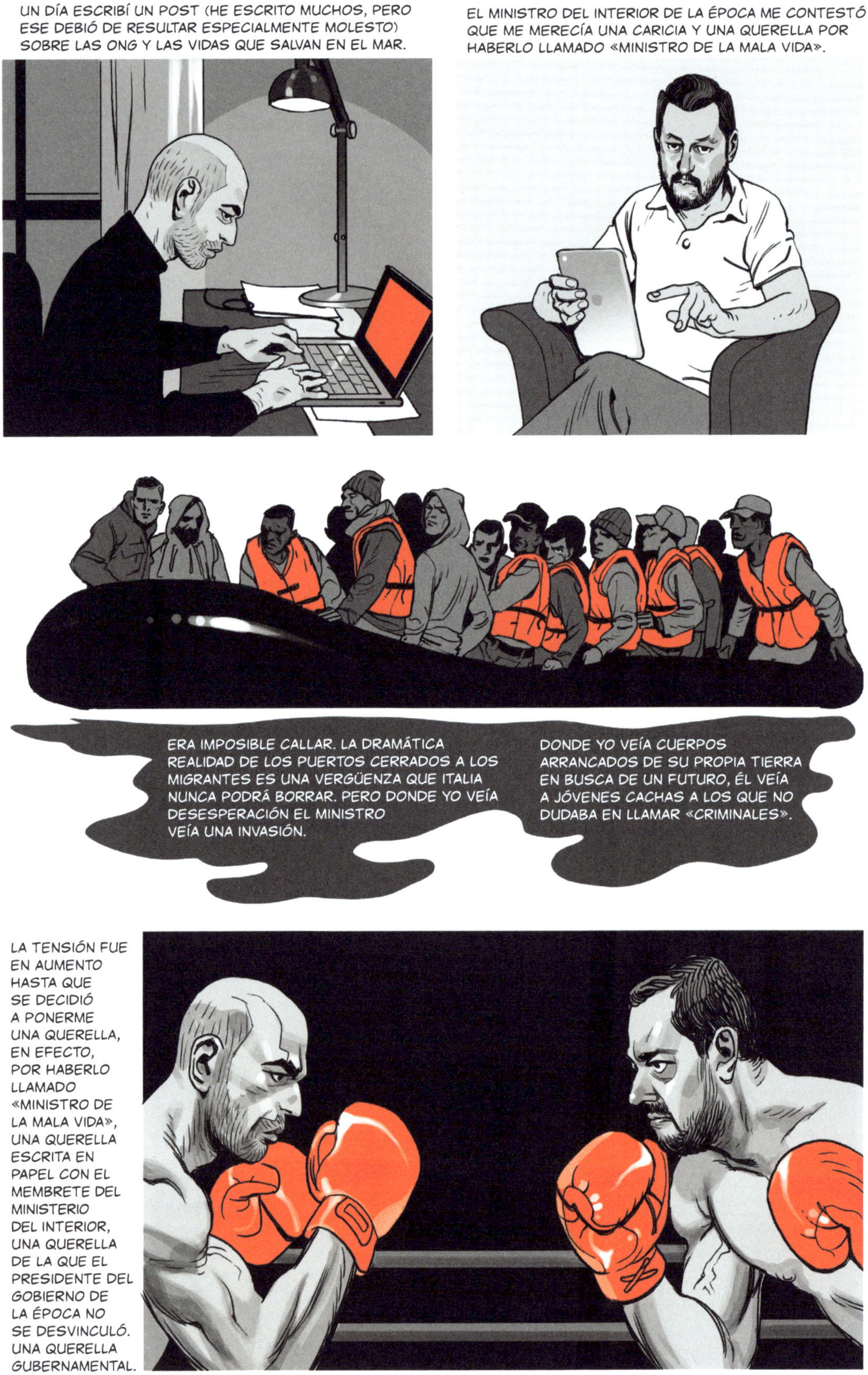
UN DÍA ESCRIBÍ UN POST (HE ESCRITO MUCHOS, PERO ESE DEBIÓ DE RESULTAR ESPECIALMENTE MOLESTO) SOBRE LAS ONG Y LAS VIDAS QUE SALVAN EN EL MAR.
EL MINISTRO DEL INTERIOR DE LA ÉPOCA ME CONTESTÓ QUE ME MERECÍA UNA CARICIA Y UNA QUERELLA POR HABERLO LLAMADO «MINISTRO DE LA MALA VIDA».
ERA IMPOSIBLE CALLAR. LA DRAMÁTICA REALIDAD DE LOS PUERTOS CERRADOS A LOS MIGRANTES ES UNA VERGÜENZA QUE ITALIA NUNCA PODRÁ BORRAR. PERO DONDE YO VEÍA DESESPERACIÓN EL MINISTRO VEÍA UNA INVASIÓN.
DONDE YO VEÍA CUERPOS ARRANCADOS DE SU PROPIA TIERRA EN BUSCA DE UN FUTURO, ÉL VEÍA A JÓVENES CACHAS A LOS QUE NO DUDABA EN LLAMAR «CRIMINALES».
LA TENSIÓN FUE EN AUMENTO HASTA QUE SE DECIDIÓ A PONERME UNA QUERELLA, EN EFECTO, POR HABERLO LLAMADO «MINISTRO DE LA MALA VIDA», UNA QUERELLA ESCRITA EN PAPEL CON EL MEMBRETE DEL MINISTERIO DEL INTERIOR, UNA QUERELLA DE LA QUE EL PRESIDENTE DEL GOBIERNO DE LA ÉPOCA NO SE DESVINCULÓ. UNA QUERELLA GUBERNAMENTAL.

¡Y YO QUE ESTABA CITANDO A GAETANO SALVEMINI, UN ESCRITOR MAGNÍFICO, UN HISTORIADOR, UNO DE MIS MAESTROS, AL MISMO NIVEL QUE SÓCRATES, PLATÓN Y SPINOZA!

UN HOMBRE QUE COMPRENDIÓ QUE EL CAMBIO SOLO PODÍA PRODUCIRSE MEDIANTE REFORMAS.

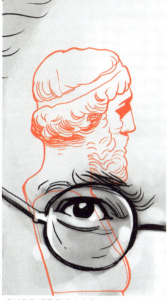

NO CON EL MAXIMALISMO, QUE CAÍA EN LA DICTADURA DE LOS EXTREMISTAS, NI CON EL COMPROMISO, QUE CAÍA EN LA CORRUPCIÓN Y EL INMOVILISMO DE LOS CONSERVADORES.

SINO PARTIENDO DEL PRINCIPIO DE LA FRATERNIDAD, DEL SOCIALISMO DEMOCRÁTICO, PONIENDO A PRUEBA LA LIBERTAD CONTINUAMENTE CON UN CONTROL CONSTANTE DE LOS PODERES.

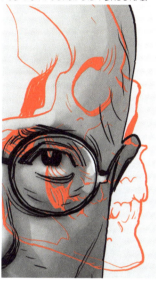

ESA ERA LA SOCIEDAD DE GAETANO SALVEMINI, UN HOMBRE QUE RETRATÓ EL SUR DE ITALIA COMO NADIE. EN 1908, CUANDO DABA CLASE DE HISTORIA MODERNA EN MESSINA, PERDIÓ A SU MUJER, A SUS CINCO HIJOS Y A SU HERMANA EN EL TRÁGICO TERREMOTO DE LA CIUDAD SICILIANA. FUE SU APOCALIPSIS PERSONAL.

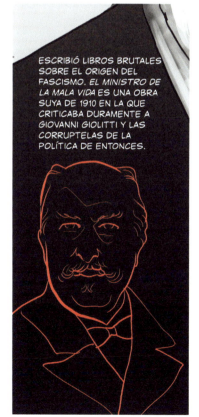

ESCRIBIÓ LIBROS BRUTALES SOBRE EL ORIGEN DEL FASCISMO. *EL MINISTRO DE LA MALA VIDA* ES UNA OBRA SUYA DE 1910 EN LA QUE CRITICABA DURAMENTE A GIOVANNI GIOLITTI Y LAS CORRUPTELAS DE LA POLÍTICA DE ENTONCES.

FUE DETENIDO POR LA POLICÍA FASCISTA EN 1925, PERO HUYÓ PRIMERO A FRANCIA Y LUEGO A GRAN BRETAÑA. MÁS TARDE FUE PROFESOR EN HARVARD, DONDE ESCRIBIÓ SUS FAMOSAS LECCIONES SOBRE LOS ORÍGENES DEL FASCISMO EN ITALIA.

A VECES ME DA LA SENSACIÓN DE QUE TENGO BASTANTES COSAS EN COMÚN CON ÉL.

QUIZÁ POR LA SENSACIÓN DE VIVIR EN EL EXILIO. POR EL MIEDO A QUE QUERERME SEA DIFICILÍSIMO, CASI IMPOSIBLE.

EN UNA BIOGRAFÍA DE DANTE ALIGHIERI QUE ME DEJÓ FASCINADO, LA AUTORA, CHIARA MERCURI, ESCRIBIÓ ALGO PRECIOSO QUE ME GUSTARÍA LEEROS...

AQUÍ ESTÁ.

Cuando el espíritu es peregrino y el orgullo, un náufrago, resulta difícil encontrar a un amigo de carne y hueso capaz de ponerse a tu lado.

Un amigo de carne y hueso que, por mucho que se esfuerce por elegir con cuidado los temas de los que hablar, siempre dejará escapar una de esas palabras que nunca deberían pronunciarse delante de un superviviente.

Quedarse al lado de un superviviente es toda una proeza; hay que aprender de cero un nuevo alfabeto, un nuevo código de comunicación del que se extirpan palabras, imágenes, entonaciones, miradas, gestos, impulsos:

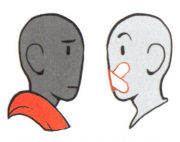

hay que entrenarse para hablar un lenguaje cojo.

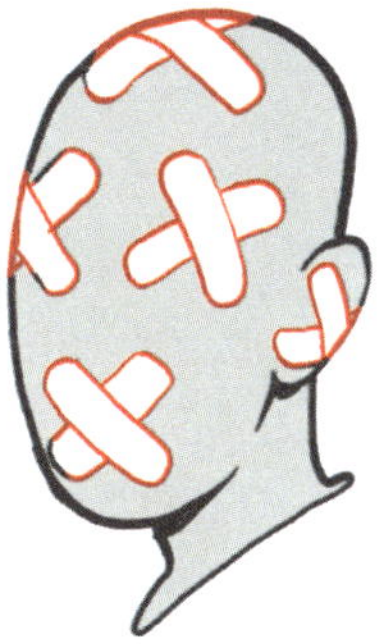

Un hombre de carne y hueso, por muy solidario que sea, tiene pocas posibilidades de éxito.

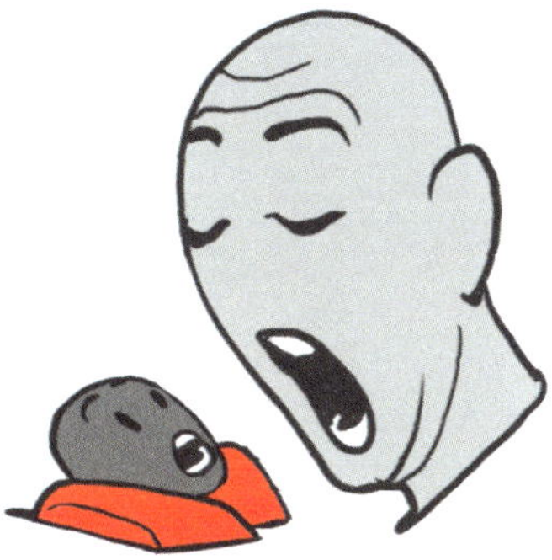

Y, de todos modos, a las tres de la madrugada cualquier amigo bosteza (fisiológicamente) ante tu dolor.

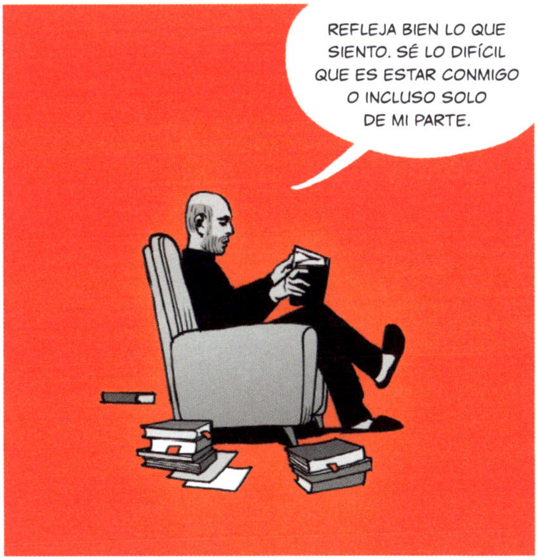
REFLEJA BIEN LO QUE SIENTO. SÉ LO DIFÍCIL QUE ES ESTAR CONMIGO O INCLUSO SOLO DE MI PARTE.

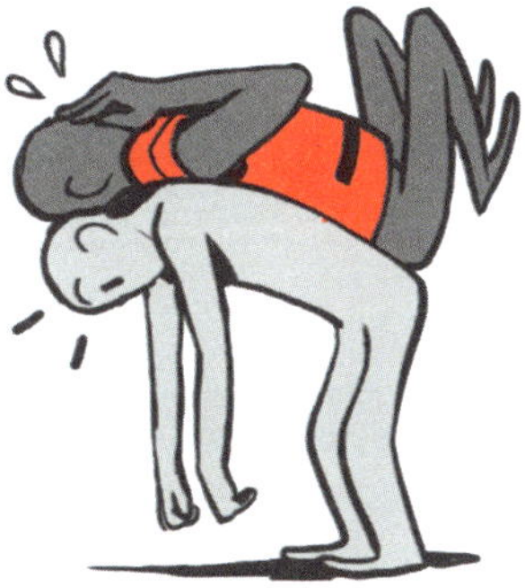

Un amigo, por muy solidario y bien dispuesto que sea, no puede absorber tu frustración hasta el infinito.

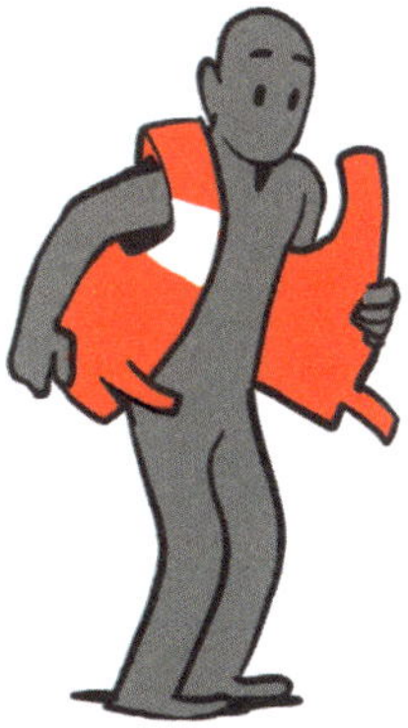

Tarde o temprano tu dolor tiene que apaciguarse, volverse un poco más soportable.

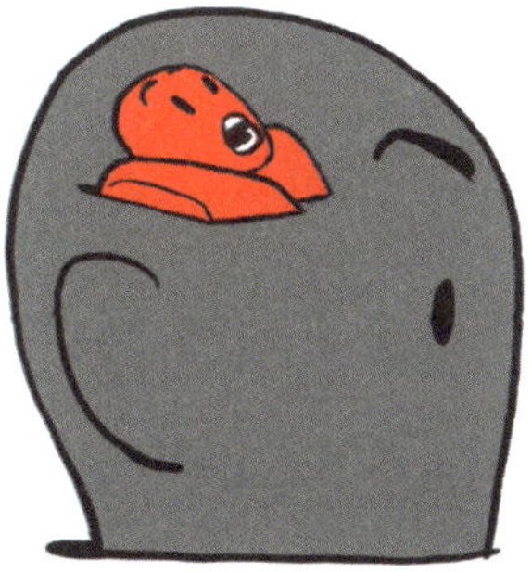

Pero el exilio es un estado patológico permanente; por eso no es fácil encontrar a un amigo en el exilio.

Tendría que ser alguien vencido como tú, alguien en tu misma situación, pero que no sirviera de espejo de tu derrota.

Tiene que ser, por si fuera poco, alguien vencido pero que, a diferencia de ti, permanezca en pie, para que pueda hacerte avanzar un poco, darte un poco de luz con su farol.

Alguien que haya conocido tu misma suerte, que haya sufrido tus mismas heridas, alguien que sepa qué te pasa, qué enfermedad te hace agonizar,

sin necesidad de que vuelvas a humillarte explicándoselo.

SOY UN HOMBRE HECHO PEDAZOS, FRAGMENTADO, DIVIDIDO.

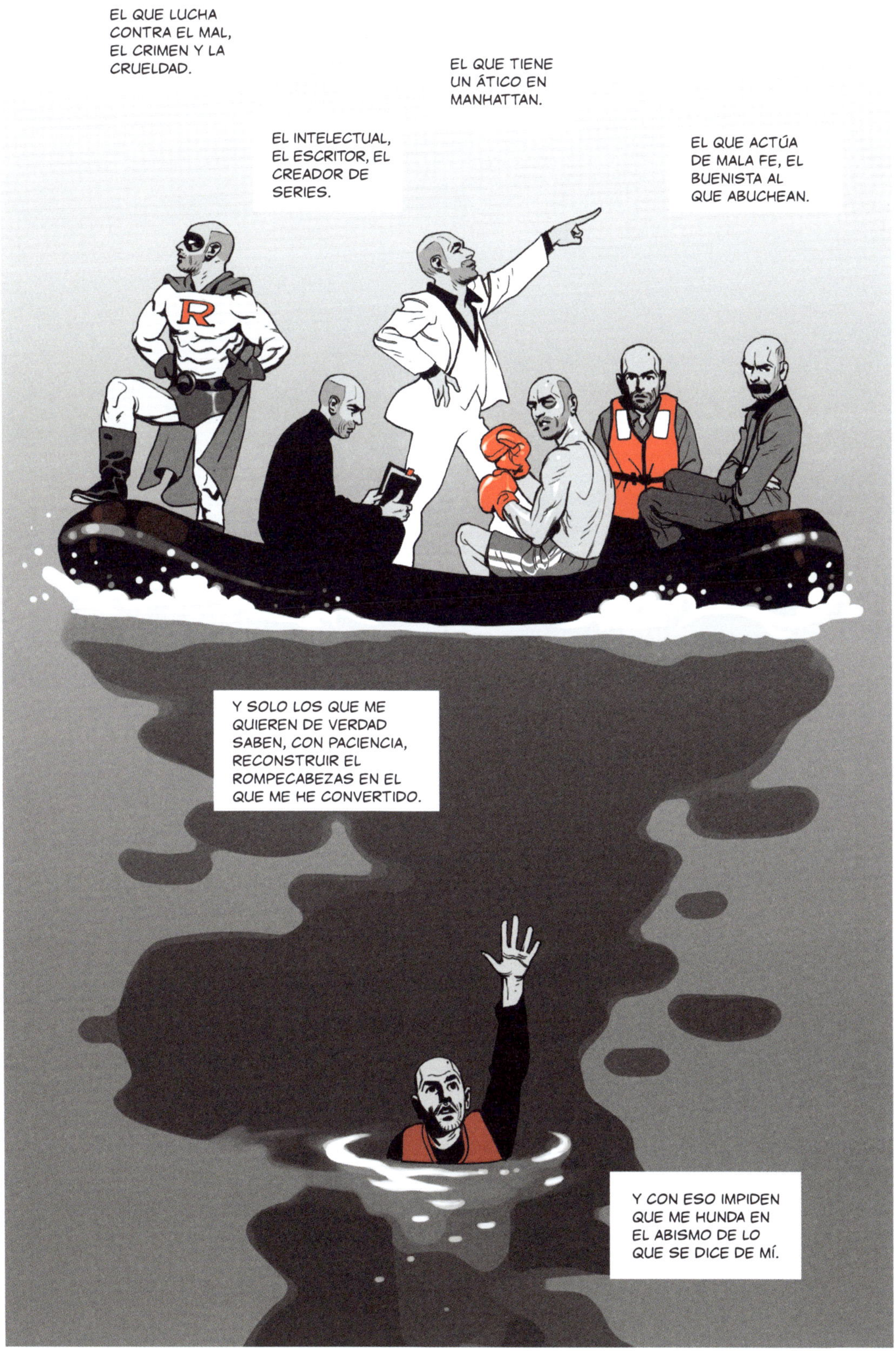
EL QUE LUCHA CONTRA EL MAL, EL CRIMEN Y LA CRUELDAD.
EL QUE TIENE UN ÁTICO EN MANHATTAN.
EL INTELECTUAL, EL ESCRITOR, EL CREADOR DE SERIES.
EL QUE ACTÚA DE MALA FE, EL BUENISTA AL QUE ABUCHEAN.
R
Y SOLO LOS QUE ME QUIEREN DE VERDAD SABEN, CON PACIENCIA, RECONSTRUIR EL ROMPECABEZAS EN EL QUE ME HE CONVERTIDO.
Y CON ESO IMPIDEN QUE ME HUNDA EN EL ABISMO DE LO QUE SE DICE DE MÍ.

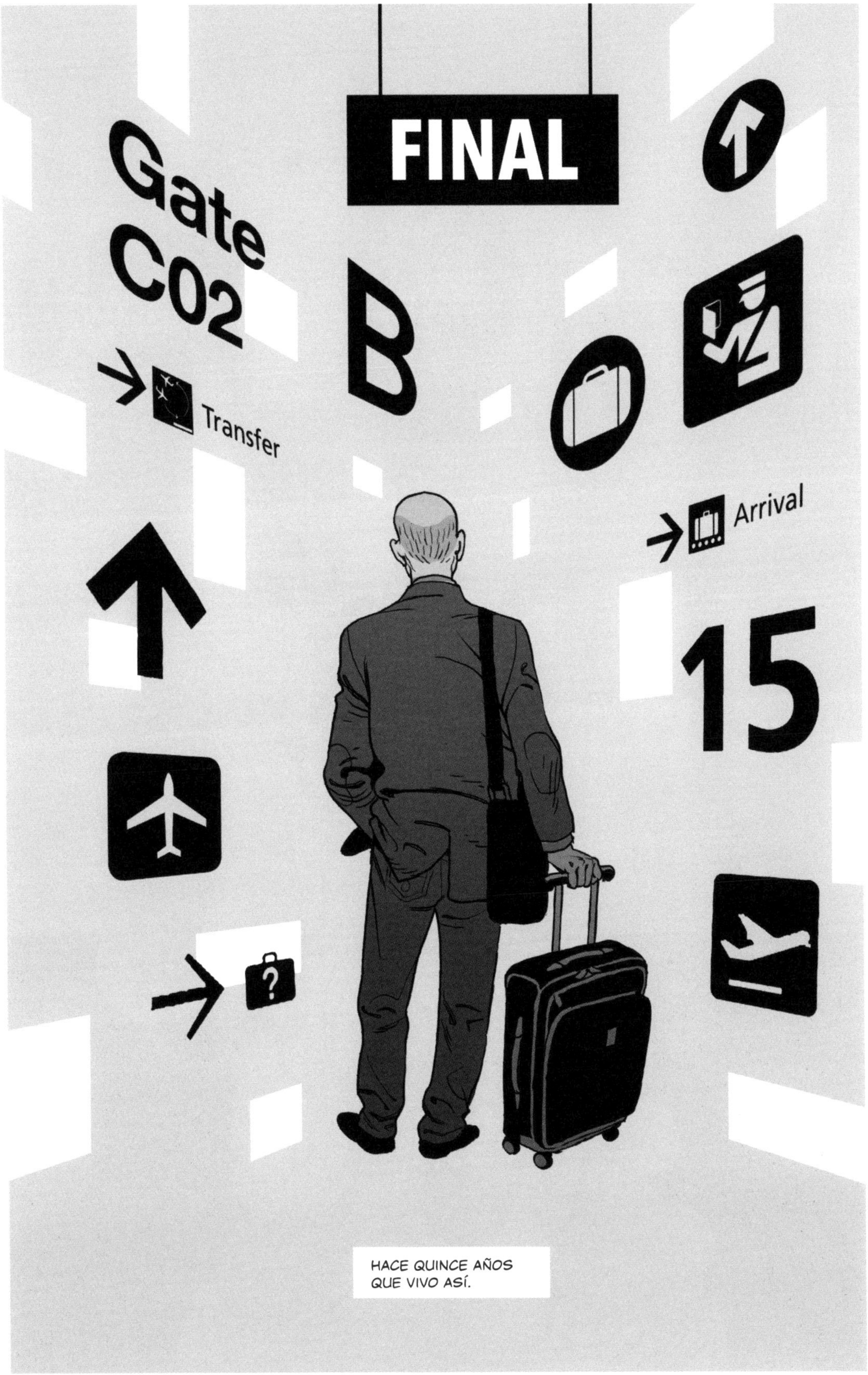
FINAL
Gate C02
Transfer
B
Arrival
15
HACE QUINCE AÑOS QUE VIVO ASÍ.

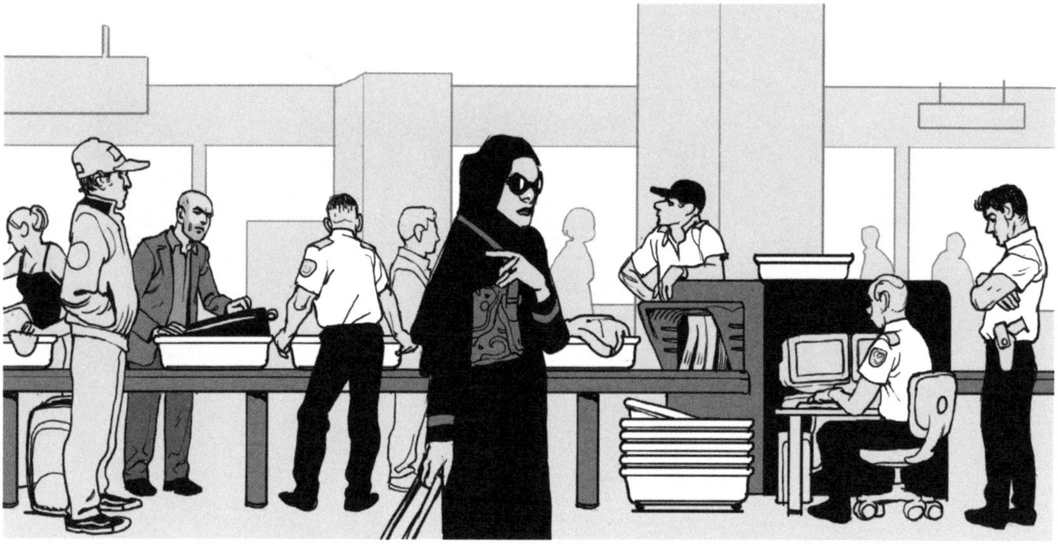

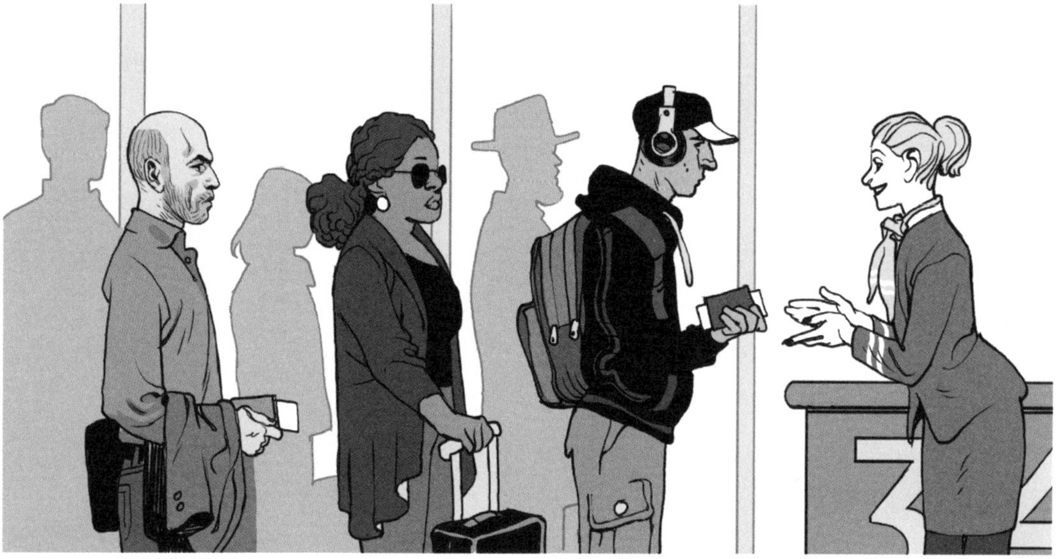

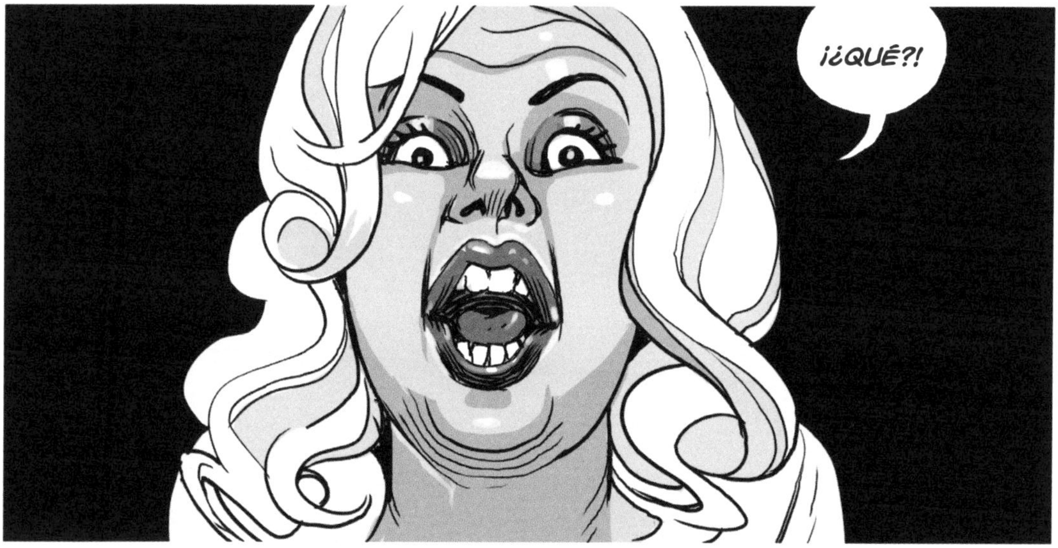
¡¿QUÉ?!

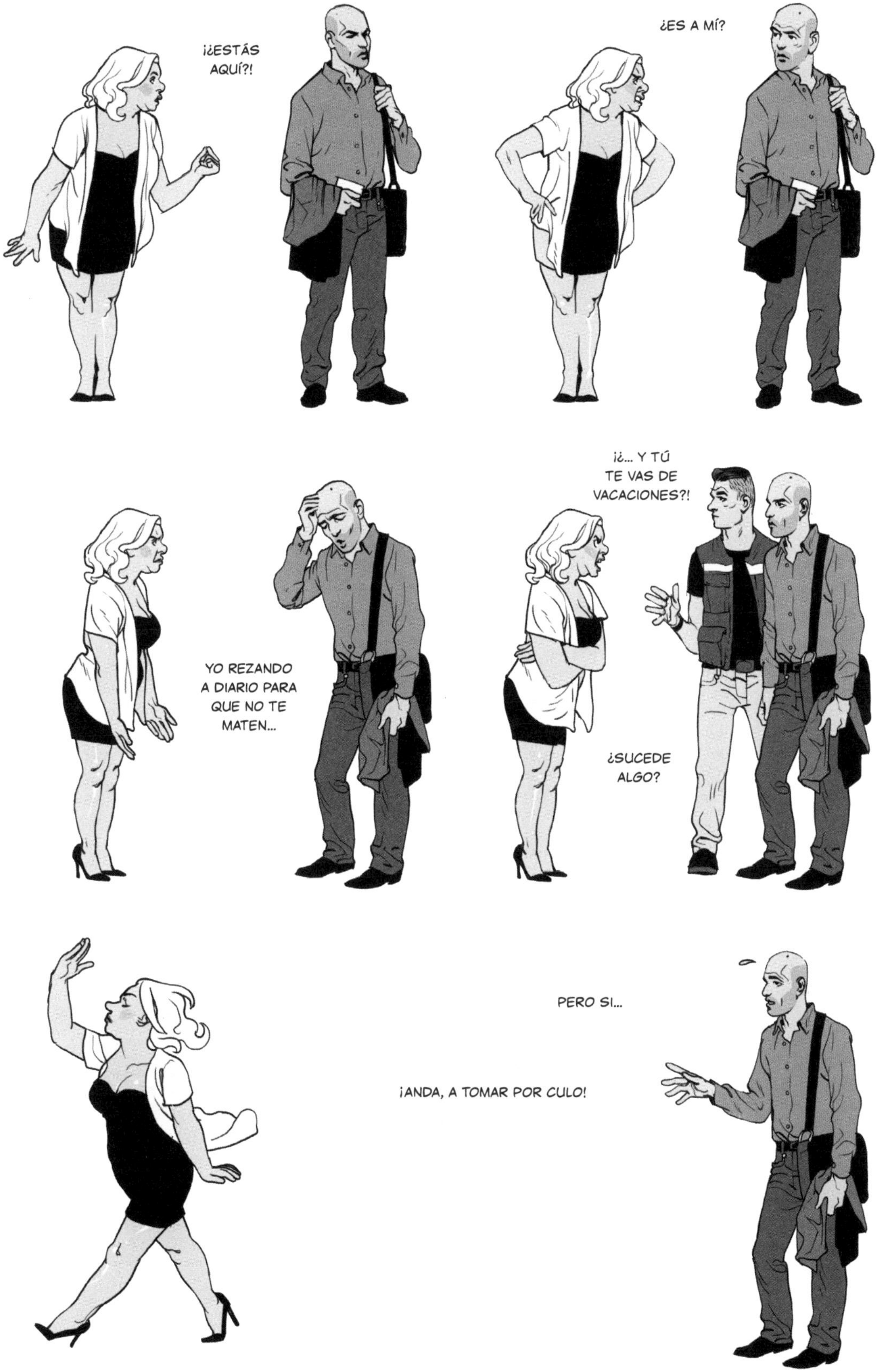
¡¿ESTÁS AQUÍ?!
¿ES A MÍ?
YO REZANDO A DIARIO PARA QUE NO TE MATEN...
¡¿... Y TÚ TE VAS DE VACACIONES?!
¿SUCEDE ALGO?
PERO SI...
¡ANDA, A TOMAR POR CULO!

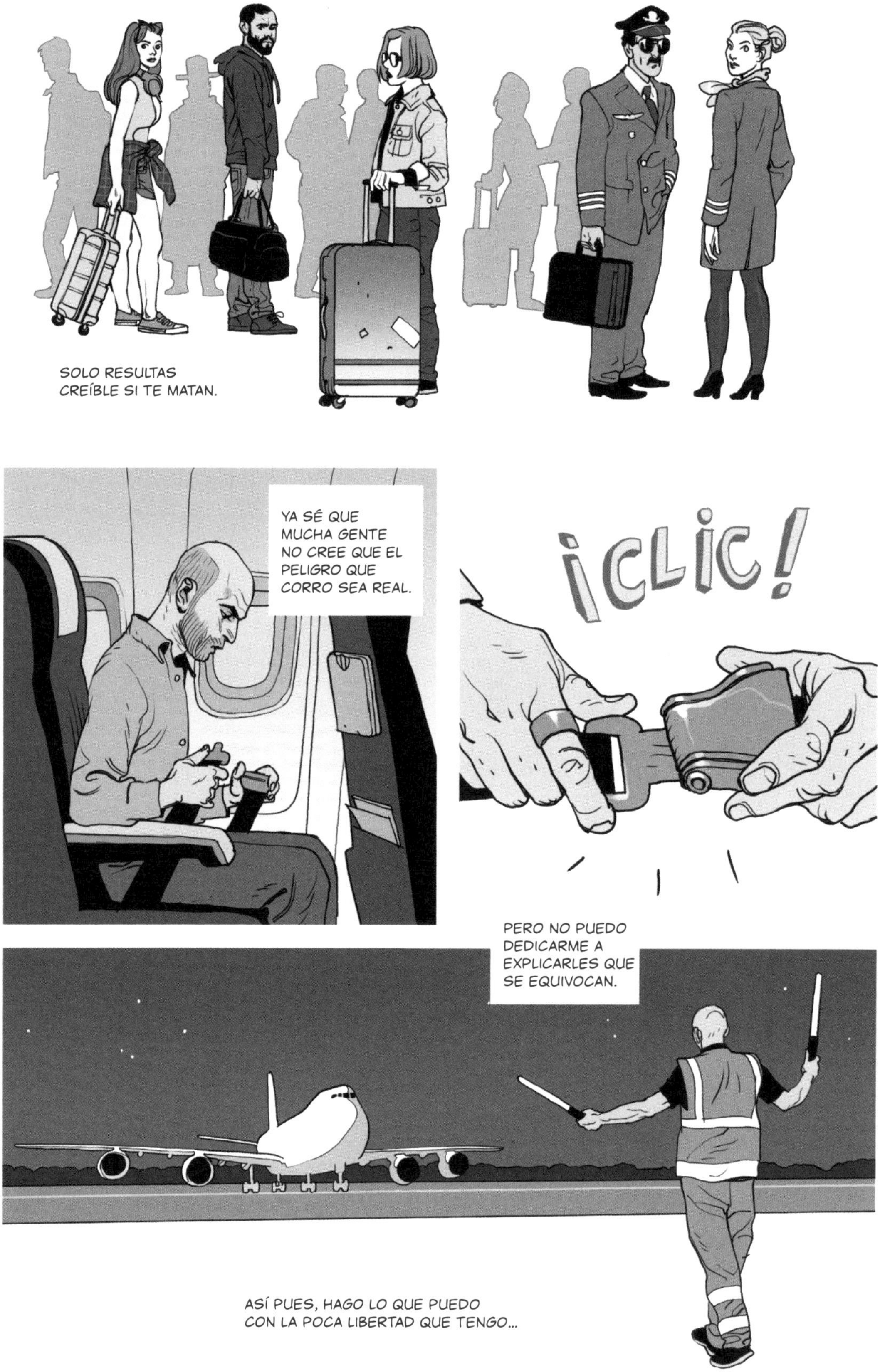
SOLO RESULTAS CREÍBLE SI TE MATAN.
YA SÉ QUE MUCHA GENTE NO CREE QUE EL PELIGRO QUE CORRO SEA REAL.
¡CLIC!
PERO NO PUEDO DEDICARME A EXPLICARLES QUE SE EQUIVOCAN.
ASÍ PUES, HAGO LO QUE PUEDO CON LA POCA LIBERTAD QUE TENGO...

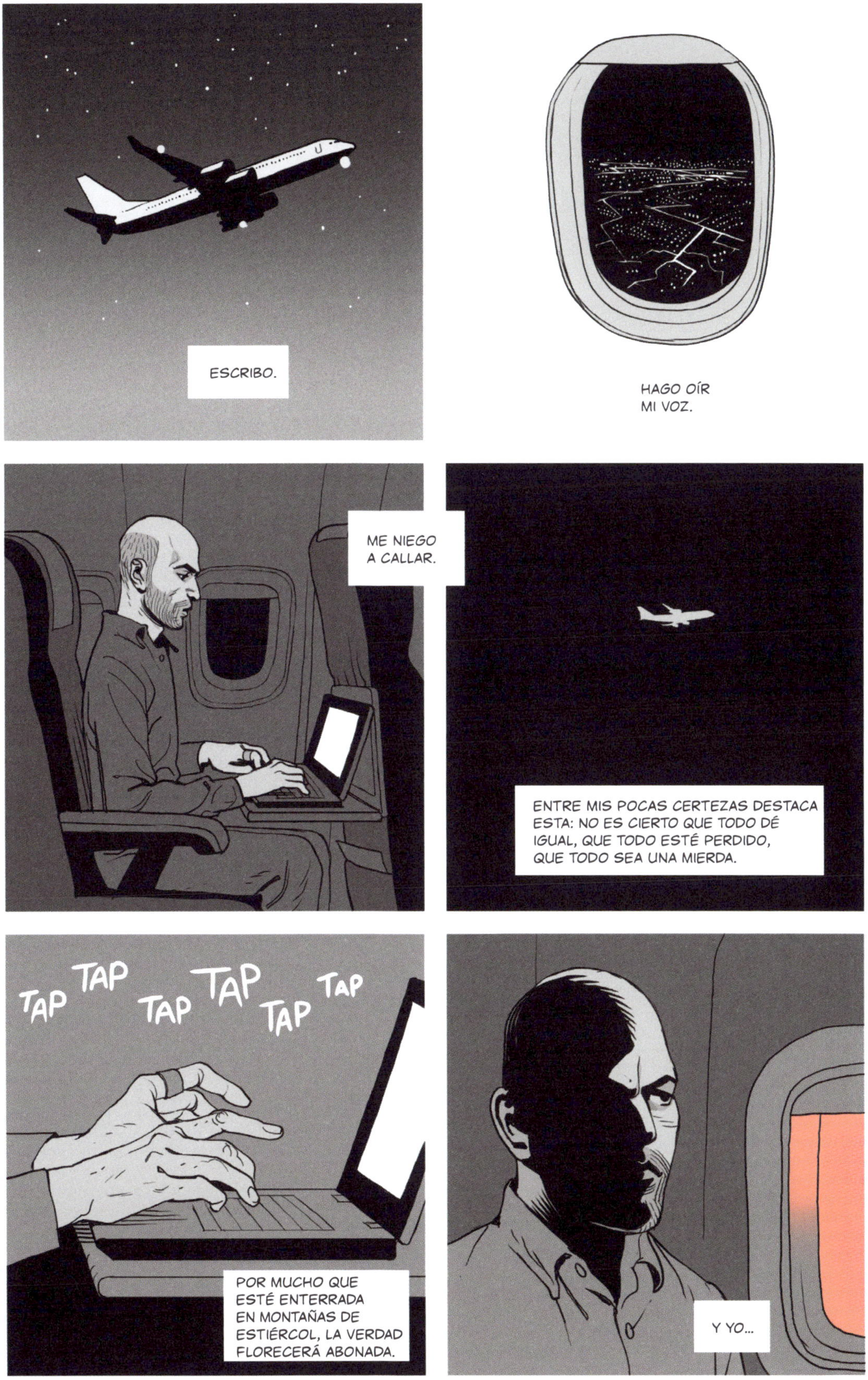
ESCRIBO.
HAGO OÍR
MI VOZ.
ME NIEGO
A CALLAR.
ENTRE MIS POCAS CERTEZAS DESTACA
ESTA: NO ES CIERTO QUE TODO DÉ
IGUAL, QUE TODO ESTÉ PERDIDO,
QUE TODO SEA UNA MIERDA.
TAP TAP TAP TAP TAP TAP
POR MUCHO QUE
ESTÉ ENTERRADA
EN MONTAÑAS DE
ESTIÉRCOL, LA VERDAD
FLORECERÁ ABONADA.
Y YO...

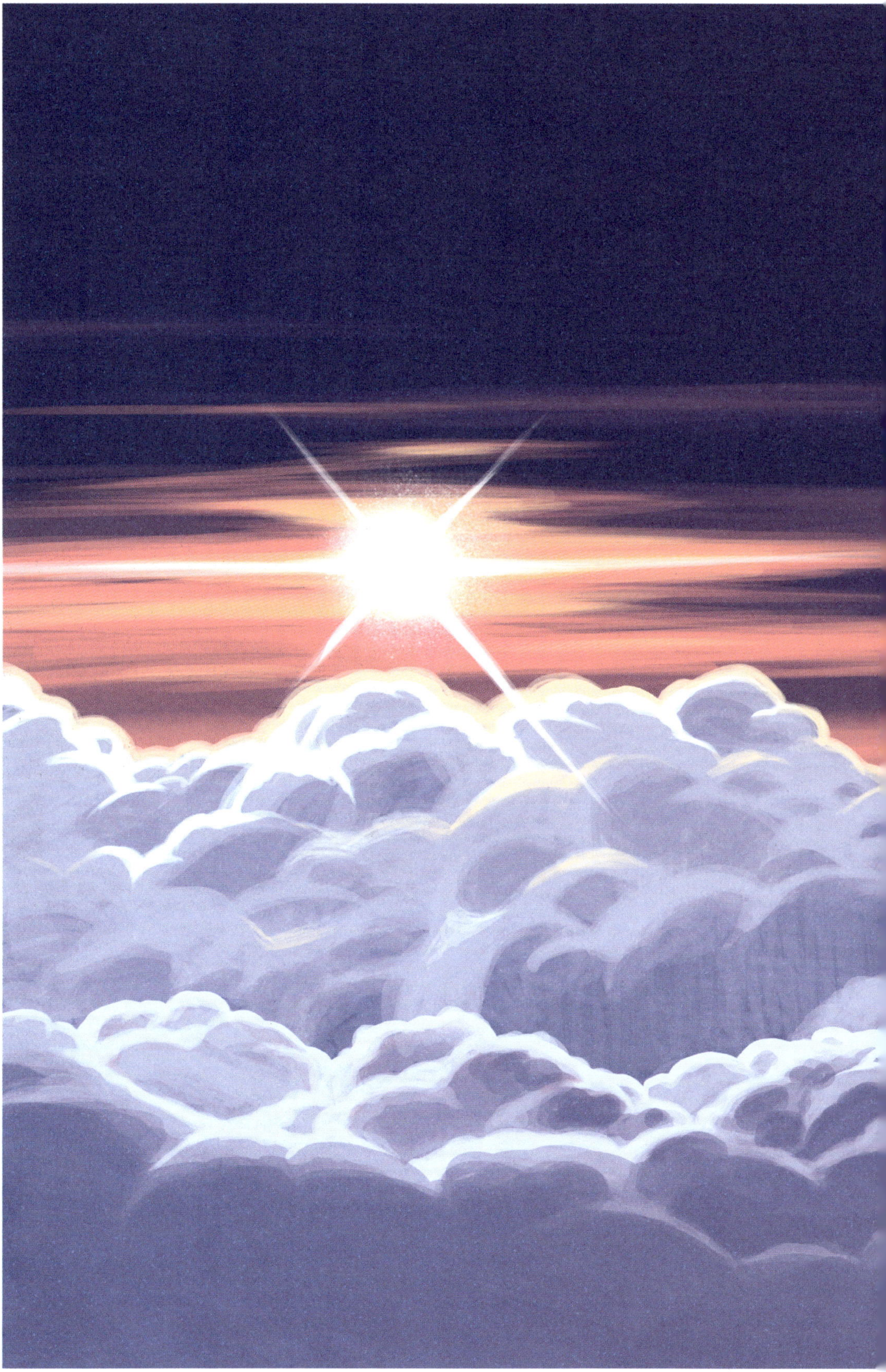

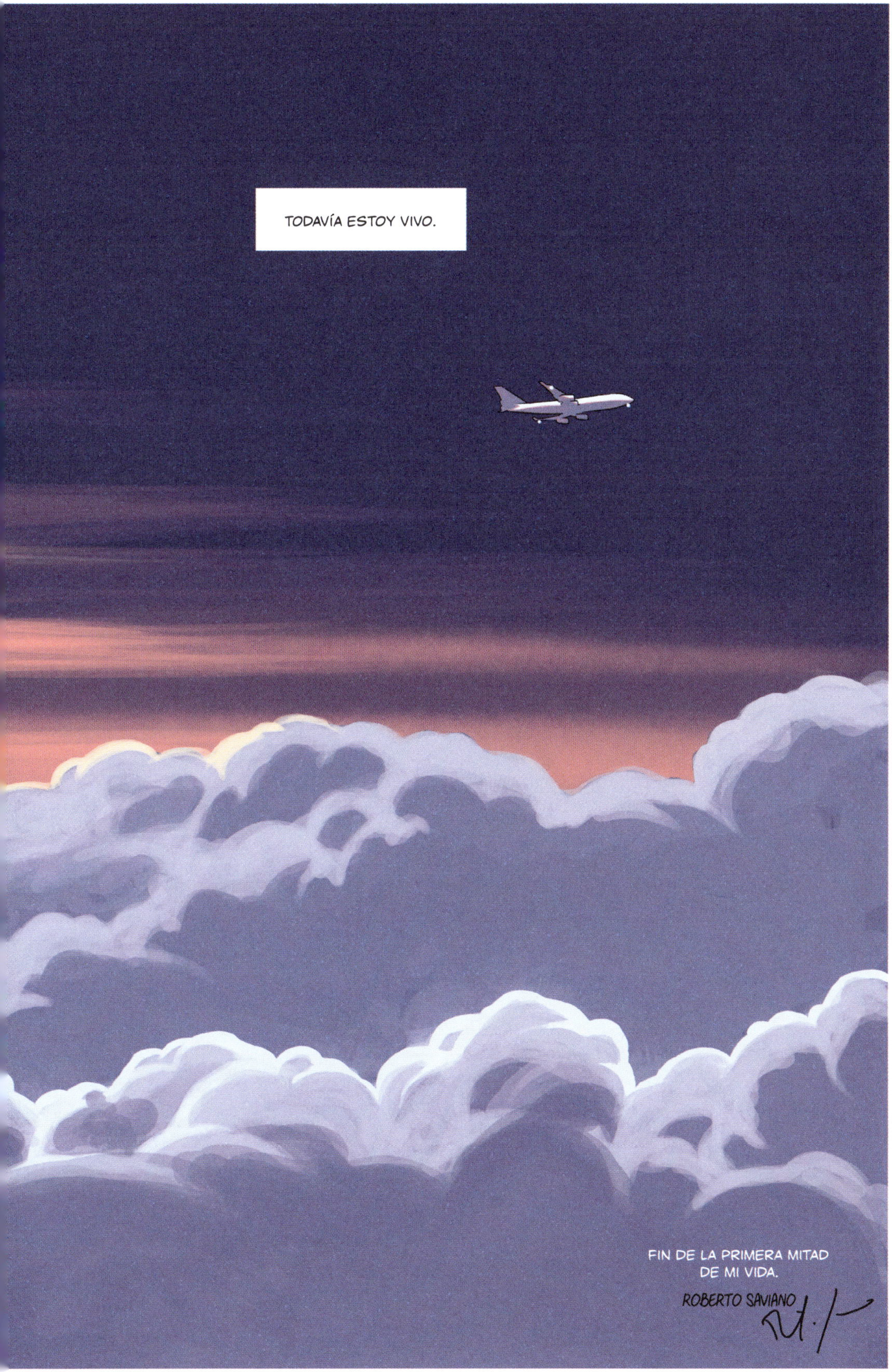
TODAVÍA ESTOY VIVO.
FIN DE LA PRIMERA MITAD DE MI VIDA.
ROBERTO SAVIANO

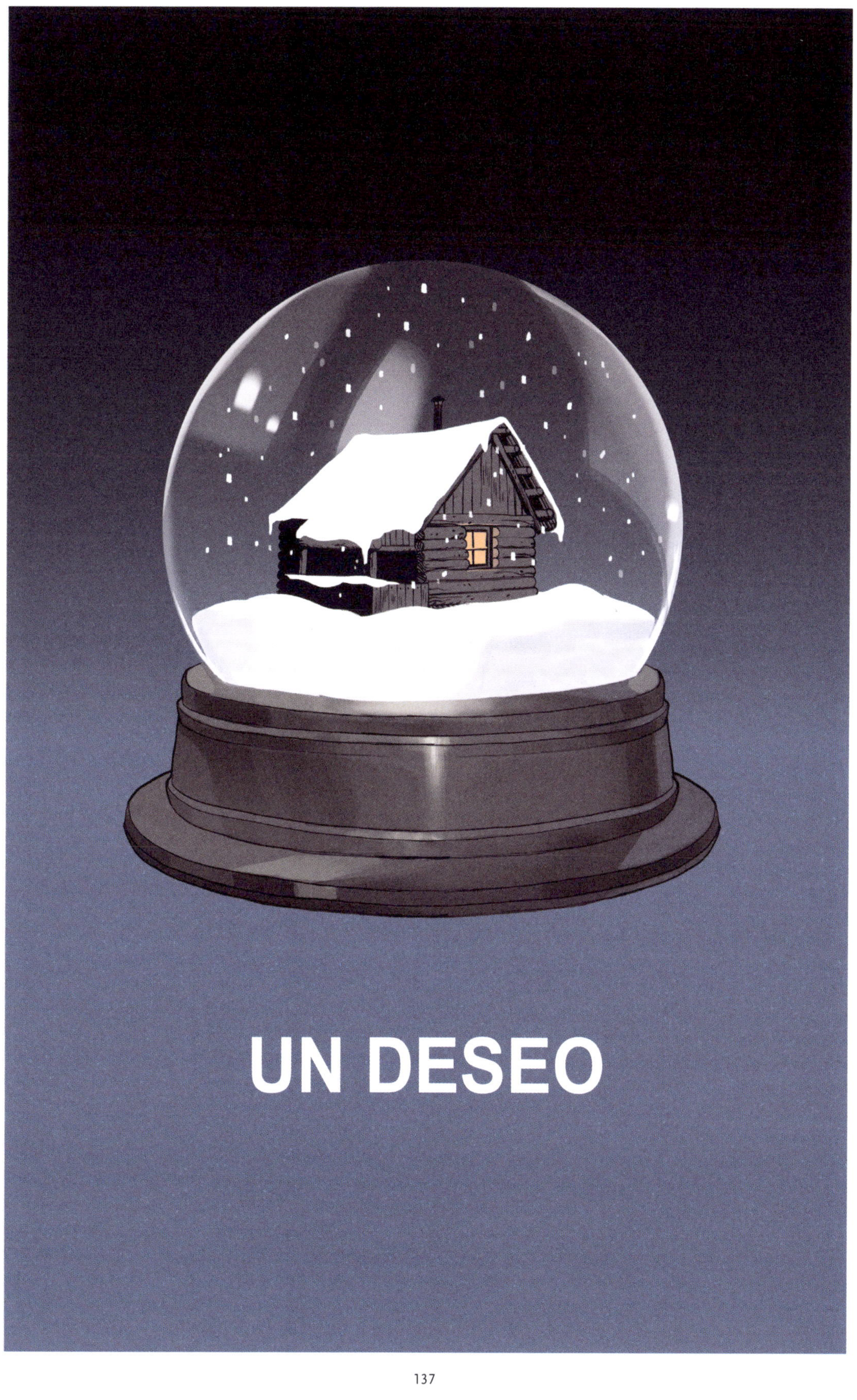

UN DESEO

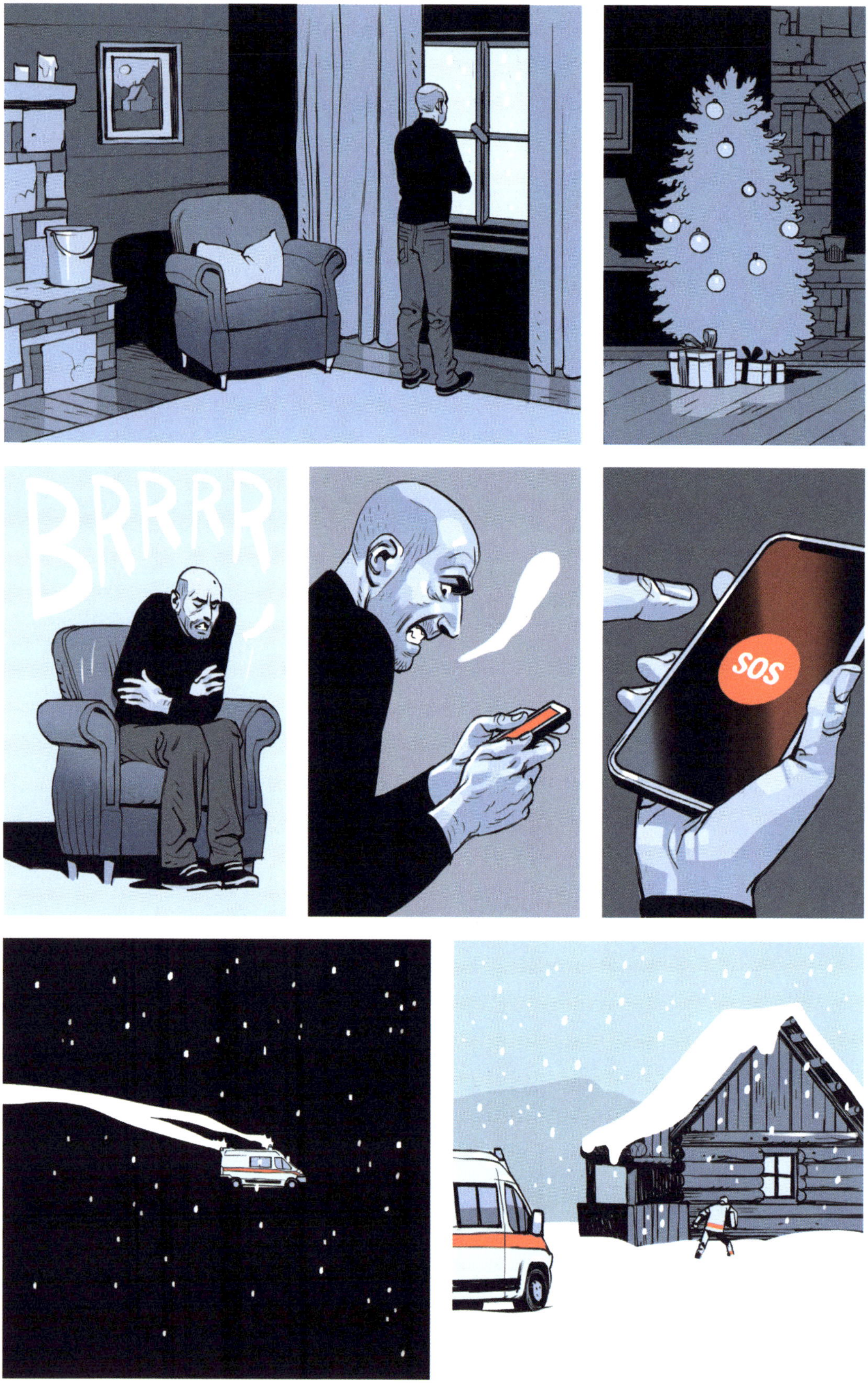
BRRRR
SOS

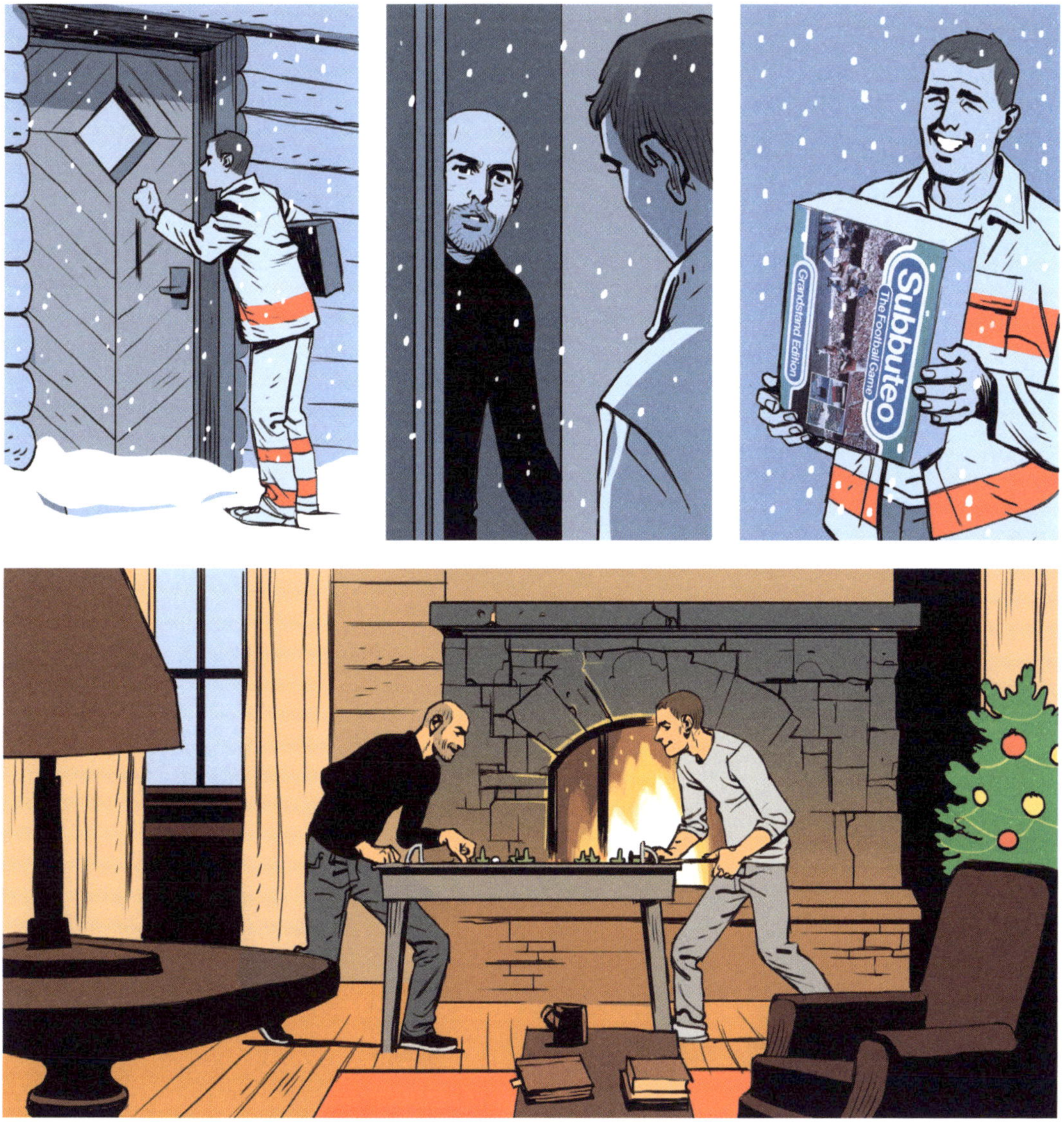
Subbuteo
The Football Game
Grandstand Edition

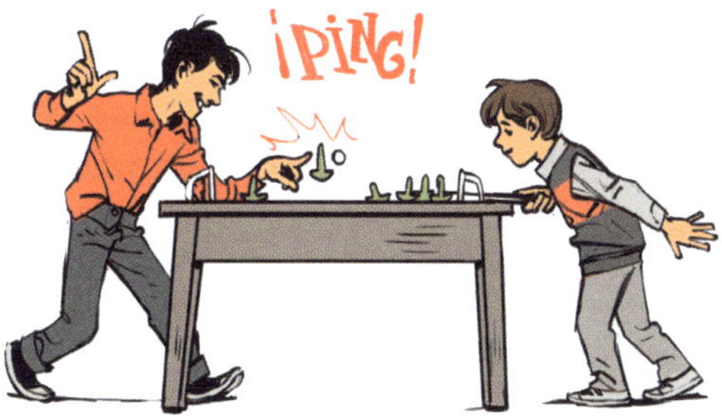
¡PING!

Una leyenda muy extendida que, pese a que se ha desmentido muchas veces con muchas pruebas, sigue manteniendo intacto su atractivo cuenta lo siguiente: en el instante previo a la muerte, los hechos más destacados de la vida del moribundo se le aparecen ordenados en un abrir y cerrar de ojos. El primer paseo en bicicleta, el mar profundo, el primer chillido de una niña recién nacida, una fiesta en la que se fue feliz, la primera caricia a un gato, el olor de una pastiera napolitana. El 24 de mayo de 2021, mientras la presidenta de la sección penal cuarta del Tribunal de Roma leía la sentencia condenatoria del capo casalés Francesco Bidognetti, conocido como *Cicciotto 'e Mezzanotte*, y de su abogado, Michele Santonastaso, por haberme amenazado con agravante mafioso, aparecieron ante mí en un abrir y cerrar de ojos los momentos de mi vida que no han sucedido, todo lo que no he hecho, todo lo que he perdido. **Todo lo que la libertad podía dar**, todo lo que la levedad podía conceder, lo que no me ha pasado por estar siempre en el punto de mira.

El 13 de marzo de 2008, Michele Santonastaso, abogado, como digo, del capo casalés Francesco Bidognetti y también de Francesco Schiavone, alias *Sandokan*, leyó en un tribunal un requerimiento de cambio de jurisdicción que, en resumidas cuentas, solicitaba que el juicio que se estaba celebrando contra los dos capos se trasladara a otro tribunal, ya que, en caso de que los condenaran, la responsabilidad sería mía, puesto que con *Gomorra* y con mis artículos estaba condicionando, según ellos, el dictamen de los magistrados. Me conminaban a hacer bien mi trabajo, petición que en la semántica mafiosa equivale a lo siguiente: «**Limítate a informar**, cuenta los hechos, mantente muy alejado de su análisis y, ante todo, no saques conclusiones».

Hay que imaginárselo: un juicio que se ha prolongado trece años, un juicio en el que el protagonista no he sido yo, y tampoco los capos que me habían amenazado, sino la palabra. **La palabra.**

¿Os habéis preguntado alguna vez qué le da miedo realmente al crimen organizado? ¿Los juicios, las venganzas, las armas? Nada de eso: las mafias saben perfectamente que siempre va a haber una policía que las persiga y unos jueces que instruyan causas, y son conscientes de que, por mucho que se dediquen a corromper, a intimidar y a manipular, eso forma parte de su destino: son riesgos que están dispuestas a correr. Aceptan incluso que la prensa se interese por ellas, con la condición de que se limite a informar, con la condición de que todo quede restringido al público habitual. La sociedad civil, para las mafias, no pinta nada: es un asunto de policías y ladrones, y quien quiera hablar de él debe atenerse a esos términos.

Las mafias tienen algo muy claro, solo hay una cosa que pueda comprometer su destino y su seguridad: la palabra que se aventura fuera del perímetro de la noticia pura y dura y se convierte en el **relato de una vida**, y luego de otra y de otra más, hasta llegar a ser el **relato de una tierra**, hasta hacerte ver con claridad en qué te afecta ese relato, porque también es el tuyo. Porque también es **tu herida**.

Esa es la palabra que no señala ni identifica, sino que hace posible el **conocimiento**; y cuando un mecanismo de poder pasa a ser conocido, cuando se comprende una práctica violenta, ese poder y esa violencia ya no pueden perpetuarse eternamente, porque conocer significa **dejar de someterse**.

El 24 de mayo de 2021 esperaba la sentencia del Tribunal de Roma... Ese día ganó la palabra amenazada, deslegitimada, vituperada y encerrada. La sentencia del Tribunal de Roma sostenía que los clanes habían tenido miedo de esa palabra por mucho que se mofaran de ella, por mucho que durante trece años negaran haberla temido, haberla tenido en cuenta, incluso haberla oído... No podían reaccionar de otro modo, porque no habían logrado quitarme de en medio, y para el crimen organizado no hay nada peor que una condena anunciada y no ejecutada. Si una amenaza no llega a su blanco y da media vuelta con la fuerza inquebrantable de una resistencia inamovible, para un capo se acabó lo que se daba. Sus rivales dejan de temerlo y sus hombres dejan de percibir la protección de su poder. Y eso es lo que soy yo: **la prueba viviente de su fracaso**.

Y aquel día, al salir del tribunal, miré el cielo gris, lleno de nubes, y una vez más, como quince años antes, cuando empezó todo, pensé: «Todavía estoy vivo, hijos de la gran puta».

Roberto Saviano

Papel certificado por el Forest Stewardship Council®

Título original: *Sono ancora vivo*
Primera edición: enero de 2022

© 2021, Roberto Saviano y Asaf Hanuka
Reservados todos los derechos
© 2022, Penguin Random House Grupo Editorial, S. A. U.
Travessera de Gràcia, 47-49. 08021 Barcelona
© 2022, Carlos Mayor Ortega, por la traducción

Penguin Random House Grupo Editorial apoya la protección del *copyright*.
El *copyright* estimula la creatividad, defiende la diversidad en el ámbito de las ideas y el conocimiento,
promueve la libre expresión y favorece una cultura viva. Gracias por comprar una edición autorizada
de este libro y por respetar las leyes del *copyright* al no reproducir, escanear ni distribuir ninguna
parte de esta obra por ningún medio sin permiso. Al hacerlo está respaldando a los autores
y permitiendo que PRHGE continúe publicando libros para todos los lectores.
Diríjase a CEDRO (Centro Español de Derechos Reprográficos, http://www.cedro.org)
si necesita fotocopiar o escanear algún fragmento de esta obra.

Printed in Spain – Impreso en España

ISBN: 978-84-16709-26-7
Depósito legal: B-17.677-2021

Compuesto en M. I. Maquetación, S. L.
Impreso en Índice, S. L.
(Barcelona)

RK 09267

Este libro terminó
de imprimirse
en enero de 2022.